# BEING ECOLOGICAL

**티머시 모튼** 지음 | **김태한** 옮김

티머시 모튼의
## 생태철학 특강

**앨피**

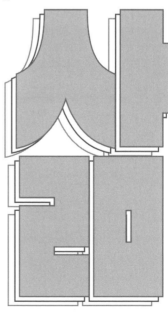

이 논문 또는 저서는 2018년 대한민국 교육부와 한국연구재단의 지원을 받아 수행된
연구임 (NRF—2018S1A6A3A03043497)

풀은 굳어서 덩어리지고 축축하며,
무시무시한 검은 곤충으로 가득하다.

오스카 와일드

# 차례

# 조율 133

# 생태적 사유의 짧은 역사 239

감사의 말

지치지 않는 도움을 준 편집자 토머스 펜과 어낸더 펠러린에게 감사를 전한다. 특히 놀랍도록 세심하고, 끝까지 신중하게 편집해 준 어낸더에게 고맙다. 학문의 세계에서 글쓰기란 사뭇 고독한 일이 될 수 있기에, 이렇게 살펴준 데 대해 깊이 감사하고 있다.

작년에 내 강의를 들은 분, 세미나, 워크숍, 대담에 참석한 모든 분께 감사 드린다. 내게는 실험실 같은 이런 기회들이 없다면 나는 생각을 펼쳐 나갈 수도 없을 것이다. 나를 지지해 주는, 내 인생의 경이로운 사람 중 한 명인 라이스대학 인문대 학장 니컬러스 섬웨이에게도 사의를 표한다. 탁월한 보조 연구원 케빈 맥도넬과 랜디 미하즐로비치에게도 감사 드린다. 그들의 귀중한 노고 덕분에 이 프로젝트가 꽤 풍요로워졌다. 다방면으로 도와준 케빈에게 다시 한 번 감사를 드린다. 그의 아낌없고 강력한 지지가 없었다면 내 일을 해낼 수 없었을 것이라 해도 과언이 아니다. 온갖 방식으로 도움을 주신 모든 분께 감사 드린다. 특히 헤이템 알사예드, 이안 보거스트, 폴 버치, 페데리코 캄파냐, 올래퍼 엘리어슨, 비요크 굿모즈도티어,

소피 그렛브, 리지 그린디, 그레이엄 하먼, 더글러스 칸, 제프리 크리펄, 잉그리드 러켓게드, 에두아르드 이자르, 모튼 가족(가스, 재스민, 찰스와 스티브), 요코 오노, 써니 오젤, 안드레아 페인스, 사브리나 스콧, 프리실라 엘로라 샤룩, 에밀리야 스카닐뤼테, 베레나 스텐케, 마리타 타타리, 그리고 캐리 울프에게.

본인의 작품 《여기가 아님THIS IS NOT HERE》의 일부를 재현할 수 있도록 허락해 준 요코 오노께 특별한 감사를 표한다.

이 책은 나의 사촌 린제이 블록섬과 그녀의 배우자이자 화가인 폴 존슨에게 바친다. 엄격한 판단을 유보하고 세계를 호기심, 경이, 밝음으로 개방하는 데에 그들의 천재성이 있다. 우리는 그런 일을 여기 생태적 사유라는 영역에서 조금이나마 해낼 수 있었다.

# 또 하나의 정보 투기가 아니다

**일러두기**

· 각주는 원서의 출처주와 옮긴이의 역주이다.
· 〔 〕 안의 내용은 옮긴이의 설명이다.

생태에 마음 쓰지 않는다고? 그렇게 생각하면서도 여전히 마음 쓰일 수 있다. 생태 관련 책은 안 읽는다고? 그렇다면 이 책이야말로 바로 당신을 위한 책이다.

이해할 만하다. 생태 책은 그 자체로 혼란스러운 마구잡이 정보 투기인 데다, 그조차도 우리가 막상 접할 때쯤이면 이미 낡아 버린 것이 된다. 생태 책의 정보들은 우리의 정수리를 때려서 기분 나쁘게 한다. 충격적 사실을 외치면서 우리 멱살을 틀어잡고 흔든다. "이제 무엇을 해야 하지?" 우리는 고뇌에 사로잡혀 손을 부들부들 떨 수밖에 없다. 권투 장갑 속에 숨긴 편자 같은 홍보 방법이다. 이 책에는 그런 게 하나도 없다. 이 책《생태적 삶》은 친환경 성가대의 노래에 맞춰 설교를 늘어놓지 않는다. 이 책은 평범한 사람들, 가끔씩만 친환경 성가대원인 사람도, 친환경이 뭔지 모르거나 알아도 관심이 별로 없는 사람을 위한 책이다. 설교를 늘어놓는 그런 책이 아니니 안심해도 좋다. 이 책에는 생태에 관한 논쟁적인 사실도 없고, 세계에 대한 충격적 폭로도 없으며, 윤리적이거나 정치적인 조언도 없고, 생태적 사유의 그랜드투어[1]도 없다. 얘기하고 보니 이 책은 상당히 쓸모없는 생태 책이다. 그런데 이 위급한 시기에 왜 "쓸모없는" 책을 쓰는가? 그런데 정말로 지구온난화에 대해 들어 본 적이 없단 말인가? 그렇다면 왜 이 책을 읽고 있는가? 모른다고 하는 사람도

---

[1] [역주] 그랜드투어Grand Tour는 17세기 중반부터 유럽의 귀족 자제들이 대륙을 주유하며 견학하던 여행을 뜻한다.

모르긴 몰라도 이미 생태적인 삶을 살고 있을 수 있다. 어떻게? 이제부터 알아보자.

## 이 책은 무엇을 다루는가

서문에서는 이 책의 일반적인 접근 방식에 대해 설명한다. 첫째 장(그리고 우리는 대멸종 시대에 살게 될 수도 있다)에서는 우리가 사는 시대, 즉 지구온난화로 인한 일종의 대멸종 시대에 우리가 스스로를 어떻게 느끼는지를 개괄적으로 다룬다. 둘째 장(…그리고 다리뼈는 유독성 폐기물 더미 뼈에 연결되어 있다)에서는 생태적 의식과 생태적 사유의 대상, 즉 생물권과 생물권의 상호연결성을 고찰한다. 셋째 장(조율)에서는 어떤 행동이 생태적인지를 살핀다. 넷째 장(생태적 사유의 짧은 역사)에서는 오늘날 "생태적 삶"의 여러 양식을 탐구한다.

　내가 철학을 하는 스타일은 이렇다. 철학이 영화이고 내가 감독이라고 치면, 그 제작자는 그레이엄 하먼의 객체지향 존재론(곧 다룰 것이다)이고, 총괄제작자는 이마누엘 칸트와 마르틴 하이데거이다.

　이제부터 이어질 서문에서는 이 책이 왜 생태에 관한 평범하지 않은 책인지를 보여 주려 한다. 그 이유는 무엇보다 죄책감을 유발하는 설교라는 솔깃한 수사적 방식을 최대한 지양하려 하기 때문이다. 어떻게? 우선 이 책은 대체로 사실을 진술하지 않는다. 비평가들이 지적하기 전에 미리 밝혀 둔다.

생태에 관한 책을 쓰게 되면, 꼭 현안을 논하는 과학자가 아니더라도 수많은 사실을 집어넣어야 한다는 강박을 느낀다. 마치 이 장르 자체의 요청처럼 느껴진다. 장르는 일종의 지평, 그러니까 기대지평이다. 비극에는 비극적인 특정 감정(아리스토텔레스는 공포와 연민)을 기대하고, 희극이라면 웃기를 기대한다. 하물며 외국에 나갈 때 쓰는 여권에도 나름대로 글쓰기 유형이라는 장르가 있다. 따라서 생태적 말하기에도 하나의 장르, 실은 여러 장르가 분명히 존재한다.

## 대타자가 우리를 지켜본다

장르는 한 종류의 세계 혹은 **가능성의 공간**이다. 그 공간에서는 특정하게 움직일 수 있으며, 그 공간에 머무는 동안 특유한 방식으로 무언가를 수행한다. 예를 들어, 파티에 참석하는 방식과 업무 회의에 참석하는 방식은 다를 것이다. 뉴스를 읽는 방식이 있을 테고, 최신 유행을 따르는(또는 무시하는) 특정 방식이 분명 있을 것이다.

장르는 까다로운 동물이다. 장르는 어떤 철학에서 **대타자**大他者the Other라고 부르는 것과 관련이 있다. 타자(그것, 그녀, 그, 그들)는 그것을 직접 가리키려고 들면 사라진다. 타자는 ~에 대한 그들의 관념에 대한 나의 관념에 대한 그의 관념에 대한 그들의 관념에 대한 그녀의 관념에 대한 우리의 관념에 대한 나의 관념이다. 음악 밴드를 해 본 적이 있다면 이게 얼마나 위험한 개념인지 알 것이다. 사람들이 구매하길 원한다고 내가 생각하는 것에 맞춰 작곡하다 보면 아무 것도 결정하지 못하는 마비 상태에 빠질 수 있다. 타자의 영역은 가정, 편견, 미리 짜인 개념들로 이루어진 그물이나 거미줄 같기 때문이다.

우리 모두에게 명백하거나 적어도 쉬이 명백해질 수 있는 미리 짜인 개념들이 있다. 피렌체 지역에서 만드는 파스타 라비올리의 종류를 알고 싶으면 직접 찾으면 된다. "피렌체풍 라비올리 방식" 같은 건 누구라도 찾아낼 수 있다. 요즘은 그냥 구글로 검색해 보면 된다. 구글 검색은 적어도 한 가지 의미에서는 장르 관념과 관련이 있다. 구글로 무언가 검색하는 것 자체가 "타자"가 그것에 관해 어떻게 생각하는지를 알아내는 것이다. 구글은 타자와 같다. 그것은 여러 기대들이 뒤얽힌 거미줄 같은 것으로, 우리 시야의 구석에 숨어 있거나, 우리가 클릭할 시간이 없는 저 모든 링크의 이면에 숨어 있다. 모든 링크를 클릭할 시간은 단연코 부족하다(구글이 커질수록 이 점은 더 분명해진다). 달리 말하면, 이 기묘한 사물, 즉 타자는 어떤 식으로든 **구조적**이라는 것이다. 주뼛거리며 타자에 다가간다고 한들, 타자를 직접 파악할 수는 없다. 타자는 똑바로 응시하면 사라지지만, 그렇게 응시하지 않을 때에는 우리를 둘러싸고 있는 것처럼 느껴진다. 때로 그 느낌은 꽤 섬뜩하다.

## 우리는 누구인가?

이 책에서는 우리라는 말을 많이 쓸 것이다. 물론 내가 속한 분야(인문학)에서 우리라는 말은 유행이 지났다. 요즘 유행은 사람들이 서로 차이가 있음을 아주 분명하게 말하는 것인데, 우리라는 말은 그런 중차대한 차이를 간과하거나 심지어 말소하는 것처럼 여겨진다. 게다가 생태 시대에 대명사란 복잡하다. 우리라는 말은 얼마나 많은 존재를 취합하는가? 그들은 모두 인간인가? 나는 차이의 정치, 그리고 그것을 곡해하는 정체성 정치를 철저히 염두에 두면서 우리라는 용어를 사용할 것이다. 내가 우리라는 말을 쓰는 이유 중 하나는 지구온난화에 책임이 있는 존재는 해마가 아니라는 점을 부각하려는 것이다. 책임을 져야 할 것은 인간이다. 나 같은 존재다. 이제는 인간종에 대해 어떻게 말해야 할지 고민해야 하고, 아울러 사유와 정치로 점철된 지난 수십 년이 마치 없었던 양 행동하지 않아야 한다. 우리의 차이들 아래 놓인 "사람/남자Man"의 통속적 본질을 상상하는 것으로 퇴보할 수는 없다. 하지만 우리가 우리라고 말하는 법을 찾아내지 못한다면 다른 사람이 찾아낼 것이다. 그리고 낭만주의 시인 윌리엄 블레이크William Blake가 말했듯, "내가 나 자신의 체계를 창조하지 않는다면, 다른 사람의 체계에 예속될 것이다."

# 사실을 직시하기

우리는 생태적 글쓰기(특히 과학적 정보를 전달하는 생태적 글쓰기, 즉 신문에서 자주 보일 뿐 아니라 이 책과 비슷한 제목의 책들에서도 보이는 생태적 글쓰기)에는 수많은 사실, 수많은 데이터가 필요하다는 것을 알고 있다. 잠시 멈춰 생각해 보면(물론 잠시 멈춰 생각하는 사람은 거의 없지만), 이런 데이터는 대개 특정 방식으로 전달된다는 것을 깨닫게 된다. 지금 여러분 머릿속에 떠오르는 바로 그것이다. 이런 "생태 정보 전달 방식"은 일정한 맛과 양식이 있으며, 일정한 가능성의 공간에서 일어난다.

　내가 인문학자로서 하는 일은 이러한 가능성의 공간들을 꼼꼼하게 검토하는 것이다. 특히 우리가 이런 것들을 잘 의식하지 못하기 때문에 더욱 그렇다. 우리에게 그리 명백하지 않은 가능성의 공간이 우리에게 온갖 통제를 행사할 수 있다. 우리는 그런 통제를 원치 않을 것이므로, 적어도 이 공간의 좌표들을 이해하는 것이 바람직할 것이다. 성차별이나 인종차별의 오랜 역사를 생각해 보자. 여기에서 이런 가능성의 공간은 우리가 미처 의식하지 못하는 온갖 방식으로 우리 행동에 영향을 끼쳐 왔다. 그리고 이런 편견의 기저를 이루며, 심지어 사람들이 이런 편견을 받아들이게 만드는 사유, 가정, 행동의 패턴을 명백하게 밝히는 데에는 수많은 사람의 오랜 시간과 엄청난 노력이 들었다.

　가능성의 공간에서 중력의 법칙은 무엇인가? 어느 쪽이 위고, 어느 쪽이 아래인가? 무엇이 그르다고 여겨지고 무엇이 옳다고 여겨지는가? 지금 있는 공간 안에서 얼마나 멀리 이동해야 다른 공간으로 넘어갈 수 있는가? 예를 들어, 생태 정보 방식을 얼마나 변형해야 다른 방식으로 바뀌는가? 이는 어떤 금속인지 알아내고자 그것을 가열하고 얼리고 에너지 파동을 가하고 자기장에 넣어 보는 것이 좋은 방법인 것처럼, 가능성의 공간이 무엇인지 알아내는 좋은 방법일 수 있다. 금화를 깨물어 보는 오래된 이미지가 떠오른다. 예술도 마찬가지다. 어떤 연극인지 알아내고자 이런 상상을 해 볼 수 있다. 이 연극을 얼마나 변형하면 전혀 다른 것이 될 것인가? 기괴한 의상을 어디까지 상상해도 이 연극은 그대로일 것인가? 셰익스피어의 희곡 《햄릿》을 무대에 올리면서, 독성에서 햄스터 복장을 한 사람들을 등장시켜도 여전히 이 연극을 《햄릿》으로 알아볼 수 있을까?

다음과 같이 표현하면 내 의도가 더 분명해질 것이다. 이 책에는 유사사실factoid이 없다. 유사사실은 우리가 그에 관해 무언가 알고 있는 사실fact이다. 즉, 우리는 그 사실이 특정 방식으로 채색되거나 양념이 첨가되었음을 알고 있다. 그것이 사실인 체하고 허풍을 떤다는 것을 알고 있다. 심지어, 그것은 하나 이상의 관점에서 진실일 수도 있다. 하지만 그것은 여전히 기이한 질quality을 가진다. 마치 우리에게 소리를 지르는 것 같다. "이거 봐. 난 사실이야. 날 무시하면 안 되지. 난 하늘에서 네 머리로 쏟아져 내리지." 흥미롭다. 하늘에서 쏟아져 내리는 것처럼 보이도록 설계된 사실. 유사사실은 우리가 무릇 사실이라면 그래야 한다고 생각하는 것처럼 보이도록 설계되어 있다. 즉, 우리는 사실이라면 마땅히 설계되지 않은 것처럼 보여야 한다고 생각한다.

사람들이 유사사실을 사용하면, 우리는 진실의 작은 조각으로 조종당하는 것처럼 느낀다. 마치 작은 케이크 조각처럼, 이 진실 조각은 그보다 크고 그보다 참인 어떤 조직에서 떨어져 나온 것이다. 가령 어떤 형질"을 위한 유전자가 있다"는 유사사실을 생각해 보자. 대부분의 사람들은 우리의 DNA 코드 일부가 바로 이 형질의 원인이라는 의미로 이것을 받아들인다. 하지만 진화론과 유전학을 공부한다면, 무엇"을 위한 유전자"는 없다는 사실을 알게 된다. 이런 형질은 스스로를 표현하는 DNA와 DNA가 스스로를 표현하는 환경 간의 복잡한 반응을 통해 발현된다는 것이 사실이기 때문이다. 단지 어떠한 암과 관련된 DNA를 가지고 있다고 해서 그 암에 걸리는 것은 아니다. 하지만 우리는 "이런저런 암을 위한 유전자가 있다"라는 유사사실을 여기저기서 되뇌고 다닌다.

## 우리가 생태에 관해 말하는 법

매체들이 사용하는 생태 정보 전달 방식은 **정보 투기**로 이루어지는 경우가 가장 많은 듯하다. 적어도 하나의 유사사실(대개는 수많은 유사사실)이 우리 머리로 쏟아지는 것 같다. 그리고 이렇게 쏟아지는 유사사실은 권위적이라는 질을 지닌다. 그 전달 방식은 마치 "이 정보를 의심하지 말라"라고 말하는 듯하다. 심지어 "이 정보를 의심하면 기분이 아주 나빠질 것이다"라고 말하는 듯하다. 특히 "지구온난화 정보 방식"은 엄청난 양의 사실을 우리 머리 위로 내던지는 것처럼 보인다. 왜 그런가? 이 물음은 달리 말해 "지구온난화 정보 방식이라는 가능성의 공간에서 우리가 할 수 있는 행동은 무엇인가?"라는 물음이다. 그리고 "지구온난화 정보 방식의 장르는 무엇인가?"를 다소 복잡하게 말하는 것이다. 어떤 방법이 제대로 작동하는가? 우리는 어떻게 느껴야 하는가? 어떤 종류의 정보 전달 방식이 이 정보 전달 방식을 파괴할 것인가?

이런 질문에 대한 답이 준비되어 있지 않은 탓에 우리는 잠시 멈출 수밖에 없다. 지구온난화를 부정하는 사람이 아니라면. 지구온난화를 부정하는 사람은 확신에 차 있다. 이런 방식이 자신이 믿고 싶지 않은 것을 믿게 만들려 한다고, 어떤 믿음을 강요한다고 느끼는 것이다. 우리가 모두 그렇게 느끼지 않는 이유는 무엇인가? 우리가 생태적으로 올바르다고 느낀다면, 그런 사람들을 꺼릴 것이다. 자기 머릿속으로 무언가 던져지고 있고, 어떤 것(생경한 믿음으로 이어지는 생경한 죄책감)을 느끼도록 강요받는다고 느끼는 사람들. 하지만, 지구온난화는 믿음의 전쟁이 아니라 진실이다. 젠장, 부정하는 자여, 그대는 왜 그걸 모르는가?

어떤 유사사실이 우리를 믿게 하든지 간에, 그 어떤 사실도 하늘에서 펑 튀어나오지 않는다. 사실은 어떤 온전한 환경 안에서 나타난다. 그렇지 않으면 그 사실을 볼 수도 없다. 생각해 보라. 서양에서 자랐다면, 보통은 "조상님의 혼은 내가 이 책을 쓰고 있는 것을 싫어한다"라고 말하지 않을 것이다. 이런 진술은 어떤 세계에서 의미가 통하는가? 이 세계에서는 무엇을 알아야 하고 무엇을 기대해야 하는가? 이 세계에서는 무엇이 옳거나 그르다고 간주되는가? 우리는 온갖 유형의 가정이 필요하다. 무엇이 현실인지, 무엇이 실재한다고 간주되는지, 무엇이 존재한다고 간주되는지, 무엇이 옳거나 옳지 않은 것으로 간주되는지에 관한 가정이 필요하다. 이런 가정들에 관한 사유에는 여러 형태가 있다. 철학에서는 그중 하나를 존재론, 다른 하나는 인식론이라고 한다. 존재론은 사물이 어떻게 존재하는지를 탐구하고, 인식론은 우리가 사물을 어떻게 아는지를 탐구한다.

특정한 해석 맥락 안에서 비로소 의미를 지닌다는 생각 외에도, 미술이나 음악이나 문학을 연구한다면 대답하기 수월한 질문들이 있다. 이런 방식은 우리가 이 정보를 어떻게 읽기를 원하는가? 이 정보를 "올바르게" 받아들이려면 어떻게 보아야 하는가? 우리는 르네상스 원근법으로 그려진 그림을 옆쪽에서 바라보아서는 안 된다. 소실점 앞에 일정한 거리를 두고 서서 봐야 한다. 그래야 3차원이라는 착시 현상이 일어난다. 그림은 우리가 일정한 방식으로 서도록 만든다. 시詩도 일정한 방식으로 읽히기를 요구한다. 코카콜라 병이 그 병을 일정한 방식으로 움켜쥐기를 "원하는" 것처럼, 망치를 다룰 때 그 망치가 우리 손에 꼭 맞는 것처럼. 이데올로기 이론은 대개 우리가 어떤 시나 그림이나 정치 연설이나 개념을 일정한 방식으로 다루도록 강요받는 일에 관해 이야기한다.

생태 정보 투기라는 방식에는 온갖 존재론과 인식론(그리고 이데올로기)이 들어 있다. 그러나 우리는 좀처럼 그것을 이해하기 위해 잠시 멈추지 않는다. 우리는 너무 열심히 내버리고 내버려지는 것을 열심히 받는다. 왜? 왜 우리는 이해하기 위해 잠시 멈추기를 바라지조차 않는 것처럼 보이나? 무언가를 알까 봐 두려운가? 대체 무엇을 알게 되는 것이 두렵단 말인가? 왜 우리는 손을 부들부들 떨면서 "이 온난화를 부정하는 자들은 대체 왜 깨닫지 못하는가?"라거나 "내 이웃은 왜 나만큼 여기에 신경 쓰지 않는가?"라고 말하는가? 생태 정보 투기 방식은 신문을 읽고서 받는 느낌보다 훨씬 거대한 무언가가 발현되는 하나의 증상이다.

시야를 넓혀 다시 이런 질문을 던져 보자. "우리는 생태 데이터를 어떻게 체험하는가? 그것이 좋은가? 그렇지 않다면 그것과 관련하여 무엇을 하고 싶은가?" 이 책《생태적 삶》은 생태 지식을 어떻게 **체험**해야 하는지를 다룬다. 그저 아는 것만으로는 부족해 보인다. 내가 주장하는 바에 따르면, "그저 아는 것"은 사실 그저 아는 것이 아닌 듯하다. "그저 아는 것"도 사물을 체험하는 하나의 방식이다. 그리고 사물을 체험하는 하나의 방식이 있음을 아는 것은 사물을 체험하는 다른 방식도 있을 수 있음을 내포한다. 비극이 있다면 희극 같은 것도 상상할 수 있다. 뉴욕에 산다면 뉴욕이 아닌 데에서 사는 것도 상상할 수 있다.

생태 지식을 체험하는 방식은 숱하게 많아 보인다. 히피가 되는 것을 생각해 보자. 내가 막연히 친숙하게 느끼는 것이다. 히피가 되는 것은 하나의 전체적인 삶의 방법이자 양식이다. 하지만 생태 정보를 체험하기 위해 꼭 히피가 되어야 하나? 인터넷을 생각해 보자. 인터넷에 접속하는 사람들이 지금처럼 엄청나게 많지 않던 시절에는 인터넷과 더불어 사는 방법이 두세 가지 있었다. 예컨대, 즐겁고 장난스럽고 실험적이고 무질서하며 자유주의적인 게으름뱅이 방식이 있었다. 이런 방식에서 인터넷은 우리의 정체성이 영향받기 쉽고 유동적이라는 느낌을 주었다. 그런데 이상한 일이 일어났다. 더 많은 사람이 인터넷을 사용하게 되었고, 그러면서 인터넷은 강압적이고 권위적인 공간이 되었다. 그 공간에서 우리는 세 가지 정도의 수렴 가능한 의견 중에서 하나를 취해야 한다. 그렇지 않으면, 히치콕의 영화 〈새The Birds〉에서 주유소를 습격하는 새 떼 같은 비판적인 트위터 사용자 무리들한테 공격받는 위험을 감수해야 했다.[2] 이런 일이 왜, 그리고 어떻게 일어났는지 설명하지 않더라도 내 말의 요점을 알 것이다.

《생태적 삶》은 우리가 생태에 대해 우리 자신에게 말하는 방법 아래 숨어 있는 것을 들여다보는 것으로 시작한다. 내 생각에, 가장 주요한 방법(우리 자신에게 정보를 내버리는 것)은 실은 생태적 지식을 다루는 더 참된 방법을 **억압**한다. 이 모든 것을 현재 우리의 방법보

---

[2] [역주] 트위트tweet의 사전적 의미는 새가 짹짹 우는 소리이다.

다 더 잘 체험하는 방법이 있다. 심지어 우리는 지금 그것을 체험하고 있다는 것조차 알지 못한다. 우리는 사람들이 습관적인 패턴에 사로잡혀 자기도 모르게 똑같은 것을 반복하고 있다고 말한다. 그것은 마치 우리가 깨닫고 보니 세면대 앞에 서 있으며, 강박적으로 손을 씻고 또 씻는 것과 같다. 하지만 우리는 어떻게 세면대 앞으로 가게 됐는지 전혀 모른다.

사실은 항상 시대에 뒤떨어지기 마련이다. 그 가운데에서도 특히 생태적 사실은 항상 시대에 뒤떨어진다. 그중에서도 지구온난화와 관련된 사실은 더더욱 그렇다. 이 사실은 다차원적이고, 온갖 시간성과 온갖 시나리오 척도를 지닌 것으로 특히 악명 높다. 매일 또는 매주 우리 자신에게 정보를 내버리는 일은 몹시 혼란스럽고 고될 수 있다. 다른 관점에서 생각해 보자. 우리가 **꿈**을 꾸고 있다고 상상해 보자. 등장인물과 플롯이 (간혹 의미심장하게) 바뀌되 (꿈의 기본적 특색이나 어조나 관점 등등이 남기는) 전반적 영향은 그대로 유지된다면, 이것은 어떤 꿈인가? 꿈의 세계로부터 유추할 수 있는 것이 분명히 있다. 즉, 이런 것이 모두 외상후스트레스장애PTSD에 시달리는 이의 트라우마 꿈이라는 것이다.

## 생태적 PTSD

이 외상후스트레스장애 꿈에서는 트라우마를 다시 겪는 자신을 상상한다. 그 꿈의 고약한 습성은 되풀이된다는 것이다. 정신분석학의 창시자 지그문트 프로이트Sigmund Freud는 왜 그런지 궁금했다. 어떻게 자신에게 해롭게 느껴지는 것을 꿈꾸는 것일까? 그것도 어떻게 봐도 해로운 꿈의 방식으로? 우리는 놀라기도 하고, 울거나 식은땀을 흘리며 잠에서 깨어나기도 한다. 일상적인 일을 하면서도 떨쳐 버릴 수 없다. 프로이트는 그러한 과정에는 틀림없이 일종의 쾌락이 있을 것이라고 주장한다. 그렇지 않다면 자신에게 그런 짓을할 리가 없다는 것이다.[3] 꿈의 세계에서 트라우마 데이터를 자신에게 내버리는 데에는 어떤 쾌락을 주는 측면이 있을 것이다. 그리고 나의 유추가 유효하다면, 정보 투기라는 방식은 흔히 혼란에 빠뜨리고 억압적인 동시에 어떤 면에서는 즐길 수도 있는 것이다.

프로이트는 외상후스트레스장애에 시달리는 사람은 한 마디로 꿈을 통해서 트라우마 발생 이전 시점에 자신을 위치시키려 한다고 주장한다. 왜냐고? 예측할 수 있는 것은 어느 정도 안전하거나 안심이 되기 때문이다. 트라우마 한가운데서 문득 자신을 발견했을 때겪게 되는 (프로이트가 경악이라고 부르는) 공포에 비하면, 예측되는 공포는 강도가 훨씬 약하다. 곰곰이 생각해 보면, 트라우마의 정의상트라우마에서는 자신이 늘 그것의 한복판에 있음을 본다. 그 옆이나뒤에서 몰래 다가갈 수 없다. 그런 까닭에 그것은 트라우마인 것이

---

[3] Sigmund Freud, *The Uncanny*, trans. David McLintock, intro. Hugh Haughton (London: Penguin, 2003).

다. 이를테면, 갑자기 교통사고를 당하는 자신을 본다. 만일 예측할 수 있었더라면, 운전대를 다른 방향으로 꺾을 수 있었을 것이다.

외상후스트레스장애 꿈은 예측되는 공포(프로이트는 이것을 "불안"이라 하는데, 이 책의 문맥에서는 다소 혼란스러운 개념이므로 다시 언급하지는 않을 것이다)라는 물집을 만들어, 경악이라는 날것의 트라우마를 둘러싸게 한다. 그렇다면 유추해 보건대, 정보 투기라는 방식은 지구온난화 발생 이전의 허구적 시점에 우리 자신을 위치시키려는 방법이다. 우리 자신이 이미 그 안에 있는 무언가를, 우리는 예측하려는 것이다.


## 무언가 하기

명시적으로 드러나는 데이터의 내용은 매우 긴박해 보인다. "이봐, 안 보여? 깨어나라고! 어떻게 좀 해 봐!"라고 소리치는 것 같다. 그러나 우리가 그 데이터를 보내고 받는 방식의 암묵적 내용은 그 긴박함과 완벽하게 모순을 이룬다. "무엇인가 오고 있지만, 아직 여기에는 없다. 잠깐, 주위를 둘러보라. 그리고 예측하라." 이 메시지의 두 얼굴이 어떤지 알겠는가? 한 얼굴은 충격적이고 긴박하다. 다른 하나는 충격 방지용 물집이다. 무슨 뜻인가? 데이터나 데이터 투기라는 방식은 아무리 정교하게 만들더라도 결국은 제대로 작동하지 않는다는 뜻이다.

어떤 외상후스트레스장애 꿈을 그것이 변형하려는 경악과 어우러지게 하기란 불가능하다. 이와 똑같이 (지구온난화에서만 작용하는 것은 아닌) 생태 정보 투기라는 방식은 우리에게 필요한 것과 (최대한 대비를 시키는 식으로 말하자면) 정반대이다. 즉, 데이터 체험을 시작하기 위해 우리가 어디에 있으며, 왜 여기 있는지를 이해하는 데에 필요한 것과 정반대이다. 지금 당장은 그저 올바른 데이터를 기다리고, 그런 데이터가 도착하면 그에 합치하는 체험을 시작할 수 있을 것 같다. 그러나 데이터를 전달하는 이런 방식은 적절한 반응을 방지하도록 설계되어 있어서, 데이터는 영영 도착하지 않을 것이다. 우리는 지구온난화나 대멸종같이 끔찍할 정도로 혼란스럽고 충격적인 사건들의 한가운데에 있으면서, 이런 사건들을 어떻게 **체험**해야 하는지 거의 알지 못한다.

어떤 일이라도 하는 것이 어려워 보이는 진정한 이유는 이러한 외상후스트레스장애 방식 탓이 아닐까? 내가 참석하는 환경 관련 학술회의는 대부분, 누군가가 "그럼 우리는 무엇을 해야 합니까?"라고 소리치는 원탁회의로 마무리된다. 흡사 며칠 동안 무언가를 걱정하는 것은 아직 "**행동**"의 한 형태가 아니라는 듯이. "무엇을 할 것인가?"는 경악스러운 상황에 처한 자신을 보는 증상이다. 트라우마를 겪고 있음을 깨닫는다는 프로이트의 전문용어가 의미하는 바대로. 모든 트라우마가 그렇듯, 경험하기 전까지는 그것이 얼마나 끔찍한 일인지 깨닫지 못한다. 우리가 알고 싶어 하지 않는 것은 생태적 비상사태가 지니는 어떤 질quality, 즉 "그 일은 이미 일어나고 있다"라는 질이다. 원탁회의 끝에 던지는 그 질문은, 무엇을 해야 하는지 내다보고 예측하고 사전에 알고 싶어 하는 것이다. 하지만 그럴 수 없다. 우리는 그릇된 방향으로 운전을 해 왔고, 그릇된 방향을 바라보고 있기 때문이다. 그것이 바로 이 모든 일이 일어난 이유이다. 현재의 생태적 사실은 흔히 인간 행동의 **의도하지 않은** 결과와 관련된다. 그렇다. 어떤 차원에서는 우리 중 거의 대부분이 무엇을 하고 있는지 모르고 있었다. 그것은 주인공이 자신이 내내 적국의 비밀 정보기관을 위해 일해 왔음을 깨닫는 **누아르** 영화 같다.

그래서 나는 "무엇을 할 것인가?"라는 물음에 상당히 공감한다. 그러나 이것이야말로 내가 단도직입적으로 대답하기를 거부하는 이유이기도 하다. 이런 물음이 묻는 바와 묻는 방식은 현재 생태 위기의 모든 면을 통제해야 한다는 필요성과 관련된다. 그러나 우리는 그럴 수 없다. 그러려면 시간을 되돌려서 적어도 인간이 농업 로지스틱스를 확립한 기원전 1만 년으로 돌아갈 수 있어야 한다. 산업혁명, 탄소 배출, 지구온난화, 그리고 그 결과인 대멸종은 그로부터 비롯되었다.

하지만 어떤 의미에서는, 이 모든 것에 대한 친절한 설명도 있다. 우리는 **결코** 먼저 생각하고 그다음에 행동하는 것이 아니다. 우리는 한 번에 모든 것을 볼 수 없다. 말하자면 이리저리 휘젓다 보면, 그다음에 어느 정도 정확한 후견지명을 통해 현재 벌어지고 있는 사건을 찍은 일종의 스냅사진을 얻을 수 있다. 예견과 계획은 이상하게 과대평가되어 있다. 신경학에서는 이제 말하고 있는 것이고, 현상학에서는 예전부터 말해 온 것이다. 예견과 계획은 자유의지 관념을 과대평가하는 것과 관련이 있다. 농업에 기반한 우리의 종교는 말한다. 우리에게는 영혼이 있는데, 이것은 우리의 육신 안에 있으면서도 육신 너머 어딘가에 있다고. 그리고 이 영혼은 말을 부리는 마부처럼 육신을 인도한다(이 표현은 그리스 철학자 플라톤의《파이드로스》에서 유래했다)고. 그런데 이 관념은 우리가 문제라고 지적하는 동역학動力學에서 기원한다. 우리는 약 1만 2천 동안 우리가 모든 면에서 사물의 위나 바깥이나 너머에 있고, 그 사물을 내려다보면서 무엇을 해야 할지 정확히 결정할 수 있다고 생각해 온 것이다.

어쩌면 생태적 사실은 우리가 무슨 일을 해야 할지 즉각 "알지" 않기를 요구하는지도 모른다.

여기에 역설이 있다. "해야 할 일"이 바로 탄소 배출을 과감하게 줄이거나 완전히 없애는 것임은 너무나 자명하다. 그러니까 우리는 무엇을 해야 하는지 정확히 알고 있다. 그런데 왜 그렇게 하지 않는가? 우리를 곤경에서 구해 줄 좋은 방법이 있다. 이를테면, 신자유주의적 자본주의가 지극히 억압적인 데다 만연해 있으므로, 탄소 배출로 생물권을 오염시키는 구조(거대 기업)를 해체하려면 거대한 지구적 혁명이 필요하다고 주장하는 것이다. 우선은 거대한 사회혁명이 일어나야 하고, 그다음에 우리가 서로 관계를 재설정하면 탄소 배출 억제에 본격적으로 착수할 수 있다. 그런데 이 주장은 2009년 코펜하겐에서 열렸던 기후변화회의에서 인도가 펼친 주장과 기묘하게 같지 않은가? 인도는 먼저 서양과 정확히 같은 "발전" 과정을 밟아야 하므로 탄소 배출을 제한하면 안 된다고 주장했다. 먼저 적절한 사회를 확립한 후에야 해로운 방식을 삼가는 것을 고려할 수 있다는 것이다.

이러한 방책이 정말 주효한다고 가정한다면, 바라는 것을 성취했을 때에는 지구가 이미 녹아 버린 다음일 테다.

## 사물 대 사물 – 데이터

"무엇을 할 것인가?"는 기묘한 질문이다. 무엇을 해야 하는지에 대한 꽤 정확한 설명이 있지만, 우리는 결코 그것을 정확하게 하고 있다고 느끼지 않기 때문이다. 아무리 시도한다고 해도 말이다. 이 부분에 역설이 있다. 즉, 우리는 무엇을 해야 하는지 알고 있지만, 아울러 그것이 정확히 어떤 모습인지 내려다볼 만큼의 높이로는 올라갈 수 없다. 이 두 가지 사실은 공존하고 있기에 몹시 이상하다. 우리에게는 정확한 데이터와 정확한 해결책이 있다. 하지만(혹은 아울러) 이것은 나무는 보고 숲을 보지 못하는 것과 공존한다. 나무는 늘 너무 많은 듯하다.

그런데 이 문제는 방금 서술한 것보다 훨씬 "흥미롭다"(달리 말해, 훨씬 심각하다). **어떤 행동이라도** 그러한 역설에 시달릴 것이기 때문이다. 가령 "무엇을 해야 할지 알고 있다"라고 말한다면, 이것은 전 세계 자본주의를 해체하거나 근대적 생산방식의 오염 방식을 회피

한다기보다는, 개인이나 소규모 집단의 배출을 제한한다는 뜻이다. 이 행동이 어떤 효과를 가져올지는 결코 사전에 확인할 수 없다. 게다가 지구는 워낙 크기 때문에, 작은 행동은 별 의미가 없다는 것을 우리도 잘 안다. 실제로 우리 개인의 배출은 통계적으로 무의미하다. 그러나 수십억 명의 배출은 지구온난화를 유발하는 원인이 된다. 바로 이것이 데이터로 알 수 있는 것이다. 하지만 아무것도 하지 않는 것이야말로 문제이므로, 우쭐하거나 무력감을 느끼는 것 모두 도움이 안 된다.

"무엇을 할 것인가?"는 무엇인가에서 벗어나고 싶다는 것이다. 무슨 말인가? 불안과 불확실성이 주는 부담에서 벗어나고 싶다는 의미이다. 그러나 지구온난화와 관련된 데이터는 물론이고, 일반적으로 모든 데이터는 불안 및 불확실성과 관계가 있다. 데이터는 통계적이기 때문이다. x가 y의 원인이라는 것은 결코 증명할 수 없다. x가 y를 일으킬 확률이 99퍼센트라고 말하는 것이 가능한 최선의 방법이다. 예를 들어서 제네바 소재 유럽입자물리연구소CERN에 있는 입자가속기인 강입자 충돌기의 안개상자 속 패턴, 즉 힉스 보손의 증거가 되는 패턴도 이 소립자의 존재를 완전히 증명하지 못할 수 있다. 다만, 이 "하지 못할 수 있다"라는 것은 확률 범위 1퍼센트의 소수점 아랫부분의 극미한 조각에 국한된다. 생각해 보면, 그런 물질을 그저 주장하는 것보다 이것이 훨씬 낫다. 이것은 실재하는 것을 인지한다는 뜻이며, 자기 주장을 뒷받침하고자 모종의 폭력을 쓰겠다고 위협할 필요가 없다는 뜻이기 때문이다. 힉스 보손은 존재한다. 교황이 믿으라고 강요해서가 아니라, 물리학자들이 보는 데이터 패턴으로 미루어 볼 때 입자가 존재하지 않을 가능성이 매우 낮기 때문이다. 이것이 과학자들이 하는 일이다. 과학자들은 데이터에서 패턴을 찾는다. 그리고 패턴을 관찰하는 것은 우리가 생각하는 것보다 훨씬 더 예술 감상과 유사하다. 자세한 내용은 나중에 언급하도록 하겠다.

## 진실스러움

데이터**data**는 단순히 "주어진 것"을 뜻한다. "주다"를 의미하는 라틴어 다레**dare**의 목적분사의 복수형이다.[4] 그것은 우리가 사물을 관찰할 때 우리에게 주어지는 그 사물의 여러 면들이다. 우리에게 저울이 있으면 사과의 무게에 대한 데이터를 수집할 수 있다. 입자가속기가 있으면 사과의 양성자에 대한 데이터를 수집할 수 있다. 사실 데이터는 사실의 해석은커녕 사실과도 다르다. 사실을 얻기 위해서는 데이터와 그 데이터에 대한 해석이라는 두 요소가 필요하다. 이것은 직관에 어긋나는 것으로 느껴진다. 우리가 과학에 대해 나누는 통상의 대화에서는 사실을 꽤 구식으로 다루기 때문이다. 이런

---

[4] [역주] 라틴어에서 목적분사supine는 동사의 목적을 제시하기 위한 동사의 명사적 활용형이다. dare(주다)의 목적분사는 datum(주어진 것)이며, datum의 복수형이 data(주어진 것들)이다.

대화에서 사실은 어떤 사물에서 읽어 낼 수 있는 바코드 같은 것으로 여겨진다. 사실이란 자명하다는 것이다. 그러나 과학적 사실은 자명하지 않다. 바로 그래서 실험을 하고 데이터를 수집하고 그 데이터를 해석하는 것이다.

데이터는 물론이고, 해석도 우리가 그에 관해 데이터를 수집하고 해석하는 실제 **사물**이 아니라는 점에 유의해야 한다. 유사사실은 진실하게 **보이도록** 해석된 (보통은 아주 작은) 데이터 덩어리이다. 미국의 코미디언 스티븐 콜베어의 유용하고 풍자적인 단어 "진실스러움truthiness"을 빌려 말하자면, 유사사실은 "진실스럽다". 유사사실 둘레에는 진실의 고리가 둘러싸고 있다. 혹은 요즘 일부 과학자가 말하는 것처럼, "진실 같다truth-like". 유사사실이 진실스러운 이유는 우리가 사실이라고 생각하는 것과 일치하기 때문이다. 과학주의는 과학이 종교와 같은 식으로 세상에 관해 알려 준다는 흔한 믿음을 뜻한다. 이러한 과학주의 때문에 우리는 사실이 철저히 단순하고 확실하다고 간주한다. 사실이 사물 자체로부터 나온다고 생각하는 것이다. 과학주의는 유사사실에 대한 숭배이다. 그리고 유사사실은 특정한 태도를 내포하고 있다. 바로 사물 자체에 그것이 무엇인지 직접immediately(인간의 해석이라는 매개mediation 없이) 알려 주는 일종의 바코드가 있다는 것이다.

우리에게 진실스럽게 보이는 것은 매개자를 차단하고 확실한 데이터를 제공하는 것이다. 그렇지만 데이터는 사실이 아니다. 아직은. 더구나 생태 데이터는 그 자체가 대단히 복잡할 뿐 아니라 대단히 복잡한 현상에 관한 것이다. 따라서 우리가 계속 빠져드는 외상후스트레스장애 꿈의 내용인 진실스러운 유사사실을 반복하는 것이 아니라 사실을 체험하기란 어렵다. 체험은 고사하고 그런 데이터를 사실로 만드는 것조차 어렵다. 이런 진실스러움이 작용하는 방식에는 "당신은 볼 수 없는가?!"라는 짜증스러운 외침이 있다. 하지만 우리는 이런 데이터를 가지고 어떤 것도 "볼" 수 없다.

그래서 유감스럽게도 과학의 세계는 실로 의뭉스럽고 불확실하다. 완전한 확실성을 얻으려는 모든 시도는 과학의 시대에 살지 않으려는 것이다. 지구온난화를 현실로 인정한다고 해도 데이터 투기라는 방식은 우리가 바라는 만족감은 결단코 주지 못할 것이다. 우리는 데이터가 그런 만족감을 줄 수 있다는 듯, 데이터를 토해 내고 귀를 기울인다. 그것이 문제다. 우리는 트라우마를 겪는 초기 단계에 갇혀 있다. 그것은 지금껏 일어나고 있다. 뭐랄까, 조금이라도 마음을 쓰면 그 고통이 분명하게 느껴진다. 어떤 트라우마를 지닌 채 외상후스트레스장애 꿈을 꾸려는 것과 같다. 마치 잠이 들자마자 충돌 순간에 다가오는 그 차를 예측하는 꿈을 꿀 수 있다는 듯이. 뉴스 보도, 기자회견, 저녁 식사의 대화, 이 책과 같은 책들에서 가장 자주 마주치는 그 방식이 왜 하나도 도움이 되지 않는지 이제 이해가 되는지?

지구온난화 같은 행성의 증상을 부정하면 유사사실의 늪에 빠지게 된다. 우리는 유사사실에 대해 걱정하거나 논쟁하는 데에 상당한 시간을 허비하지만, 유사사실은 실상 데이터나 데이터 해석과는 아무런 상관도 없다. 부정하는 사람이 되건, 아니면 부정하는 사람과 논쟁을 하건, 이 방식에 들어섰다면 이미 헛다리를 짚은 것이다. 진실스러움은 어떤 면에서는 진짜 문제에 대한 물집 같은 반응이다. 그 문제란, 우리가 데이터와 사물 사이에 근본적 간극이 있는 근대과학의 시대에 살고 있다는 것이다. 사물에 접근하는 한 가지 방식으로는 그 사물의 모든 질과 특성을 속속들이 규명할 수 없다. 따라서 사물은 온전히 확정되지 않으며, 온전히 접근할 수 없다.

사과에 관한 생각으로 사과의 모든 것을 간추릴 수는 없다. 사과를 맛보지 않았기 때문이다. 하지만 사과를 한입 베어 문다고 해도 사과의 모든 것을 포착하는 것은 아니다. 벌레처럼 사과 안으로 파고들지 않았기 때문이다. 물론 사과 안으로 파고들더라도 마찬가지다. 이 모든 경우에 사과 자체가 아니라 사과에 관한 데이터를 가질 따름이다. 사과를 생각하거나 사과를 한입 베어 물거나 사과를 파고들 따름이다. (실제로는 그럴 수 없지만 그럴 수 있다고 상정한다면) 영원한 시간과 무한한 공간에서 사과에 접근할 모든 가능성을 도표로 만든다고 해도, 그보다 덜 완전한 도표가 포착할 수 있는 사과 유형은 놓칠 것이다. 그리고 두 도표 중 어느 쪽이라도 우리에게는 사과가 아니라 사과 도표만 있을 것이다. 하지만 사과 데이터는 분명 존재한다. 사과가 녹색이고 둥글고 즙이 많고 달콤하고 아삭아삭하며 비타민 C가 가득하다는 데이터 말이다. 또 사과는 〈창세기〉에서 사상 최악의 간식으로 모습을 드러낸다. 어떤 이야기에서는 소년의 머리에 얹힌 채 화살을 기다린다. 그러나 이런 것들은 모두 사과 자체가 아니다. 사과와 사과의 모습, 즉 사과 데이터 사이에는 근본적 간극이 있다. 사과를 아무리 연구하더라도, 그 간극을 지목하고 그것의 정확한 위치를 찾아낼 수는 없다. 그 간극은 **초월적**이기 때문이다.

사물과 사물 데이터의 초월적 간극은 **초객체**hyperobject라고 부르는 것을 고찰하면 제법 분명해진다. 초객체는 거대하고, 시간과 공간에 이른바 "분산"되어 있다. 수십 년이나 수백 년(실은 수천 년)에 걸쳐 일어나고, 지구 전체에 걸쳐 일어나는 것이다. 바로 지구온난화 같은 것이다. 그런 것을 모두 한꺼번에 직접 지목하는 것은 불가능하다. (이를테면 진화, 생물권, 기후 같은) 그러한 것들은 사물들이 어떻게 존재하는지, 아니 근대적 사고방식에 따르면 만물이 어떻게 존재하는지에 대해 단서를 제공한다. 만물이란 숟가락, 달걀부침 한 접시, 주차된 차, 축구장, 양털 모자 등 모든 것을 말한다. 〔초객체뿐 아니라〕 이런 것도 직접 지목할 수 없다. 양털 모자를 느낀다면, 양털 같음을 느낀 것이다. 실제 모자가 아니라 모자 데이터를 받는 것이다. 머리에 양털 모자를 쓴다면 특정한 방식으로 모자를 **사용**하거나 모자에 **접근**하는 것이다. 온전히 접근하는 것도 아니다. 모자로 머리를 덥히면서 차가운 공기를 마시며 아침 산책을 시작하면, 모자는 말하자면 사라져 버린다. A에서 B로 이동하는 데에 몰두하면 기분도 좋아지고 따뜻해진다. 이렇게 모자가 제 역할을 하면서 모자는 잊힌다. 이런 사물의 질(세계 내에서 잘 기능하면 사라지는 것)은 그 사물이 실제로 무엇인지에 대한 단서를 제공한다. 사물이 실제로 무엇인지는 사물 데이터와는 확연히 다르다. 모자를 보거나 모자 사진을 찍을 때는 실제 모자가 아니라 모자의 모습이나 모자의 사진이 있는 것이다.

모자의 유사사실은 실제 모자에 관한 것인 척한다. 그러나 모자의 유사사실은 모자 데이터에 대한 특정 해석이다. 비록 해석이 아닌 척하지만 말이다. 진실에 관한 이런 관점은 실은 매우 오래되었다. 목하 200년이 넘었다. 1700년대 후반의 저명한 스코틀랜드 철학자 데이비드 흄David Hume은 데이터라는 뚜껑 아래를 직접 들여다보고서 사물이 실제로 무엇인지 알아낼 수는 없다고 주장했다. 18세기 후반 흄의 직속 후계자인 철학자 이마누엘 칸트는 그 이유를 설명했다. 바로 내가 이야기를 꺼낸 근본적인 간극, 즉 사물과 데이터 간의 간극 때문이다. 생태적 사물은 대단히 복잡하고, 움직이는 요소를 다수 포함하고 있으며, 전 지구와 전 시간에 널리 분포되어 있다. 그래서 생태적 사물 데이터를 들여다보기란 불가능하다. 시도하면 혼란만 겪을 뿐이다.


## 우리의 관점을 그림에 포함시키기

지구온난화에 대한 부정은 실은 전치된displaced 근대의 부정이다. 근대에는 우리가 아주 명확하게 알고 싶어 하지 않는 무언가가 있다. 그 무언가는 흄과 칸트가 이야기하는 것이다. 데이터는 의뭉스럽고, 사물이 아니다. 그리고 우리가 가진 전부이다. 나는 간혹 흄이 핑크 플로이드의 베이스 기타리스트이자 작사가인 로저 워터스로 환생한 것이 아닌지 궁금하다. 핑크 플로이드는 앨범《더 다크 사이드 오브 더 문The Dark Side of the Moon》의 〈브리드Breathe〉라는 곡에서 마치 흄이 손수 쓴 것같이 노래한다. "당신이 만지고 보는 모든 것은 / 당신의 삶이 그러한 모든 것이다."[5] 바로 그것이다. 손과 눈 없이(나아가 실험 기구, 온도계, 실험실 없이, 또 과학적 사실이란 무엇인가에 대한 관념 없이) 사물을 직접 다룰 수는 없다. 재미있게도, 과학 시대에 산다는 것은 우리 경험 속에 우리 자신이 수축 포장되어 있음을 갈수록 더 깨닫는다는 의미이다.

## "자연적"은 "습관적"이라는 뜻

흄과 칸트 시대에 살던 낭만주의 시인들은 이것을 단박에 이해했다. 그들은 사물에 정말 가까이 다가가면, 사물이 "용해"되기 시작한다는 것을 깨달았다. 달리 말해, 정상화된 준거틀을 버리면 사물의 낯섦, 사물에 직접 접근할 수 없음이 선연해진다. 예를 들어, 지질학자로서 망치와 돋보기를 들고 바위 표면을 조사한다고 가정해 보

---

[5]  Pink Floyd, "Breathe," *The Dark Side of the Moon* (EMI, 1973).

자. 그림엽서로 바위를 보는 사람보다 바위에 훨씬 가까이 있다. 그림엽서를 보고 있는 사람은 자신이 무엇을 보고 있는지 꽤 확신한다. 그림엽서는 예술사에서 낭만주의가 도래하기 이전의 '그림 같음 picturesque'의 후예이다.

그림 같음에서 세계는 그림처럼 보이도록 디자인되어 있다. 마치 인간이 이미 해석하고 포장한 것처럼. 뭐가 뭔지 금세 알 수 있다. 저기 저쪽에 산이 있고, 호수도 있고, 어쩌면 그 전경에는 나무도 한 그루 있다. 정말 재미있게도, 방금 서술한 고전적인 그림 같은 이미지는 지구상의 모든 사람이 가장 좋아하는 평균적 이미지이다. 그리고 아마도 그런 이미지가 어디에나 있기에, 많은 사람이 키치라거나 뻔하다고 여기는 것이다. 재미있게도, 이는 인간이 수백만 년 전 아프리카 대초원에서 본 것과 거의 같다. 근방에 물줄기가 있고 (그 나무가 드리우는) 그늘이 약간 있으며 (예를 들어) 안온하게 산으로 둘러싸이고 거기로부터 호수로 물이 흘러 내려온다. 이런 것은 태고의 인간에게는 꽤 유용한 것이다. '그림 같음'은 근본적으로 사람을 중심으로 사물을 바라보는 방식에 적합하다. 그것은 인간중심적이다.

하지만 산을 클로즈업해서 보는 것은 전혀 다른 문제이다. 우리가 낭만주의 시인이거나 과학자로서 그 그림, 즉 (풍경을 그린 그림을 의미하는) "풍경화" 속으로 걸어 들어간다고 해 보자. 그림이라는 질은 증발해 버린다. 이제 바위 바로 가까이에 있고 바위와 친밀하다. 이로써 그것은 더 이상 구석기시대의 고대인이 형상화하기에 좋은 배경이 아니다. 제법 이상해지기 시작한다. 평범한 세계와는 별로 관련이 없는 온갖 종류의 결정체와 온갖 종류의 곡선과 형태가 보이기 때문이다. 화석이 보이기 시작할지도 모른다. 그러니까 다른 생명체들은 이 바위를 우리와 다른 방식으로 사용한 것이다. 아니면 새가 바위틈에 둥지를 튼 것을 알게 될지도 모른다. 이제 이곳이 우리만의 세계가 아니라는 걸 깨닫기 시작한다.

이는 흡사 시차 적응이 안 되는 것과 같다. 제법 멀리 떨어진 곳에 도착하면, 그곳이 자신의 장소가 (아직은) 아니라는 단순한 사실에 다소(혹은 몹시) 겁을 먹게 된다. 실은 굉장히 피곤하고 체내 시계도 완전히 거꾸로 되어 있으며, 심지어 시간마저 자기 것이 아니다. 시간은 이제 언제 무엇을 해야 하는지 알려 주는 알람이나 달력을 기다리면서, 그것에 대해 잊어버린 채 그냥 그 안에서 살아도 되는 괜찮은 중립적 상자가 아니다. 시간은 원래 단순한 시간이라기보다 시간에 대한 인간의 해석인데, 이제는 이러한 해석도 아니게 된다. "해석"은 단지 "심적인 서술"을 뜻하지 않는다. 어떤 사물에 접근하고 그것을 사용하는 방법 전체를 뜻한다. 앞서 말했듯이, 사과에 대한 접근 방식은 사과 자체가 아니라 사과 데이터를 준다. 사과를 먹는 것조차 사과 한 입을 주는 것이지, 그렇게 찬란하게 다채로운 사과 전체를 주는 것은 아니다. 우리가 흔히 음악의 "해석"에 대해 말하는 것을 떠올려 보자. 해석이란 음악을 생각하는 것만이 아니라, 실은 음악을 **연주**하는 것, 즉 음악을 실행하는 것도 뜻한다. 베를린 필하모닉 오케스트라의 지휘자는 허공에다 팔을 휘저으며 악보를 "해석"함으로써 연주자들이 특정한 방식으로 그 음악의 오선지를

"해석"하게끔 한다. 이렇게 표현하면 제법 명확해진다. 사물의 실행은 사물이 아니다.

자, 우리에게 지질학자의 망치와 특수 카메라가 있다. 우리는 사물을 망치질하고 사진 찍는 것이 그 사물이 아니라는 사실에 직면했다. 그 그림 같은 세계가 너무도 조화로워서, 그러한 그림 같음 역시 호수, 나무, 산 같은 사물을 실행하는 것임을 잊어버렸다. 우리는 무언가를 직접 보고 있다고 생각한다. 아마도 그 무언가를 자연/본성nature이라고 부를 것이다. 자연은 말하자면 그저 제대로 기능하고 있기에 잊어버리는 어떤 것이다. 우리는 "인간적 본성"에 대해서는 "그건 내 본성이니까 어쩔 수 없어"라거나 "자연스러운 일을 하자"고 말한다. 그리고 비인간적 "자연"은 버스 정류장에서 모르는 사람과 나누는 "날씨 이야기"의 요점이다. 우리가 나누는 공통의 토대는 중립적으로 보이는 어떤 것, 제대로 기능하여 이런 상호작용의 배경을 이루고 있는 어떤 것이다. 그렇지만 지구온난화는 이러한 중립성을 앗아 간다. 마치 연극이 진행되는 동안 무대장치를 깡그리 치워 버리는, 지나치게 열심인 무대 담당자처럼.

따라서 망치와 카메라를 들고 가까이에서 과학적으로 사물을 보는 것이 곧 자연을 "보는" 것은 아니다. 우리는 여전히 인간의 도구와 인간의 접촉을 통해 자연을 해석하고 있다. 생태적으로 사유하는 것은 자연에 대한 이런 관념을 버리는 것을 의미한다. 믿기 어려울 수도 있다. 하지만 그렇게 믿기 어려운 이유는 단지 호수, 나무, 소, 눈, 햇빛, 밀과 같은 사물에 접근하고 실행하고 나아가 "해석하는" 일정한 방식이 워낙 습관이 되었기 때문이다.

낭만주의 시인들은 내가 방금 서술했듯이 우리가 "과학적"이라면, 상투적인 것들뿐만 아니라 온갖 종류의 데이터에 개방적이라면, 틀림없이 "경험적"이기도 하다는 것을 깨달았다. 그래서 바위를 마주친 **경험**에 관해, 그리고 그 경험이 실로 얼마나 이상한지에 관해 시를 쓰게 된다. 조금 더 나아가, 바위와 마주친 경험에 관한 시를 쓰는 것에 관한 시를 쓸지도 모른다. 이는 전혀 비과학적이지 않다. 바로 이것이 데이터 체험이 작동하는 방식이다. 우리는 해석에 우리 자신이 포함되어 있음을 깨닫는다. 그래서 우리의 예술은 "성찰적"이 된다. 스스로에 관해 이야기하기 시작하는 것이다. 그러므로 온갖 강요하는 일(온갖 정보 투기)은 바로 과학적 데이터를 체험하지 않는 방법이다. 이것은 과학 시대의 삶이 갖는 이상함을 지우는 방법이기도 하다. 이것은 우리가 받는 한 무더기의 정보에 대한 반응, 우리가 설계하고 창조하는 사물에 대한 반응, 우리가 자연이나 생태에서 느끼는 단절감에 대한 반응, 그리고 지구온난화 같은 것을 생각하기 시작할 때 경험하는 공황이나 무력감에 대한 반응이기도 하다. 이것을 성찰하는 방식에 도달하려면, 생태적 정보란 사람들에게 유사사실을 내버리는 것이라는 마음가짐으로 시작하면 안 된다.

흔히 "환경주의" 글쓰기라고 부르는 수많은 생태적 글쓰기 형식은 대체로 정보 투기 방식과 같다. 그것은 우리가 그림 같은 자연과 접촉할 수 있도록 "진실스럽게" 설계된다(앞으로는 그것이 실제 나무와 토끼가 아니라, 하나의 개념이자 해석임을 상기시킬 필요가 있으면, *자*

연*Nature*이라는 단어를 대문자로 쓸 것이다).[6] 재미있게도, 저 번질번질한 달력 사진 속의 위풍당당한 대형 고양이과 동물이나 우거진 열대우림의 감상적이고 "뻔한" 이미지보다는 비틀리고 기묘한 예술, 어쩌면 포스트모던한 예술이야말로 과학 시대의 삶에 훨씬 부합한다. 생태적 사실을 체험하기란 어렵다. 어쩌면 생태적 사실은 우리가 정확히 무엇을 해야 하는지 즉각 "알지" 않기를 요구하는지도 모른다. 더욱 단호하게 표현해 보자. 더 나아가, 어쩌면 생태적 사실은 우리가 무엇을 해야 하는지 즉각 알아서는 안 된다고 요구하는지도 모른다. 그뿐 아니라 인간중심적인 사실도 있다. 상당히 오랫동안 우리는 인간이 (심리적·철학적·사회적 영역을 포함하여) 모든 존재 영역에서 최고 혹은 중심에 있도록 사물을 설계하고 해석하고 실행해 오고 있다. 생태적 사실은 인간중심주의의 의도치 않은 결과와 관련된다. 그래서 생태적 사실은 우리와 관련되고, 우리가 어떻게 사는지, 무엇을 하고 어떻게 행동하는지와 관련되므로, 멀리서는 잘 보이지 않으며 받아들이기도 어렵다. 본질적으로 그렇다. 자신을 바라보는 관점을 갖는 것, 자신이 행동하고 보는 방식을 의심하는 것은 실천하기가 매우 어렵다.

설령 인간의 탄소 배출이 일으키는 일이 현실임을 확신하더라도, 지구온난화를 부정하는 사람들에게 그렇게 강경할 필요는 없다. 생

---

[6] [역주] 한국어 번역에서는 이탤릭체로 쓸 것이다.

각보다 우리는 그들과 공통점이 많으니까. 우리가 유사사실로 제시되는 사실을 가지고 그들 위에 서려고 하는 것은 그들도 하는 방식이다. 그것은 근대과학 시대의 기묘함으로부터 숨는 것이다. 우리는 불을 가지고 불과 싸운다. 더 낫게 표현하면, 찬물을 가지고 찬물과 싸운다. 유사사실에 관한 말은 무수한 가정과 확신을 통해 타오르는 동시대 지식의 불길에 찬물을 끼얹기 때문이다.

그렇다면 생태적으로 현실적인 것은 무엇인가? 이것에 대해서는 두 번째 장에서 탐구할 것이다. 두 번째 장에서는 모든 사실 중 가장 기본적인 생태적 사실, 즉 생명체가 상호연결되어 있다는 사실을 고찰할 것이다. 언뜻 보기에 명백한 이 사실은 생각보다 훨씬 이상하다.

## 왜 *내가* 마음 써야 하는가?

문화마다 학생으로 사는 법은 다르다. 나는 몇 년에 걸쳐 미국 전역을 돌아다니며 서로 다른 (동부, 중부, 서부, 남부의) 네 곳에서 일하면서 이것을 알게 되었다. 그리고 유럽 등지에서 세미나를 할 때도 확연한 차이가 있다. 파리의 학생들은 대만 학생들과는 사뭇 다르고, 대만 학생들은 캘리포니아 북부의 학생들과 무척 다르다. 이를테면, 콜로라도의 아름다운 고지대 도시 볼더에서 학생들을 가르치며 맞닥뜨린 어려움은 학생들과 함께 살펴보는 시가 그들의 삶에서 접할 가장 사이키델릭한 시라고 설득하는 것이었다. 그 학생들이 학업 외에 주로 하는 일은 대마초에 취하거나 스노우보드를 타러 가는 것이었기 때문이다. 그러나 시 하나에 대해 이렇게 설득하고 나면, 다음에는 판돈을 올려야 했다.

캘리포니아는 처음에 자못 충격적이었다. 기저에 깔린 분위기는 일종의 초조함이었지만, 가장된 심드렁한 무관심으로 감춰져 있었다. 학생들은 흡사 보이지 않는 TV 리모컨을 들고선 소리 없이 "우리를 재미있게 해 봐, 그렇지 않으면 채널을 바꾸겠어" 하고 말하는 듯했다. 가르치는 데에는 온갖 감정적 에너지를 죄다 쏟아야 하지만, 기본적으로는 세 가지 정도의 주요 향이 있다. 차례차례 관계하게 되는 이 향들은 딸기 향, 초콜릿 향, 바닐라 향인데, 흔히 불교의 일반적인 감정 유형론〔탐진치食瞋痴〕에 따르면 열정, 공격성, 무지로 알려져 있다(온갖 유의 하위 향도 있다. 바닐라 가운데 딸기가 있거나 초콜릿에 토피를 넣는 것처럼).

우선은 학생들이 나를 좋아해 주기를 바라고, 나도 나의 직업을 좋아하기를 원하므로 열정을 갖고 일한다. 그리고 나서는 자기 직업을 다소 싫어하게 되어 공격성을 갖고 일하기 시작한다. 다시 말해, 학생들이 나를 다소 싫어하게 만드는 법을 배운다. 그러고는 희생양 에너지를 가지고 일하는 방식을 배우는데, 그것은 바로 한 집단이 자신의 부정적인 것을 어느 한 사람에게 투기하는 방식이다. 만약 이 한 사람이 학급의 어느 학생이라면, 그 학생은 〔의도적으로 반론을 제기하는〕 '악마의 변호인'이 되어 모두의 앞에서 나에게 싸움을 건다. 내가 배우는 것은 거기에 말려들지 않고 슬쩍 피하면서 그것을 학급에 되돌려 주는 방법이다.

그러다가 나중에는 무지와 무관심으로 일하게 된다. 무지와 무관심이라는 에너지로 일하는 것이야말로 가장 고달프다. 사랑의 반대는 증오가 아니기 때문이다. 사랑의 반대는 아무것도 마음 쓰지 않는다는 저 바닐라 향의 느낌이기 때문이다. 그것이 몹시 까다로운 이유는 깰 수 없어 보이기 때문이다. 그렇게 하려면 공격성 에너지를 불러일으켜야 하는데, 학생들은 그러기를 원치 않는다. 아니면, 열정을 발휘하여 학생들에게 간청할 수도 있다. 그러면 나는 더없이 취약하게 느낄 테고, 학생들은 나의 노력을 무시하고 나를 좌절시킬 것이다.

어느 날 오후, 나는 스스로 그 덫에 빠져들고 말았다. 낭만주의 예술을 가르칠 때였다. 무슨 이유에선가 피아노에 관해, 즉 18세기 후반에 발명된 피아노포르테에 관해 이야기하는 중이었다. 나는 "피아노의 역사에 대해 아는 사람 있습니까?"라는 식의 질문을 던졌고, 그 일이 벌어졌다. 캘리포니아 학생들은 자신감은 부족해도 목소리는 큰 편이다(그리고 보이지 않는 리모컨을 손에 든 채 앉아 있다). 강의실의 오른쪽 뒤(그렇다, 나는 지금 생생하게 기억나는 그 트라우마를 떠올리고 있다) 높은 곳에서 한 여성의 목소리가 들려왔다. "왜 내가 마음을 써야 하죠?"

머리를 한 대 얻어맞은 듯했다.

학생 시절 성실했던 나는 교실에서 일어나는 일에 마음 쓰지 않는다는 생각조차 해 본 적이 없었다. 그 질문이 화성인의 말로 되어 있는 것처럼 느껴질 만큼 처음에는 질문을 이해할 수조차 없었다. 그저 어리둥절할 따름이었다. 그때는 교편을 잡은 지 대략 15년째였기에, 강의실에서 어리둥절해진 건 오래간만이었다. 너무도 생경한 종류의 어리둥절함이었다. 정확히 말해, 공격을 당한 것도 아니었다. 처음에는 대관절 무슨 일이 일어난 것인지 도무지 알 수 없었다. 10주짜리 학기 중 겨우 2주 차였다. 불길한 징조였다. 그 순간 나는 뭐라고 대답해야 할지 생각조차 할 수 없었다.

며칠 동안 그 사건에 사로잡혀 있었다. 통 이해할 수가 없었다. 마치 소화가 안 되는 음식을 먹은 느낌이었다. 그런데 주말께 중요한 사실을 깨달았다. 그와 똑같은 말을 나 자신에게도 적용할 수 있다는 것이었다. 나 티머시 모튼은 왜 피아노에 대해 가르치는 데에 그토록 마음 써야 하는가? 누군가 "왜 내가 마음 써야 하죠?"라고 말할 때 그렇게 고통스러울 정도로? 조금 "무심"한 것, 바꿔 말해서 태평한 것이 낫지 않을까? 아마 나같이 약간 통제광이라면, 태평하고 개방적인 것은 약간 마음 쓰지 않는 것으로 보일 수 있다. 볼더에 있을 때 친구 다이앤의 집 복도에서 오셀 텐진이라는 불교 스승의 수려한 서예 작품을 본 적이 있다. 커다란 붓으로 쓴 두 단어는 서로 떨어져 있으면서도 연결되어 있었다. *무-심CARE LESS*. 그 단어에 모든 것이 함축돼 있었다. 부처라면 틀림없이 너무 고지식하다고 할 나라는 인간은 제대로 명상하려 하면 늘 약간 잘못하는 것처럼 느낀다. 그러나 이제는 그렇게 망치는 기분을 내가 제대로 명상하고 있다는 징조로 받아들인다.

나중에 안 사실이지만, 문제의 그 학생은 다른 상황에서도 충분히 마음을 쓰지 못해 성적이 꽤 떨어졌다. 그렇지만 나는 귀중한 것을 배웠다.

이 책은 마음 씀에 관한 책이기에, 나에게는 그 학생을 만난 것이 퍽 의미 있는 일이다. 내가 주장한 바와 같이 우리에게는 매일 생태적 유사사실이 폭격처럼 퍼부어지고 있고, 생태적 문제들은 정말 긴박하다. 만일 그런 유사사실을 너무 깊이 생각하다 보면 몹시 우울해져서, 종국에는 태아의 자세를 취하거나 만사를 부정하며 고슴도치처럼 몸을 웅크리게 될 수도 있다. 그래서 일종의 무-심의 태도로 이 책을 썼으니, 여러분도 무-심하면 좋겠다. 부디 무관심을 삭제하는 버튼을 누르지 말라. 그 대신 지금까지 우리가 한 것처럼 이 무관심을 탐구해 보는 것은 어떤가? 이 무관심의 탁한 영역에 부드럽고 고무 같은 무감각의 공이 들어 있다는 것을 발견하게 될지도 모른다. 무감각은 충격으로부터 자신을 보호하는 감각이다. 이 무감각을 각별히 조심히 다루어야 한다. 다시 말하지만, 안에 들어 있는 것을 얻으려 고무 껍질을 벗기거나 가위로 찌르지 말라. 그 대신 외부에서 탐구하라. 수많은 객체도 분명히 그렇게 해야 한다. 가령 블랙홀을 탐구하기 위해 블랙홀 안으로 들어가면, 블랙홀에서 나가 거기서 본 걸 다른 사람들에게 말해 주기는커녕 아예 살아남지 못한다. 그러니 블랙홀 주변의 현상들을 연구해야 한다. 그곳을 넘어가면 블랙홀에서 벗어나 이야기를 전할 수 없는 지점, 즉 사건의 지평선까지, 그리고 그것을 포함하여.

## 객체지향 존재론

나는 어떤 철학적 관점을 고수하고 있는데, 그 관점은 객체지향 존재론object-oriented ontology: OOO으로 알려져 있다. 이 관점은 모든 것이 다양한 면에서 블랙홀과 같다는 주장을 펼친다. 고무공, 감정, 감정에 대한 문장, 문장에 대한 관념, 컴퓨터로 발화되는 그 문장의 소리, 컴퓨터의 유리 화면, 유리 재료인 모래를 추출한 해변, 바다의 파도, 소금 결정, 고래, 해파리, 산호 등등이 말이다. 이 사물들이 유출하는 현상을 탐구(철학 용어로는 현상학)해야 한다. 사물 자체에는 결코 도달할 수 없기 때문이다. 사물 자체에 접근하는 방식은 제대로 작동하지 않는다. 생각하기, 가위로 찌르기, 먹기, 무시하기, 그것에 관한 시 쓰기, (파리라면) 기어서 건너가기, (축구 선수라면) 발로 차기, (개라면) 먹기, (감마선이라면) 조사照射하기 등이 그렇다.

객체지향 존재론은 마르틴 하이데거Martin Heidegger의 철학이 (하이데거 자신은 뭐라고 말하건) 실제로 어떻게 작동하는지를 숙고해 온 미국 철학자 그레이엄 하먼Graham Harman에 의해 처음 공식화되었다. 객체지향 존재론에서는 그 어떤 것에도 그것의 전체성에 한 번에 접근할 수 없다고 주장한다.[7] 접근이란 사물을 파악하는 모든 방법, 즉

---

[7] 그레이엄 하먼의 아름다울 만큼 명료한 저서 중에는 *Heidegger Explained: From Phenomenon to Thing* (Chicago: Open Court, 2007)이 있다. 이 책은 하이데거가 사실 꽤 이해하기 쉽다는 것을 간결하게 보여 준다. 하이데거가 주장하는 것은, 한 마디로 존재는 현전이 아니라는 것이다.

사물에 살짝 닿기, 사물에 대해 생각하기, 사물을 핥기, 사물의 그림을 그리기, 사물을 먹기, 사물 위에 보금자리 짓기, 사물을 산산조각내기 등을 의미한다. 객체지향 존재론에서는 또한 생각이 유일한 접근 방식이 아닐뿐더러, 최상의 접근 방식도 아니라고 주장한다. 실상 최상의 접근 방식이라는 것은 없다. 이와 같은 두 가지 통찰이 우리에게 보여 주는 것은 인간중심주의가 불가능한 세계이다. 생각은 오랫동안 인간으로 존재함과 극히 밀접하게 연관되어 있었기 때문이고, 대개 인간 존재야말로 유의미한 방식으로 다른 사물에 접근하도록 허락받은 유일한 존재였기 때문이다. 객체지향 존재론은 우리에게 그림자에 가려지고 숨겨진 구석에 있는 놀라운 세계, 사물들이 생각이라는 자외선으로 온전히 조명되지 못하는 세계를 열어 준다. 이 세계에서는 오소리로 존재하는 일, 즉 인간이라면 생각으로 찾을 것을 냄새로 찾는 일이 인간만큼이나 타당하게 사물에 접근하는 방식이다.

나는 우리가 생태에 대해 더 많이 알게 된 이 시대에 객체지향 존재론이 무척 유용하다고 생각한다. 그 이유 중 하나는 생각, 특히 인간의 생각을 사물이 무엇인지 정확하게 이해하는 특별한 종류의 접근 방식으로 여기지 않기 때문이다. 객체지향 존재론은 인간이 의미와 권력(그리고 기타 등등)의 중심이라고 주장하는 인간중심주의를 포기하려 한다. 이는 다른 생명체의 중요성을 적어도 인식해야 하는 시대에 유용하다.

어쩌면 우리의 무심함은, 즉 우리가 생태적 사물들에 대해 그다지 많이(혹은 줄곧) 마음 쓰지(마음 쓰고 싶어 하지) 않는다는 사실은 어떤 독특한 삶의 형태와 같을지도 모른다. 즉, 집세 없이 우리 머리 안에서 사는 것과 같을지도 모른다. 아마도 우리는 무감각한 고무공을 잘라서 여는 것보다 그 고무공을 담은 탁한 영역을 탐구함으로써, 생태와 생태적 정치, 예술, 철학, 문화에 대해 훨씬 많은 정보를 얻을 수 있을 것이다. 어쩌면 우리는 생태의 시대에 대처하는 데에 필요한 모든 것을 이미 가지고 있을지도 모른다. 사물을 보는 전혀 새로운 방식이 필요하다고 말해 온 것이야말로 진짜 문제인지도 모른다. 생태의 시대가 우리의 친숙한 세계를 갈기갈기 찢어 버리는 일종의 종말이므로 그렇다는 것이다. 하지만 이것은 진정 생태적으로 보고 생태적으로 사는 새로운 방식을 희망하는 것인가, 아니면 우리를 애당초 이 단계까지 이르게 한 농경시대의 일신교를 리트윗한 것에 불과한가? 농업이 지구온난화와 대멸종에 부분적으로 책임이 있다면(실제로 책임이 있지만), 일신교의 준거틀이나 일신교의 언어를 사용하지 않는 것이 낫지 않을까? 설교 늘어놓기, 창피 주기, 죄책감 따위는 그만두는 것이 낫지 않을까? 그것은 농경시대의 산물인, 삶에 대한 유신론적 접근의 일부인 것이다.

이 모든 것은 한낱 질문에 불과하다. 너무 마음 쓰지 말라. 이 책을 읽어 나가면서 어떤 죄책감이 생겨나는 건 아닌지 잘 지켜보라. 죄책감은 결국 개인이라는 척도에 맞춰져 있다. 그러나 개인은 지구온난화에 어떤 의미에서도 죄가 없다. 그렇다. 우리가 매일 자동차 내연기관에 시동을 거는 것은 지구온난화에 관한 한 통계적으로 무의미하므로 그 행동을 전적으로 눈감아 줄 수 있다. 그러나 역설적이게도, 이런 행위의 척도를 내연기관이 발명된 이래로 매일 모든 자동차 엔진이 작동하는 것까지 포함하도록 높인다면, 인간이 지구온난화를 낳는다고 말할 수 있다. 거대 기업들은 분명히 지구온난화 효과를 가져올 수 있다. 하지만 그 직원들이 끼치는 영향은, 이 표현을 다시 쓰자면, 통계적으로 무의미하다. 지금으로부터 수천 년 후를 내다본다면, 개인으로서 우리와 관련하여 중요한 것은 하나도 없을 것이다. 하지만 우리가 한 행동은 중대한 결과를 낳을 것이다.[8] 생태적 시대의 역설이다. 지구온난화에 변화를 주려는 행동이 대규모이고 집단적이어야 하는 이유이다.

그런데 지구온난화란 무엇인가? 정답은 대멸종이다. 이것이 다음 주제이다.

---

[8] Derek Parfit, *Reasons and Persons* (Oxford: Oxford University Press, 1984), 355–357, 361.

# 1

## 그리고 우리는 대멸종 시대에 살게 될 수도 있다

생태적으로 볼 때 현재 상황은 정확히 어떠한가? 우선 이것부터 살펴보자. 몇몇 사람에게 이 장의 제목을 말했을 때 그들은 이 제목이 약하다고 비판했다. 그렇다, 이 장은 정말 빈약하다. 어떤 사람들은 "우리는 대멸종 시대에 살고 있다"라고 표현하길 바랐다. 흡사 "~수도 있다"라는 표현이 "~지 않다"와 같은 것인 양.

　그 자체는 꽤 흥미롭다. "~수도 있다"를 "~지 않다"로 이해하는 것 말이다. 이것은 배중률排中律Excluded Middle〔어떤 명제와 그것의 부정 가운데 하나는 반드시 참이라는〕이라는 논리 "법칙"과 관련되며, 삶의 모든 영역에 영향을 미친다. 일반적 투표 규칙에 따르면, 기권은 개표할 때 "반대"로 해석된다. "어쩌면 그럴 것이고, 어쩌면 그렇지 않을 것이다"라는 뜻으로 해석할 수는 없다. 우리는 직설법의 시대에 살고 있다. 아니, 실은 능동태의 시대이다. 문장을 수동태로 쓰면 워드 프로그램이 다소 구불거리는 녹색 선으로 처벌을 내리는 시대 말이다. "~지 모른다"처럼 가정법을 사용하는 일이 부디 없기를.

　〔배중률에서처럼〕 중간middle일 수 없다는 것은 생태적 사고에는 큰 문제이다.

　하지만 가정법 상태에 있을 수 없다는 것도 생태적 사고에 큰 문제이다. "~수도 있다" 방식일 수 없다는 것. 이런 것은 모두 지나친 흑백논리이다. 이것은 생태 경험에 필수적인 어떤 것을 편집해서 내다 버린다. 실제로는 제거할 수 없는 그것은 망설임이라는 질quality, 비현실 혹은 왜곡된 현실이나 변형된 현실의 느낌, 으스스한 것의 느낌, 즉 기묘함의 느낌이다.

'그리 현실적이지 않음'의 느낌이란 바로 파국에 처한 느낌을 말한다. 교통사고를 당하거나 시차 증후군이라는 소소한 파국을 겪어본 적이 있다면, 무슨 말인지 알 것이다.

사실, "~수도 있다"를 편집해 내다 버리는 것은 경험 자체를 편집해 내다 버리는 것이다. "~이다"라고 말할 때 그렇다고 느끼지 못한다면, 생태에 관련해 공인된 무언가를 느끼지 못한다면, 우리에게 문제가 있다는 것이다. 그 무언가는 투명할 수밖에 없다. 명료할 수밖에 없다. 우리는 그 명료함을 머리통을 철썩 때리듯이 명료하게 전달해야 한다. "여러분은 ~수도 있다"라는 것은 경험을 포함한다. 어떤 의미에서는 단순한 주장보다 훨씬 더 강력한 것이다. 우리는 자기 자신을 소거할 수 없기 때문이다. 온갖 일에 동의하거나 반대할 수 있다. 그렇지만 그럴 때마다 동의하거나 동의하지 않는 여러분이 있다. 위대한 현상학자인 카우보이 밴자이Buckaroo Banzai의 표현을 빌리자면, 어디를 가든 여러분은 거기 있다.[1]

## 철-학

철학이 그러하듯이 진실에도 어떤 융통성이 있다. 〔사랑philos과 지혜

---

[1] W. D. Richter 감독의 영화 *The Adventures of Buckaroo Banzai across the Eighth Dimension* (20th Century Fox, 1984).

sophos의 합성어인〕 철학philosophy은 지혜에 대한 사랑이지 지혜 그 자체를 의미하지 않는다. 사랑 부분을 삭제하는 것도 분명 하나의 철학 양식이다. 그런 철학자를 모두 나열하기엔 너무 많기도 하고 그런 이름을 나열하기도 부끄럽지만, 우리는 그런 유형을 알고 있다. 자신이 옳다고 생각하며 자신에게 동의하지 않는 사람은 모두 허튼소리를 한다고 생각하는 유형. 두말하면 잔소리지만, 나는 그런 양식을 전혀 좋아하지 않는다. 사랑이 의미하는 바는, 사랑하는 사람을 붙잡을 수도 없고 붙잡지도 않는다는 것이다. 누군가를 혹은 무언가를 사랑할 때 느끼고 깨닫는 것이다. "뭐라고 딱 꼬집어 말할 수가 없어요… 그냥 저 그림이 좋네요…."

이 책 내내 우리는 생태윤리와 생태정치가 이루려는 인간과 비인간의 공존 모델을 예술 경험이 제공한다는 것을 보게 될 것이다. 왜 그럴까?

살펴본 바와 같이, 18세기 후반 위대한 철학자 이마누엘 칸트는 사물과 사물 데이터를 구별했다. 칸트의 주장에 따르면, 사물들이 현저하게 구별되는 이유 중 하나는 아름다움이다. 그는 아름다움을 어떤 경험으로, 우리가 "아, 정말 아름답군!"이라고 외치는 어떤 순간으로 탐구했다(나는 이를 "아름다움 경험"이라고 부를 것이다). 아름다움은 접근할 수 없는 것, 뒤로 물러난 것, 사물의 확정되지 않은 질, 사물의 신비로운 현실성에 대한 환상적이고 "불가능한" 접근을 주기 때문이다.

칸트는 아름다움을 포착 불가능의 느낌이라고 했다. 이것이 바로 아름다움 경험이 개념 너머에 있는 이유이다. 사과를 그린 그림은 먹는 것이 아니다. 이 그림을 도덕적으로 좋다고 여기지도 않는다. 오히려 그림은 사과 자체에 있는 어떤 낯선 점을 말해 준다. 아름다움은 "예쁘다"와 같은 기성 개념과 일치할 필요가 없다. 이 느낌은 낯설다. 실은 어떤 생각도 없으면서 마치 생각이 있는 느낌이다.

식품 마케팅 분야에는 지난 20년 동안 발전해 온 이른바 구강감 mouthfeel이라는 범주가 있다. 이 다소 역겨운 용어는 음식의 식감상 음식이 치아, 입천장, 혀와 상호작용하는 방식을 표현한다. 칸트가 말하는 아름다움은 어떤 면에서 사고감thinkfeel이다. 그것은 어떤 생각을 가지는 감각이다. 그리고 (칸트도 그랬지만) 우리가 정신과 육체의 이원론에 동조하는 한, 이런 것을 어느 정도는 정신병으로 생각할 수밖에 없다. 관념은 소리 따위를 낼 리가 없다. 그렇지 않은가? 그렇지만 우리는 노상 어떤 관념의 소리에 관해 이야기한다. "그거 괜찮게 들리네." 이런 구어 표현에 일말의 진실이 있을까?

독일 철학자 마르틴 하이데거는 논란이 많은 인물이다. 생애의 어느 시기에 나치당원이었기 때문이다. 이 짙은 먹구름은 엄청난 수치이다. 이 때문에 많은 사람이 그를 진지하게 연구하기를 꺼렸다. 좋건 싫건 하이데거가 20세기 후반과 21세기 초반의 사상이 어떻게 나아가야 하는지에 관한 일종의 사용설명서를 썼음에도 불구하고. 이 책에서 이 점을 차차 입증하려 한다. 나아가 하이데거의 나치즘이 심각한 잘못이었음을 보여 주고자 한다. 뻔한 말이다. 그러나 하이데거 자신의 사고 관점에서 보더라도 심각한 잘못이었다는 것이다.

하이데거는 흑백으로 엄격하게 구별되는 진실과 비진실 같은 것은 없다고 주장한다. 우리는 늘 진실 안에 있다. 늘 진실 안에 있되, 그 진실은 일종의 저해상도의, 즉 dpi가 낮은 제이페그jpeg 버전이고, 일종의 흔하고 공적인 버전, 즉 (서문에서 말한 스티븐 콜베어의 유용한 용어를 쓴다면) **진실스러움**이다. 제이페그 유비가 딱 맞아떨어지지 않는다는 것은 나도 안다. 어떤 유비도 딱 맞아떨어지지는 않는다. 진실을 화소의 많고 적음으로 유비하는 것 자체에 화소의 많고 적음이 있기 때문이다.

아름다움은 진실스럽다. 나는 칸트가 아니므로, 아름다움은 사고감이 아니라 **진실감**truthfeel이라고 말하고자 한다. 과학자들이 현재 사용하는 언어를 사용한다면, 진실 같음이라고 말할 수도 있다. 생각해 보면, 우리는 지금 우리 주장이 미묘하게 뒤집힌다는 것을 인정할 지점에 와 있다. 지금까지 우리는 유사사실이 우리를 오도한다고 비판해 왔다. 그런데 도대체 유사사실은 왜 우리를 오도하는가? 우리가 거짓된 일을 항상 거짓으로 인식하는 것은 아니기 때문이다. 다시 말해, 진실 대 거짓의 구별은 가늘고 엄밀한 것이 아니다. 이상하기는 하지만, **모든** 진실한 진술은 말하자면 진실스럽다. 진실스러운 것이 정말로 진실이 되는 급작스러운 지점이나 엄밀한 경계는 없다. 사물은 언제나 약간씩 더듬거리고 비틀거린다. 우리는 주변을 더듬으며 우리 길을 나아간다. 생각은 괜찮게 들린다. 진실감. 그리고 우리는 대멸종 시대에 살게 될 수도 있다.

## 인류세의 현상

인류세Anthropocene는 인간이 만든 물질이 지구 지각에 층을 형성한 지질시대를 칭하는 이름이다. 예를 들어 온갖 종류의 플라스틱, 콘크리트, 뉴클레오타이드가 불연속적이고 뚜렷한 지층을 형성했다. 인류세는 현재 공식적으로는 1945년에 시작된 것으로 간주된다. 놀라운 사실이다. 이처럼 시작 날짜가 특정되는 지질시대가 또 있을까? 완전히 새로운 지질시대에 살고 있다는 것을 깨닫는 것보다 으스스한 일이 있을까? 행성 척도에서 지구물리학적 힘이 되어 버린 인간이 규정하는 시대.[2]

지구 생명의 역사에는 대멸종이 다섯 차례 있었다. 가장 최근의 대멸종은 공룡의 멸종으로 소행성이 원인이었다. 그 바로 전에 있었던 페름기 말의 멸종 사건은 지구온난화로 발생했고, 일부를 제외한 모든 생명체가 멸종되었다. 위키피디아에서 찾아보면, 이런 멸종들은 연대표 위에 몇 개의 점으로 표시된다. 그러나 사실 멸종은 시간의 흐름에 따라 차츰 퍼져 나가는 것이므로, 실제로 일어나고 있는 동안에는 알아차리기가 어렵다. 흡사 수천 년 동안 지속하는 보이지 않는 핵폭발과 같다. 이제는 우리가 소행성이 될 차례이다. 우리가 초래한 지구온난화가 6차 대멸종을 불러오고 있기 때문이

---

[2] 다음을 참조하라. Dipesh Chakrabarty, "The Climate of History: Four Theses," *Critical Inquiry 35* (Winter, 2009), 197-222.

다. 그 현상을 "지구온난화"라고 부르지 않고 (또 매우 약한 표현인 "기후변화"라고는 절대 부르지 않고) 그것의 순純효과인 "대멸종"이라고 부른다면 더욱 분명해질 것이다.

이상하게 들릴지 모르겠지만, 지구에서 6차 대멸종 사건이 진행 중인 이유는 자신이 인류세 시대에 있음을 어떻게든 깨닫는 것이 막연하기 때문이다. 즉, 막연함은 실은 인류세에 있다는 사실에 본질적이고 내재적이다. 이는 시차 증후군이 사물이 어떤지에 관한 일말의 진실을 말해 주는 것과 같다. 꽤 멀리 떨어진 낯선 장소에 도착하면, 모든 것이 좀 으스스해 보인다. 낯설지만 익숙하고, 그러면서도 익숙하게 낯설다. 전등 스위치가 평소보다 조금 더 가까이 있는 것 같고, 벽에 붙은 자리도 좀 다르다. 침대는 이상하게 얄팍하고 베개도 완전히 익숙한 것이 아니다. 여담이지만 내가 지금 서술하는 것은 실은 노르웨이에 갈 때마다 느끼는 기분이다. 겨울에는 오전 10시경에야 하루가 시작된다. 오전 9시는 아직 칠흑같이 어둡다. 그것도 하루는 하루이지만, 우리가 익숙한 그런 하루는 아니다.

전등 스위치는 마치 표현주의 그림의 조연처럼 우리를 내다보는 듯 보인다. 이런 방식을 표현하기 위해 하이데거는 **눈앞에 있음**vorhanden이라는 단어를 사용했다. "가까이 현전한다present-at-hand"는 뜻이다. 그러나 보통은 일에 집중하다 보면 사물은 사라지기도 한다. 전등 스위치는 평범한 일상의 일부일 뿐이다. 주전자에 커피 물을 끓이려 전등 스위치를 켠다. 비틀거리며 돌아다닌다. 달리 말해, 이른 아침 진실스러움의 빛을 받으며 비틀거리며 주방을 돌아다닌다. 사물은 말하자면 사라진다. 사물은 그냥 그곳에 있다. 눈에 뜨이지 않는다. 존재하지 않는다는 말은 아니다. 사물 자체의 덜 기묘한 버전, 강압적 명백함이 덜한 버전이라는 것이다. 우리가 그다지 관심을 기울이지 않아도, 사물은 언뜻 보기에 그냥 우리 주변에 있다. 이런 질은 사물이 어떠한지에 대해 무언가를 알려 준다. 사물은 직접적으로 끊임없이 현전하지 않는다. 사물은 오작동할 경우나 우리에게 익숙한 사물의 다른 버전일 경우에만, 존재하는 것으로 나타난다. 이에 따르면, 노르웨이의 호텔 객실에서 일을 시작하고 잠을 자고 다시 깨어나면 모든 것이 정상으로 돌아온다. 이것이 바로 사물이 실제로 존재하는 방식이다. 하이데거가 말한 대로 사물은 손안에 있다. 즉시 사용할 수 있다는 의미, 혹은 이용하기 편하다는 의미이다.[3] "정신 차려Get a grip!" 같은 표현처럼, 우리는 사물을 장악한다grip("진정해Keep your hair on!" 같이 살짝 더 재미있는 버전도 있는데, 이것은 상대방이 가발을 쓰고 있음을 깜빡 잊고 있다는 것을 암시한다).

사물은 눈에 뜨이거나 오작동할 때 현전한다. 쇼핑을 마칠 생각으로 슈퍼마켓을 가로질러 맹렬하게 뛰다가 (누군가 심하게 광을 낸) 미끄러운 바닥에 미끄러진다고 해 보자. 창피스럽게 넘어지면서 난생처음 바닥의 색상, 무늬, 재료를 알아차리게 된다. 물건을 사는 내내 그 바닥이 나를 받치고 있었는데도. 현전은 적절한 유형의 사건

---

[3] Martin Heidegger, *Being and Time*, trans. Joan Stambaugh (Albany, NY: State University of New York Press, 1996), 59–80.

**062** 생태적 삶

에 비하면 부차적이다. 이것은 하이데거의 주장을 따르면, 존재는 현전이 아니라는 뜻이다. 이것이 그가 자신의 철학을 해체라고 부르는 이유이다.[4] 그가 해체하고 있는 것은 현전의 형이상학이다. 현전의 형이상학은 어떤 사물은 다른 사물보다 더 실재적이고, 그것이 더 실재적인 이유는 더 지속적으로 현전하기 때문이라고 말한다.


## 어떤 이에게는 정상, 다른 이에게는 재앙

이런 정상화는 진실이다. 이런 정상화는 실제로 일어나는 일이고, 아마 어떤 장소에서 자는 것과 관련이 있을 것이다. 하지만 정말로 그 이유는 사물이 이용하기 편하고 손안에 있는 것이 정상적 상황이기 때문인가?

객체지향 존재론은 사물의 이 즉시 사용할 수 있음이 훨씬 더 깊고 낯선 무언가의 위에 놓여 있다고 주장한다. 손안에 있음과 눈앞에 있음 사이에는 기묘한 자리바꿈이 있다. 우리가 주의를 기울이지 않아도 물건은 있지만(손안에 있음), 그 물건은 오작동하면 이상하게 보인다(눈앞에 있음). 사물 자체는 포착 불가능하기 때문이다. 전적으로 그리고 완전히, 흔히 말하듯, 돌이킬 수 없게. 사물에는 그 사물을 포

---

[4] Heidegger, *Being and Time*, 17.

함하여 어떤 것도 온전히 접근할 수 없다. 전등 스위치를 탁 켜고, 스위치를 핥고, 스위치를 무시하고, 스위치에 관해 생각하고, 스위치를 녹이고, 스위치의 양성자를 입자가속기에 발사하고, 스위치에 대한 시를 쓰고, 스위치에 대해 명상하다가 성불할 수도 있다. 그러나 이 중 어떤 방법으로도 스위치의 현실성을 모두 소진할 수는 없을 것이다. 그 스위치는 유정有情해지고 언어 사용 능력을 키워서 토크쇼에 나갈 수도 있다. 그러나 그 쇼에서 스위치는 스위치가 아니라 스위치 자서전에 관해 말할 것이다. "글쎄요, 깨닫고 보니 그 철학하는 남자의 손가락 끝에 있었습니다. 그 사람은 시차증으로 고생 중이었죠. 정말 기묘했습니다…. 저는 난산이었지요〔어렵게 불이 켜졌지요〕."

전등 스위치도 오프라 윈프리의 토크쇼에 출연한다면 데이비드 번의 노래 〈원스 인 어 라이프타임Once in a Lifetime〉에서처럼 말할 것이다. "이건 내 멋진 집이 아니야…."[5] 사물은 신비롭기 때문이다. 근본적이고 돌이킬 수 없는 방식으로. '신비롭다mysterious'는 입을 다문다는 뜻의 그리스어 무에인muein에서 유래했다. 사물은 형언할 수 없다. 우리는 아름다움 경험에서 이런 느낄 수 없음을 어떻게든 느끼는 듯할 때, 사물의 이런 면을 발견한다. 영국 시인 키츠Keats는 느끼지 못하는 느낌[6]이라고 표현했다. 앞에서 언급한 "그리고 우리는

[5] Talking Heads, "Once in a Lifetime", *Remain in Light* (Sire Records, 1980).

[6] John Keats, "In Drear-Nighted December", in *The Complete Poems*, ed. John Barnard (London: Penguin, 1987), line 21.

알게 될지 모른다"라는 잠정적이고 망설이는 가정법의 질은 일시적 문제도 아니고, 유정한 존재에게만 일어나는 현상도 아니다. 의식을 갖춘 존재에게만 일어나는 현상은 더 아니고, 인간에게만 일어나는 현상은 더더욱 아니다. 이것은 말하자면 어디에나 있다. 존재는 현전이 아니기 때문이다.

칸트는 실재the real와 현실reality에 차이가 있음을 증명했다. 이는 (종이 위에 수많은 점과 선이 그려진) 악보와 (음악가 및 음악을 듣는 청중에 의한) 악보의 "실현realization"의 차이와 비슷하다. 이렇게 말해도 괜찮다면, 현실은 그것이 실재한다는 느낌이라고 할 수 있다. 음악은 그것인 바대로 있다. 이 곡은 바흐의 바이올린 소나타지 일렉트로닉 댄스음악이 아니다. 하지만 그것을 연주하거나 듣기 전까지는 실제로 "존재"하지 않는 것이다.

칸트는 그 "실현자"가 "초월적 주체"라고 제안한다. 다소 추상적이고 보편적인 이 존재는 작은 나와는 다르지만, 마치 보이지 않는 풍선처럼 나를 따라다니면서 사물을 크거나 작다고, 빠르거나 느리다고 "정립한다"(이런 면에서는 시간적 연장이나 공간적 연장만 담당하는 꽤 따분한 풍선이다). 칸트 이후로도 무수히 많은 용어가 "실현자" 후보로 제안되었다. 헤겔은 "실현자"를 자신이 "정신"이라고 부르는 것, 즉 서구 인류사의 대행진이라고 주장한다. 마르크스는 인간의 경제적 관계라고 주장한다. 감자는 있지만, 그것을 캐내어 감자튀김으로 만들기 전까지는 실제로 존재하는 것이 아니다. 니체는 "권력에의 의지"라고 단언한다. 사물이 존재한다고 당신들이 말하니 그 사물은 실재하고, 당신들이 총을 겨누면 나는 입을 닥친다.

하이데거는 신비로운 존재인 현존재Dasein라고 주장한다. 이 단어는 독일어로 "거기 있음"을 의미하는데, 의도적으로 모호하게 표현한 것이다. 하이데거는 (칸트의 "주체"나 인간 또는 "경제적 관계" 개념과 같은) 좀 더 구체적인 사물은 현존재의 "방식들"이라고 주장한다. 약간은 음악의 조표 같은 것이라고 주장하는 것이다. 고대 메소포타미아는 농업 "문명"이라는 조調에서의 현존재이며, 오스트레일리아 원주민은 구석기시대 수렵채집민이라는 조에서의 현존재이다. 인간은 현존재를 "가지는" 것이 아니다. 바이올리니스트가 바흐 소나타를 실현하는 식으로 현존재가 인간을 생산하거나 실현하기 때문이다. 인간만 현존재일 수 있다는 증거가 없는데도, 하이데거는 그렇게 공언하는 실수를 저지른다. 현존재는 지속적으로 거기 있는 것이 아니다. 오히려 깜빡이는 등불과 같다. 그러나 하이데거에게는 인간만 현존재이고, 독일의 깜빡이는 등불은 다른 깜빡이는 등불보다 훨씬 진정성이 있다. 모두 말이 안 된다. 하이데거 자신의 관점에서도 모두 말이 안 된다. 이것이 객체지향 존재론이 주장하는 바이다. 하이데거를 탈나치화한다고 해서 그를 무시하거나 건너뛰는 것이 아니다. 하이데거의 탈나치화는 실은 하이데거보다 더 하이데거주의자가 되는 것이다.

아름다움의 진실감은 모든 것(객체지향 존재론에서는 이 모든 것을 객체라고 부르는데, 이 객체는 근본적으로 신비롭기에 객체화된 사물과는 완전히 다르다)에 대해 무언가 진실된 것을 알려 준다. 그것은 사물이 **열려** 있다는 것이다. 그리고 아름다움 경험은 내가 지금 여기에서 보고 있는 사물이 포착 불가능하다는 것을 알려 준다. 이 사물은 무척 생생하지만 나는 그것을 장악할 수 없고 이해할 수 없다. 자동차의 사이드미러를 곁눈질로 보면 이렇게 적혀 있다. **사물이 거울에 보이는 것보다 가까이 있음.** 아니면 예술가 하임 스타인바흐Haim Steinbach가 선반 위에 올려 둔 사물 같기도 하다. 사물은 내재적으로 엉클리고, 괴상하고, 제자리에 있지 않다. 이러한 제자리에 있지 않음은 단지 부서지고 오작동하고 **눈앞에 있음**이 되는 사물의 기능이 아니다. 시차 증후군이나 하임 스타인바흐의 설치미술에서 경험하는 것은 사물이 정확히 어떤가라는 것이다.

　이 모든 것이 의미하는 바는 **사물의 정상화가 왜곡**이라는 것이다. 왜곡의 왜곡이다. 제자리에 있는 것, 예를 들어 대멸종 시대와 같은 어느 시대에 있는 것은 본질적으로 으스스한 일이다. 우리는 여기에 주목하지 않았다. 농업이 시작된 이래 약 1만 2천 년 동안 주목하지 않았다. 농업은 스스로를 지탱하기 위해 결국 산업화 과정을 필요로 했고, 그로부터 화석연료와 지구온난화와 대멸종이 나타난 것이다.

## 효율이 아니라 사랑

이러한 세계의 로지스틱스는 농업으로부터 생겨났는데, 나는 다른 곳에서 이것을 **농업 로지스틱스**라고 불렀다. 이것을 재구성하거나 해체하는 것은 한편으로는 지구온난화를 종식할 수 있다. 하지만 이것은 보통 비-"근대적" 관점을 수용하는 것을 내포하기에 도를 넘는다고 여겨진다.[7] 농업 로지스틱스란 기원전 1만 년경 메소포타미아 및 세계 다른 지역(아프리카, 아시아, 아메리카)에서 시작된 농업이라는 지배적 방식의 로지스틱스를 뜻한다. 농업 로지스틱스의 기저에는 생존과 관련된 논리가 있다. 즉, 신석기인들은 (가벼운) 지구온난화로부터 살아남아야 했고, 그래서 고정된 공동체로 정착하여 곡식을 저장하고 미래를 계획했다. 이런 공동체는 훗날 도시가 되었다. 그들은 인간과 비인간 영역, 즉 경계 내에 들어오는 영역과 경계 외부에 존재하는 영역을 구분하기 시작했고, 이는 오늘날까지도 계속되고 있다. 그들은 자신들도 구별했다(계급제도). 농업 로지스틱스가 시작되자 우리가 일반적으로 삶과 연관시키는 온갖 종류의 현상, 특히 가부장제, 사회계층화, 다양한 계급제가 등장했다. 여기서 중요한 것은 이런 것들이 역사의 구성체임을 잊지 않는 것이다. 유목민과 수렵채집민이 일정한 형태의 생존 방식을 바탕으로 정착하고 도시를 세운 결과인 것이다.

근대적 관점은 이제 오래되고 명백히 폭력적인 일신교에 기초하여 만들어졌다. 비록 이런 일신교로부터의 탈마법화를 통해 만들어졌다고 자처하지만. 그리고 일신교는 "문명"을 이룬 신석기시대에

---

[7] Timothy Morton, *Dark Ecology: For a Logic of Future Coexistence*, (New York: Columbia University Press, 2016).

일어난, 마법의 사유화私有化에서 기원한다.

생태적 의식은 의도하지 않은 결과가 일어난다는 의식이다. 어떤 생태정치는 의도하지 않은 결과가 발생하지 않도록, 모든 것을 전혀 깜빡거리지 않는 방식으로 밝히려 한다. 그러나 그건 불가능하다. 사물은 내재적으로 신비롭기 때문이다. 그래서 그와 같은 생태정치는 괴물 같은 상황을 만들 것이다. 철학자 질 들뢰즈Gilles Deleuze가 현대 세계를 묘사하기 위해 만들어 낸 쓸모 있는 용어로 표현하면, "통제사회"가 되는 것이다. 생태적 통제사회에 비하면, 아이들이 다소 느린 계산 기계를 닮도록 5초마다 시험을 치는 현재 상황은 무정부주의자의 소풍에 불과해 보일 것이다. 〔생태적 통제사회에서는〕 예측 가능성이 한층 높아지고 효율성도 한층 향상된다. 앞으로 다가올 생태사회가 그런 모습이라면 나는 정말 그런 사회에서 살고 싶지 않다. 심지어 그런 사회는 진정으로 생태적이지도 않다. 그곳은 지금과 똑같은 세계의 버전 9.0쯤 될 것이다.

그렇다면 도래할 생태사회는 약간은 무계획적이고 망가지고 절뚝거리고 뒤틀리고 아이러니하고 어리석고 슬퍼야 할 것이다. 그렇다. 슬퍼야 한다. 영국 SF 드라마 〈닥터 후Doctor Who〉의 등장인물이 "슬픔은 깊이 있는 사람에게는 행복"이라고 표현한 그런 의미에서 슬프다.[8] 이런 의미에서 아름다움은 슬프다. 슬픔이란 뭐라고 딱 꼬

---

[8]  Hettie MacDonald 감독, Steven Moffat 각본의 드라마 *Doctor Who*, "Blink," (BBC, 2007).

집어 말할 수 없는 무언가가 있다는 뜻이다. 우리는 그 의미를 완전히 포착하지 못한다. 우리는 나의 남자친구가 진짜 누구인지 전혀 모른다. 또 이 사람은 아름다운 내 아내가 아니다. 다시 말해, 아름다움 역시 포착할 수 없다. 아름다움 자체 말이다. 이것은 아름다움이 약간의 역겨움 같은 것에 둘러싸일 수밖에 없다는 뜻이다. 규범적인 미학 이론에서는 이런 역겨움을 끊임없이 지워 버리려 한다. 그러나 예술과 키치, 아름다움과 역겨움 사이에는 이 모호한 공간이 있어야 한다. 전변轉變의 세계, 사랑의 세계, 필로스의 세계. 권위가 아니라 꾀어냄과 밀어냄의 세계. 엄격한 진실 대 엄격한 거짓보다는 진실스러움의 세계. 진실은 그저 1,000dpi의 진실스러움일 뿐이다. 그렇다고 모든 것이 거짓이라는 말은 아니다. 이런 진술은 그 진술 자체도 진실스럽지 않다고 하므로 자기모순에 빠진다. 모든 것이 거짓이라면, 모든 것은 거짓이라는 그 문장도 거짓이어야 한다.

## 자기의 실체에 관해 이야기하는 예술

그러므로 여기서는 포스트모더니티의 전통적인 관념을 이야기하는 것이 아니다. 어떻게 보면, 내가 토킹 헤즈의 〈원스 인 어 라이프타임〉을 그 범주에 집어넣는 포스트모던 예술은 실은 생태예술의 효시이다. 다시 말해, 바로 자신의 형식 자체에 자신의 환경(들)을 포함하는 예술의 효시이다. 물론 모든 예술은 생태적이다. 모든 예술은 인종, 계급, 성별에 대해 다양한 방식으로 이야기하기 때문이다. 드러내놓고 그러지는 않더라도 말이다. 그러나 생태예술은 드러내 놓고 그렇게 한다. 그 당시에는 의식하지 못했을 테지만, 포스트모 더니즘의 여러 형식이 지닌 환경에 대한 개방성과 낯선 왜곡은 이 형식들의 궁극적 질료인 지구에 관해 이야기한다. 무언가 실재적인 일이 일어나고 있다. 극단적인 포스트모던 사상에서는 모든 것이 구성체이므로 아무것도 존재하지 않는다고 주장한다. 지금은 상관 주의correlationism라고 불리는 이 관념은 서양철학에서는 약 2백 년 동 안 인기가 있었다. 우리는 여러 "실현자"를 다루며 이 관념을 살펴본 바 있다. 되짚어 보자면, 이 관념에 따르면, 사물 자체는 "실현되기" 전까지는 존재하지 않는다. 지휘자가 음악을 "해석"하거나 영화제 작자가 각본을 영화로 "실현"하는 것처럼.

하지만 이 관념에 수상한 일이 벌어졌다. 현실이 상관주의적이려 면, 상관자뿐 아니라 피상관자도 있어야 한다. 가령 바이올리니스 트뿐만 아니라 바이올린 소나타도 있다. 믹싱 데스크에 음량 조절 기가 두 개 있는 것과 같다. 시간이 지나면서 상관자 조절기는 음량 을 높인 반면, 피상관자 조절기는 줄곧 음량을 낮췄다. 이로 인해 다 소 지루한 (그리고 명확히 인간중심적인) 관념이 생겨났다. 그것은 세 계는 인간이 만드는 방식대로 존재한다는 관념이다. 피상관자는 줄 곧 음량을 낮춰서, 이제 듀엣이 아니라 상관자의 솔로로 들릴 지경 이다.

우리가 살펴봤듯이 상관주의 계보의 시조는 칸트이다. 칸트는 인과성이란 통계적으로 추론될 뿐 직접 볼 수는 없다는 외파적外破的 관념을 안정시켰다. 데이비드 흄은 이런 관념으로 원인과 결과에 대한 전근대적 이론들을 폭파해 버렸다. 이 폭발을 안정시킨 칸트의 말은, 물론 미래를 향하는 인과성을 볼 수는 없지만 상관자의 후견지명에 의해 인과성을 역으로 정립할 수는 있다는 것이다. 거듭 말하지만, 칸트에게 상관자는 그가 초월적 주체라고 부르는 것이다. 또 앞서 언급한 바와 같이 칸트 이래로 많은 대안이 제시되었다. 역사의 정신(헤겔), 인간의 경제적 관계(마르크스), 권력에의 의지(니체), 리비도 과정(프로이트), 현존재(하이데거)가 그것이다.

상관주의는 진실이다. 사물 자체는 포착할 수 없다. 사실은 데이터와 다르며, 데이터는 사물과 다르다. 그러나 그렇다고 무엇이 실재하는지 결정하는 것(상관자, 결정자)이 그 사물보다 더 실재적이라는 것은 아니다. 그런 결정자가 칸트의 주체이든, 헤겔의 역사이든, 마르크스의 인간의 생산관계이든, 니체의 권력에의 의지이든, 하이데거의 현존재의 깜박이는 등불이든지 간에 말이다. 칸트의 영향을 받은 "전통적" 포스트모더니즘은 여전히 이러한 상관주의에 기댄다. 그러나 내가 여기서 말하는 것, 그리고 객체지향 존재론의 기저를 이루는 것은 바로 그 관계가 우리가 생각하는 것과 다를 수도 있다는 관념이다. 어쩌면 그런 관계는 아예 존재하지 않을 수도 있다.

## 어두운 생태학

사물은 열려 있다. 잠재성이라는 의미에서도 열려 있다. 객체지향 존재론의 세계에서 사물은 인간이 비추는 등불에 완전히 맞춰지지 않기 때문에 [사건으로] 일어날 수 있다. 사물은 서로 완전히 맞물려 있지도 않다. 그런 세계라면 아무 일도 일어나지 않을 것이기 때문이다. 그런 세계에는 서로에게 꽉 잠긴 퍼즐 조각들만 있을 것이다. 이것들은 절대로 떼어 내거나 다시 끼워 맞출 수 없다. 하지만 (가령 깃털 하나가 도로 위로 떨어지는 것처럼) 특정 장소에서 어떤 일인가 일어난다는 것은 온 우주가 어디에서나 변하고 있다는 뜻일 것이다. 사물은 연결되어 있지만, 일종의 가정법의 방식으로 그렇게 되어 있다. 사물에는 일어날 여지가 있다. 아니면 무정부주의 작곡가인 존 케이지John Cage가 말하듯, "세계는 호우豪雨와 같다. 무슨 일이든 일어날 수 있다."[9]

따라서 대멸종 사건의 책임이 우리에게 있다는 사실을 조우할 때의 그 낯섦은 그러한 조우의 내재적인 부분이므로 소거할 수 없다. 사람들에게 우리가 생명체를 멸종시키고 있다고 외치는 것은 좋지 않다. 낯섦을 소거하기 때문이다. 그와 반대로 보수파에서 종종 "누가 마음 쓰겠나? 어차피 모든 것은 멸종되는데."라고 말하는 것도

---

[9]    John Cage, "2 Pages, 122 Words on Music and Dance," *Silence: Lectures and Writings* (Middletown, CT: Wesleyan University Press, 2011), 96 – 97 (96).

좋지 않다. 그리고 생태 사상가 폴 킹스노스Paul Kingsnorth의 다크 마운틴 프로젝트 같은 소위 환경주의 입장의 일부 극단적 형태도 좋지 않다. 그것 역시 낯섦을 소거하려 하기 때문이다. 이런 암울한 확신은 사물이 어떻게 존재하는지를 놓치고 만다.

생태적 사고에 대한 나의 접근법은 내가 "어두운 생태학dark ecology"이라고 부르는 특징을 지닌다. 어두운 생태학이 빛의 절대적 부재를 의미하는 것은 아니다. 그것은 겨울철의 노르웨이와 비슷하다. 아니면, 이 문제에서는 여름철의 노르웨이와 비슷하다. 이 시기에 북극지방의 빛은 무언가 미끄럽고 덧없는 것을 드러낸다. 여름에 길어지는 그림자들, 6월 헬싱키의 15분간의 밤, 어둑어둑함. 빛 자체는 직접 현전하지 않는다. 그것을 잡아 둘 수도 없고 완전히 비출 수도 없다. 빛을 비추는 것을 비추는 것은 무엇인가? 양자이론에서 알 수 있듯이, 빛은 얼룩지고 방울져 있다. 그리고 성대성이론에서 알 수 있듯이, 빛은 동시에 모든 곳에 도달할 수는 없다.

이는 티베트불교에서 죽음을 맞이하는 것과 같다. 죽을 때는 빛을 보게 된다. 그렇지만 여타 종교와 달리 그 빛은 뚜렷한 빛이 아니며, 터널의 끝에 있지도 않다. 우리가 그 빛을 향해 가고 있는 것도 아니고, 그 빛이 끝인 것도 아니다. 사실 그 빛을 전혀 눈치채지도 못할 것이다. 그저 우연히 곁들어지는 듯한 일종의 깜빡임일 뿐이다. 마음의 본성과 관련하여 그런 경험을 소거하는 순간, 우리는 환생한다. 전통 문헌에 의하면, 이런 경험은 약 3초간 지속한다. 아니면 비전秘傳의 교본이 표현하는 대로라면, 소매에 팔을 세 번 끼우는 동안 벌어진다. 계속 현전하는 어떤 상징들을 소거하지 않으면, 흐릿한 착란으로 빠져든다. 어떤 면에서는 멋지고 흐릿한 이런 착란을 지우면, 치명적인 확실성에 빠져든다.

티베트불교에서는 한 생과 다음 생 사이의 시간을 "사이"를 의미하는 '바르도Bardo'라고 부른다. 이 상태에서는 뇌리를 떠나지 않는 온갖 상이 의식에 나타나는데, 이런 상들은 과거의 행동(업業)에 말미암는 것이다. 이제 생태적 의식과 관련하여 우리는 사물이 달라졌다고 느낀다. 바르도를 방불케 하는 어떤 이행 공간에 우리가 있다고 느낀다. 하지만 정말로 우리가 깨닫는 것은, 사물이 그 자리에 머물지도 않고 같은 것으로 남지도 않는다는 것이다. 바르도와 같은 이 질을 극복하려 하면, 생명체가 훼손되고 사유도 훼손되며 경험도 훼손된다. 예를 들어, 인종주의의 이면에 웅크린 충동도 인간과 비인간 사이의 가늘지만 엄밀한 구별을 강화하는 바로 그 충동과 같다. 이미 인간 일부를 비체卑體[10]로 만들고 비인간으로 만드는 형태로 폭력이 자행되었다. 우리 인간이 인간으로 존재하는 방법 중 일부는 우리 안에 비인간 공생자를 갖는 것이다. 우리는 그것 없이 살 수 없다. 우리는 샅샅이 인간인 것은 아니다. 우리를 포함하여 모든 생명체는 엄격한 범주들 사이에 있는 어떤 모호한 공간에 존재한다.

---

10 [역주] '비체abject'는 콧물이나 침과 같은 분비물처럼 주체의 몸속에 있지만 주체subject도 객체 object도 될 수 없는 존재, 아예 존재 자체가 지워진 존재를 가리킨다.

생태적 행동은 무언가를 더 효율적으로 하는 것이라기보다 그렇게 훼손하지 않는 것을 뜻한다. 그렇다면 이른바 생태 데이터를 전달하기 위해 우기거나 꿀밤을 주거나 일반적으로 그와 비슷한 현재의 방식은 생태적이지 않다. 그러한 행동은 마치 바르도와 같은 꿈에서 우리를 깨우려는 것과 같다. 하지만 꿈 같은 질이야말로 생태적 현실에서 가장 실재하는 것이다. 그래서 사실상 정보 투기라는 방식은 생태 경험, 생태정치, 생태철학을 완전히 불가능하게 만들고 있다.

## 집단에 대한 사고

인간은 대멸종의 시동을 걸었다. 그러나 나, 작은 나, 티머시 모튼, 그리고 작은 여러분은 아무 짓도 하지 않았다. 다시 한 번 말하지만, 자동차에 시동을 거는 것과 같이 우리가 한 어떤 행동도 통계적으로 유의미한 영향을 미치지 않았다. 그러나 수십억 대의 자동차에 시동을 거는 것과 석탄을 태우는 것 등은 대단한 영향을 미쳤다. 작은 나와 이른바 종種의 일원으로서의 나 사이에는 으스스한 간극이 있다. 지구온난화를 일으킨 것은 문어종이 아니라 인간종이다. 그 점은 분명히 하자. 하지만 종은 정확히 집어낼 수 없는 것이다. 나의 존재를 어느 척도에서 생각하느냐에 따라 나는 지구온난화에 일조했거나 일조하지 않았고, 따라서 나는 인간이거나 인간이 아님을 알게 된다. 그러므로 이런 여러 척도에서 한 명의 인간임과 인간 개체군 전체의 일부임 사이에 매끄러운 전환점이 없다. 우리는 하나의 척도에 있다가 별안간 다른 척도에 있게 된다. 또다시 그 역설이다. 그리고 터무니없어 보인다. 70억 명(현재의 인구)은 정말 한 명의 인간 곱하기 70억에 불과한가? 컴퓨터 용어로는, 1과 70억 사이에는 완벽한 평활도가 있다. 그러나 그사이에는 기묘한 간극이 있다.

형이상학적으로 생각하면, 지구온난화에 더미 논리sorites logic를 적용할 수 있다. 더미 역설은 무더기와 관련된 논리적 역설이다. 무더기가 얼마나 모호한지에 대한 것이다. 사물들이 얼마나 모이면 무더기가 되는가? 돌무더기에서 돌 하나를 덜어 내면 돌무더기가 아닌가? 돌 열 개를 덜어 내면 어떤가? 무더기는 어디에서 시작하고, 어디에서 끝나는가? 이 진퇴양난의 상황은 상당한 모호함을 시사하는데, 일부 철학자는 모호함을 좋아하지 않기 때문에 무더기란 애당초 존재하지 않는다고 여긴다. 문제는, 개체군(예를 들어 인간 개체군)이나 생태계와 같은 생태적 사물은 사물들의 무더기로 간주할 때 아주 잘 설명된다는 것이다. 그래서 우리는 생태적이려면 무더기의 존재를 인정하는 게 나을 것이다. 지구온난화와 대멸종은 오직 대규모의 **집단** 척도에서만 다룰 수 있기 때문이다.

생각해 보면 지구온난화는 행동들의 한 **무더기**이다. 더미 역설을 초래하는 논리를 활용해서 한번 분석해 보자. 자동차 시동을 한 번 거는 것이 지구온난화를 초래하지는 않는다. 그럼 두 번은? 아니다. 세 번은? 그것도 아니다. 젖 먹던 힘을 다해 10억 번까지 시동을 걸어 볼 수도 있겠지만, 같은 논리가 유지될 것이다. 그러므로 지구 온난화 같은 것은 없다. 아니면, (두둥!) 우리의 논리가 형편없는 것이다. 어떻게 형편없냐고? 진실과 거짓, 흑과 백 사이에 있는 사물에 할애할 시간이 없다는 점에서 형편없다. 생명체와 지구온난화와 같은 생태적 존재에는 양상논리modal logics와 초일관논리paraconsistent logics가 필요하다. 이 논리들은 어느 정도의 모호성과 유연성을 허용하기 때문이다. 문장은 다소 참일 수도 있고, 근소하게 거짓일 수도 있으며, 대체로 옳을 수도 있다.

하이데거는 "진실"과 "거짓"이 생각만큼 엄격하게 다르지 않다고 주장한다. 진실스러움을 소거하면 곤란에 부닥치게 마련이다. 그 이유는 앞서 살펴봤다시피 "진실"은 현존재가 관련된 사물에 적용되는 것인데, 현존재는 신비롭고 미끄럽기 때문이다. 그러므로 우리는 늘 진실 안에 있다. 현존재는 진실이기 때문이다. 우리는 그 진실을 노상 현존재의 외부에서 찾으려 하지만 말이다. 우리가 언제나 얽혀 있는 기성 개념들의 덤불은 제대로 적용할 수 없을 것이다. 존재의 미끄러운 질quality 때문이다. 이것이 아마도 소셜미디어가 그렇게 폭력적인 이유일 것이다.

예를 들어, 트위터에서는 모두가 140자 이하로 올바르려고 한다. "가짜 뉴스"에 대한 불안감이 존재하는 이유는 어떤 측면에서는 모든 뉴스가 "가짜"이기 때문이다. 모두가 진실스러움을 억제하거나 소거하려 한다. 그러나 개물個物entities이 열려 있다면, 그 개물은 전적으로 무인 것도 아니고 지속적으로 현전하지도 않으며 (그것의 부분들, 담론 같은 접근 방식, 경제적 관계, 현존재 등) 어떤 다른 사물로 환원할 수도 없다. 개물이 열려 있다면 그 개물은 철두철미 진실스럽다. 그래서 개물에 대해서 마음대로 아무 말이나 할 수 없다. 문어를 토스터라고 말할 수 없다. 혹은 지구온난화가 실재하지 않는다든가 인간이 일으키지 않았다고 말할 수 없다. 바로 사물이 열려 있고 진실스럽기 때문이다. 사물은 바로 그것인 바대로 존재하는 것이지 그것이 나타나는 바대로 존재하는 것은 아니지만, 그래도 나타남은 존재와 분리될 수 없다. 그러므로 사물은 뫼비우스의 띠처럼 비틀려 있는 고리인데, 이 고리에서 비틀림은 어디에나 있고, 시작점이나 끝점도 없다. 나타남은 존재에 내재적인 비틀림이다.

자신이 역사적·윤리적·철학적인 비틀린 공간에 있다는 것을 깨닫는 농경민(바로 우리)은 이른바 비극을 경험한다. 비극은 바로 농경시대로 인한 훼손을 농경시대 방식으로 계산하는 것이다. 나는 비틀린 고리에 갇혔다. 그 고리에서 나는 운명의 거미줄에서 탈출하려 했지만, 결국 그 거미줄을 더 엉키게 했을 뿐이다. 비극은 고리 모양이 악하다고 가정한다. 그리고 우리가 운명에서 벗어날 수 없음을, 특히 벗어나려 애쓸수록 더욱 벗어날 수 없음을 알게 되었는데도, 허망한 희망을 설정한다. 종국에는, 혹은 우리가 결코 도달할 수 없는 저 너머의 더 나은 세상에서는, 그 굴레에서 완전히 빠져나올 수 있을 것이라는 희망이다. 그래서 이것은 비극의 궁극적으로 종교적인 지평이다. 가령 (고대 그리스 극작가 에우리피데스의 비극《헤라클레스》에서) 합창단은 여기에 제우스가 아닌 것은 없다고 말하는 것이다.

비극은 사실 희극 공간의 조그만 영역인데, 이 희극 공간은 시종일관 비틀려 있다. 생태적 의식은 지금 당장은 비극으로 현전한다. 그러나 머지않아 우리는 웃기 시작할 것이고, 그것은 우리가 진심으로 우는 방식일 것이다. 사물이 완전히 곧고 전혀 비틀리지 않은 저 너머란 존재하지 않으므로, 종으로서의 우리가 흡사 그 너머가 존재하는 양 행동하는 꼴을 보자니 우습기만 하다. 끊임없이 운명의 거미줄에 빠지는 것을 보자니 그것도 우습다. A에서 B로 가려 하지만, A에서 B로 가려는 바로 그 양식 탓에 자꾸 실패하는 슬랩스틱의 등장인물처럼. 이것이야말로 예술이 결국은 즐겁고 우스운 이유다. 예술은 매끄럽게 기능한다는 환상을 오작동시켜서 A에서 B로 가는 것을 무력화하고, 이를 통해 사물의 섬뜩한 열려 있음을 드러내는 것이다. 물론 우리가 이런 예술에 이르려면 격렬한 고통의 영역을 삭제하는 것이 아니라 그것을 횡단하고 존중해야 하지만. 우리는 참으로 이 지구를 우리 자신이나 다른 생명체가 살 수 없는 곳으로 만들고 있다. 나는 그저 가만히 앉아서 비웃자고 제안하는 것이 아니다.

실은 여러 영역이 있다. 진실감의 여러 영역. 생태적으로 말하자면, 나는 이 통로가 우리를 죄책감에서 수치심으로 이끌고, 거기에서 역겨움으로, 나아가 공포로 이끌 공산이 크다고 생각한다. 그리고 거기에서 조소嘲笑가 시작된다. 그리고 그 조소는 우울증으로 사라져 버리는데, 이 우울증이 일으키는 기질은 슬픔일 것이다. 나아가 슬픔은 즐거움을 품은 갈망에 좌우된다.[11] 현재 우리가 스스로에게 생태에 관해 말하는 방식은 공포라는 방식에 갇혀 있다. 그것은 역겨움, 수치심, 죄책감을 다 포함한다. 사물은 결국 "젠장, 말도 안돼"라고 말할 정도로 너무도 무시무시해진다. 존 카펜터의 영화 〈괴물The Thing〉에서 여성화된 의태擬態 괴물의 돌연변이를 본 등장인물의 대사처럼. 우스꽝스럽고 터무니없어 웃음이 터진다.[12]

우리는 아직 여기까지 온 것은 아니지만, 거의 다 왔다. 그래서 미국인 예술가 마리나 주르코우Marina Zurkow의 작품 같은 진정으로 진보적인 생태예술이 냉소적인 환경 유머를 여러모로 활용하는 것이다. 우리는 악몽에서 깨어나지 않고 공포를 넘어 더욱 악몽에 빠져드는 책략을 신봉하기 시작했다. 조소의 공간 아래는 사물이 덜 무시무시하고 더 불확실해지는 우울한 영역이며, 온갖 공상적 존재가 해초와 잠수함 사이에서 인어처럼 떠도는 영역이다. 규범적이고 인간중심적인 한계에 국한되지 않는, 말할 수 없고 비인간적인 아름다움의 영역이 열리기 시작한다.

다르게 말하자면, 우리는 파국catastrophe에 처해 있음을 신봉하기 시작했다. 이것은 〔그리스어 어원에 따르면〕 문자 그대로 아래로〔cata〕 뒤집힘〔strophē〕의 공간을 의미한다. 재앙disaster보다는 파국에 처해 있다고 생각하는 편이 훨씬 낫다. 재앙 안에는 목격자가 없다. 재앙

---

[11] 이에 대한 전체 논의는 다음의 마지막 부분을 참조하라. Morton, *Dark Ecology*, 111-174.

[12] John Carpenter 감독의 영화 *The Thing* (Universal Studios, 1982).

은 우리가 바깥에서 목격하는 것이다. 이에 비해 파국은 우리를 개입시키므로, 우리가 파국과 관련해서 무엇인가 할 수 있다.

생각해 보자. "우리 없는 세계"라는 이러한 오만가지 공상은 그런 관점에서 무척 의심스럽다. 지난 20년 동안 철학자, 드라마 제작자, 예술가는 인간이 없는 지구를 상상하는 데에 관심을 쏟았다. 왜 그런 관심이 시작되었는지 정확히는 모르겠지만, 대체적인 이유는 제법 확실히 알겠다. 그 이유는 바로 대중매체가 지구온난화와 대멸종에 스스로를 조율하고 있기 때문이다. 역설적인 것은 우리가 인간이 멸종된 미래를 상상하면, 바로 그 미래를 상상하는 우리가 거기 있다는 것이다. 마치 운전하여 지나가다가 고개를 돌려 자동차 사고를 구경하는 것 같은 짜릿한 대리만족인데, 이런 행동도 자동차 사고 자체와 마찬가지로 불길하고 위험할 것이다. 현실 세계에서 우리가 지구 시스템과 얼마나 얽혀 있는지를 고려할 때, 만약 우리가 멸종한다면 그것은 많고 많은 생명체 역시 멸종했거나 머지않아 멸종하리라는 사실을 의미하는 것이다. 물론 인간중심주의에 반대하는 것이 우리가 인간을 증오하고 우리 자신이 멸종되기를 원한다는 의미는 아니다. 그것이 의미하는 것은 우리 인간이 여러 존재 중의 하나로서 생물권에 얼마나 포함되어 있는지 깨닫는 것이다.

여기서 심오한 철학적 통찰이 생겨난다. 우리는 그저 바깥에 있으면서 안을 들여다볼 수는 없다는 사실이다. 과학자들은 이 사실을 "확증편향"이라 칭하고, 철학자들은 "해석학적 순환"이나 "현상학적 양식"이라고 일컫는다. 그런 것을 피할 방법은 없다. 내가 데이터를 어떻게 해석하느냐는 내가 무엇을 찾기를 생각하느냐에 따라 달라질 것이다. 내가 나를 어떻게 생각하느냐는 내가 어떤 유의 사람이냐에 따라 달라진다. 내가 사물을 어떻게 해석하느냐는 해석이란 무엇인가에 관한 기성 개념들과 얽혀 있다. 이를 통해 기이한 통찰이 생겨난다. 과학 시대에 산다는 것이 냉철한 객관성의 세계에 살고 있음을 뜻하지는 않는다. 그것이 뜻하는 바는 우리의 (같은 것에 대한 세 가지 표현이지만) 현상학적 양식, 데이터 해석에서의 착근성着根性, 확증편향으로부터의 탈출 속도의 도달 불가능성을 깨닫게 된다는 것이다. 우리는 밖으로 나갈 수 없다.

기묘하게도, 과학 시대에 산다는 것은 우리가 권위 있는 진실을 더 이상 믿지 않을 뜻한다. 그런 진실은 상당히 중세적인데, 증명될 수 없기에 늘 폭력의 위협으로 뒷받침된다. 그저 믿어야 한다. 이에 반해 우리의 현대는 진실스러움의 영역이다. 과학은 우리가 여전히 틀릴지도 모른다는 것을 뜻한다. 또, 우리가 전혀 이해할 수 없는 수많은 기묘한 가정을 고수하고 있음을 알게 될 수도 있다. 하지만 교황이 우리에게 무엇이든 믿으라고 했으니 옳다고 굳게 믿는 것보다는 낫다.

대멸종은 몹시 끔찍하고 도무지 이해할 수 없으며 너무도 무시무시하다. 그리고 현재로서는 전혀 보이지 않는다. 우리는 어디서부터 시작해야 할지조차 모른다. 대멸종을 무시하거나 그에 관련해 스스로 전기충격을 가하지 않는다면 말이다. 최근의 대멸종 중 하나인 페름기 말 멸종 사건도 지구온난화와 관련이 있다. 약 2억

5,200만 년 전에 일어난 그 사건은 식물 탓이었다. 그러나 식물과 달리 우리는 탄소를 과도하게 배출하지 않는 선택을 할 수 있다. 그러므로 이번에는 불가피한 상황이 아니다.

나는 **최근**이라고 말함으로써 40억 년이라는 지구 생명의 역사에 대멸종이 다섯 차례밖에 없었음을 암시하고 있다. 그 사실만으로도, 그 심원한 시간이라는 사실 하나만으로도 무시무시한 불안에 빠지게 된다. 19세기 초 지질학자들이 이 사실을 알아내기 시작했을 때 불안을 느꼈고, 지금도 그렇다. 우리는 불쌍하고 어리석은 빅토리아시대 사람들이 그로 인해 불안에 빠졌다고 말하곤 했다. 신에 대한 믿음이 흔들렸기 때문이다. 그렇다면 이 사실이 지금 흔들고 있는 것은 정확히 무엇에 대한 믿음인가?

## 자연 없는 생태학

생태적 의식은 만물을 지배하는 하나의 척도, 즉 인간 척도가 있다는 인간중심적 관념에 대한 믿음을 흔들고 있다. 19세기에 니체는 신이 죽었다고 선언했다. 이는 흔히 인간이 존재의 무의미를 직면한다는 의미로 받아들여진다. 하지만 그렇지 않다. 오히려 반대이다. 신의 죽음은 텅 비어 있고 황량한 황무지가 아니다. 말 그대로 생물들이 득실거리는 무서운 밀림이다. 균등하게 타당한 수천 개의 시공간 척도가 문득 인간에게 주어지고 중요해졌다. 우리는 매우 짧은 시간 척도에서 살고 생각하는 데에 익숙하다. 그래서 지질학자가 되기 위해 교육받는 학생들은 훨씬 거대한 시간 영역에 적응하는 과정을 거쳐야 한다.

이제 우리는 생태적 의식이 의미하는 바는 하나의 척도가 아닌 수많은 척도에서 윤리적이고 정치적으로 생각하고 행동하는 것임을 알게 되었다. 그러나 이것이 강렬한 전율로 느껴지지는 않는다. 플랑크 길이(현재 측정 가능한 최소 길이)로부터 전 우주의 척도로 확대하고 다시 축소하는 온라인의 척도 조절 도구에서 느끼는 전율, 또는 인간이 자정 직전에야 모습을 드러내는, 우리를 겸손하게 만들면서 북돋우는 시계 문자판에서 느끼는 전율, 또는 과학자의 발표에서 드러나는, 우리가 오른쪽 아래 모서리의 마지막 조각에서야 나타나는 도표에서 느끼는 전율 말이다. 이 모든 것에서 척도는 매끄럽고 일관적이다. 그것은 오래된 인간중심 척도의 속을 파내 버리고 확대한 버전이다. 다만, 우리는 이제 우주 외부에 편재하는 신과 같은 특권적 위치에 있다. 거기에서 각 척도 간의 거리는 스위치 하나로 전환된다. 하지만 실제로는 결코 이런 식이 아니다. 이것은 시간과 시간 측량을 혼동하고, 나아가 시간 측량과 인간에게 편리한 소수의 측량 방식을 혼동하는 것이다. 〈전도서〉에서 "수확의 때와 파종의 때"라고 이르듯이, 모든 것에 하나의 때가 있다는 것은 옳지 않다. 풀에서부터 고릴라, 거대한 블랙홀에 이르기까지 모든 것은 나름의 때, 고유한 시간성을 가진다.

심리학 연구는 우리가 지질학적 사건들의 순서를 올바르게 서술하는 데에 능숙하다는 것을 보여 주었다. 먼지와 가스 구름에서 지구가 출현하고, 미생물이 진화하며, 그 뒤를 이어 해면동물, 물고기, 나비, 영장류 등등이 출현했다. 그러나 전문적 훈련을 받지 않으면 지질학적 시간의 지속을 올바르게 상상할 수 있는 사람은 소수뿐이다. 그리고 지속을 이해할 수 있다는 것은 바로 지금 우리에게 특히 중요하다. 지구온난화의 영향은 10만 년까지도 지속할 수 있기 때문이다. 그런데 그것이 정확히 무슨 의미인가? 우리의 머릿속에는 단 두 개의 모호한 시간적 범주가 존재하는 경향이 있다. 옛날과 요즘이라는 범주 말이다. 우리는 이 두 범주를 "선사先史"(인간의 "문명" 이전 것들과 비인간의 것들)와 "역사"("문명"의 것들)를 개념화하는 형판刑版으로 활용한다. 인간이 역사를 독점하기보다는, (지금을 포함하여) 모든 것을 역사로 보는 편이 더 올바르고 더 논리적일 것이며〔그것을 뒷받침하는〕믿음들을 덜 필요로 할 것이다.

　나는 우리가 빅토리아시대 사람들과 공통점이 많다고 생각한다. 우리가 가끔 인정하는 것보다 더 그렇다. 초객체hyperobjects가 우리의 레이더에 출현한 결정적 사건들은 동시대적 순간에 대한 우리의 감각이 실상은 꽤 빅토리아시대의 감각임을 보여 준다. 메리 애닝Mary Anning이 영국해협의 절벽 표면에서 공룡 골격을 발견함으로써 심원한 시간의 심연이 열리게 되었다. 광범위하게 분포하는 진화 과정이 발견되었고, 19세기 후반에는 거대한 태평양 기후시스템인 엘니뇨가 발견되었다. 마르크스는 눈에 보이지 않는 자본주의의 작동을 추적했고, 프로이트는 무의식을 발견했다. 그리고 다시 우리는 시공간에 광대하게 분포된 거대한 개물entities에 경외를 느낀다. 우리는 그 개물의 아주 작은 조각만 한 번에 하나씩 가리킬 수 있다. 다시 우리는 믿음이 흔들리는 것을 알게 되는데, 그 믿음의 윤곽은 더 명확해졌다. 농경시대의 신이 사라진 것이 문제가 아니다. 문제는 그보다 더 좋지 않다. 훨씬 좋지 않다. 진보에 대한 믿음이 지니는 그 이면, 무의식, 비의도적 결과가 문제이다. 이런 믿음은 농경시대 신들보다 훨씬 앞서는 것이며, 사실 그 신들이 있을 수 있는 조건이다. 1만 2,500년에 걸쳐 진행된 사회적·철학적·정신적 로지스틱스들이 이제 본색을 드러낸다. 그리고 이것들은 재앙과 같다.

오래도록 이 로지스틱스들은 *자연*이라고 불렸다. 자연은 그저 슬로모션으로 보이는 농업 로지스틱스이다. 멋져 보이는 발전은 인류세로 나아가는 것이다. 또 완만한 경사를 올라가고 있는 롤러코스터인데, 우리는 이것이 롤러코스터라고 상상조차 하지 못한다. 농경사회는 홀로세(약 1만 년 전에 시작된, 빙하의 감소가 특징인 현재의 지질시대)와 시기가 일치하는데, 홀로세는 질소와 탄소 순환 같은 지구 시스템 면에서 매우 안정적이고 순환적이었다. 논쟁의 여지는 있으나, 실제로 일부 지질학자는 주기적이고 매끄럽게 순환하는 홀로세의 상태가 사실은 특정한 농업 방식이 작용한 산물이었다고 여기고 있다. 그 방식은 홀로세가 시작될 무렵 메소포타미아를 비롯한 지구의 여러 곳에서 시작된 것이다.

농업이 정말로 지구 시스템의 안정성에 이바지했다면, 더욱 불안해진다. 발작을 일으키는 사람의 발작 직전 뇌파가 매우 정상적인 것처럼. 아니면 지진이 발생하기 직전의 지각판이 지극히 정상적인 것처럼. 이러한 관점에서 보면, *자연*이라고 불리는 것(봉건시대의 상징 시스템에서 아주 쾌적하게 표현되던 저 매끄러운 순환)은 바로 덜 노골적인 방식의 인류세와 다르지 않다. 이어 거대한 지구 시스템의 데이터가 급변한다. 앨 고어 전 미국 부통령의 영화 〈불편한 진실An Inconvenient Truth〉가 보여 주듯이 말이다. 1945년 전후로 시작된 이런 급변은 탄소 배출량이 폭주한다는 증거이다.[13] 모든 것이 엉망진창이 되기 시작한다.

매끄럽게 작용하는 시스템의 내부 논리를 구성하는 논리적 공리들은 (그 시스템이 매끄럽게 작용하지 않는 바로 그 순간까지, 즉 현재까지) 무슨 일이 있어도 생존해야 한다는 것, 다시 말해 무슨 일이 있어도 존재해야 한다는 것과 관련된다. 그것은 존재함의 어떤 질quality보다도 우위에 있는 존재함, 인간의 존재함이다. 이때 우리의 가축이 아닌 생명체는 아무래도 좋다(가축cattle이라는 말에서 다양한 가부장제의 여성 같은 가재家財chattels라는 말이 파생되었고, 자본capital이라는 말도 파생되었다). 그것은 질 이상이고 질 너머의 존재함이다. 존재함의 이 우위는 기본값 존재론이자 기본값 공리주의이다. 그리고 이런 것이 철학적으로 공식화되기 전에도 그 우위는 (이제는 거의 지구 표면 전체를 의미하는) 사회적 공간에 내장되었다.

---

[13]  Davis Guggenheim 감독의 영화 *An Inconvenient Truth* (Paramount Classics, 2006).

그것은 광활한 들판에서 볼 수 있다. 거기에서는 자동화된 농기구가 홀로 능률적으로 돌아간다. 들판을 방불케 하는 것들에서도 느낄 수 있다. 쓸모없이 넓은 잔디밭, 엄청나게 큰 주차장, 초대형 음식 같은 것이다. 그것은 대멸종이라는 사실을 맞이할 때 느끼는 마비나 충격 같은 일반적 느낌에서 감지할 수 있다. 인간은 상당히 오래전에 비인간과의 사회적·철학적·정신적 유대 관계를 끊어 버렸다. 우리는 경험의 모든 차원, 즉 사회적 공간, 정신적 공간, 철학적 공간에서 텅 비어 보이는 벽과 맞닥뜨린다.

으스스하게도 우리는 우리가 어딘가에 있다는 것을 깨닫기 시작한다. 아무 데도 없는 것이 아니다. 그리고 우리는 대멸종 시대에 살게 될 수도 있다. 나는 이런 으스스한 발견의 기이한 열려 있음을 음미하기를 권한다. 그것은 공간이란 것이 아프리카를 돌아 향료제도 등지로 항해하는 서구 백인의 편리한 인간중심적 구조였을 뿐이라는 발견이다. 기이하게도, 이 열려 있음의 느낌, 우리가 어딘가에 있다는 것을 깨달으면서도 그곳이 어디인지 알아보지 못하는 이 으스스한 감각은 바로 흐릿하게 살아가고 있음을 어렴풋이나마 감지하는 것이다. 거의 전적으로 우리 아닌 것들로 이루어진 어떤 세계에서.

그렇다면 우리는 이 세계에 대해 무슨 말을 할 수 있을까? 우리는 이 세계에 대해 어떻게 이야기하는가? 생태적 상호연결이라는 사실이 의미하는 것은 무엇인가? 다음 장에서 살펴보자.

... 그리고 다리뼈는
유독성 폐기물 더미 뼈에
연결되어 있다

"만유Everything는 연결되어 있다." 생태에 관해 이야기하거나 읽을 때면 이런 구절을 자주 듣는다. 무슨 의미인가? 이해하기 쉬운 듯하지만, 사실은 꽤 기이한 표현이다. 생태를 고찰할 때 우리는 사물이 우리의 추측보다 훨씬 더 많이 연결되어 있음을 알게 된다. 그리고 이 깊은 연결로 더 들어가는 순간, 훨씬 기묘한 결과가 나타난다.

예를 들어, 우리는 이따금 "연약한 생명의 거미줄"과 같은 말을 듣는다. TV 다큐멘터리에서 그 말을 들으면 고개를 끄덕이며 "그래, 알아. 연약한 생명의 거미줄"이라고 말한다. 흡사 교회에서 전혀 이해가 안 되는 설교를 들으면서도 고개를 끄덕여야 하는 집단적 압력을 느끼는 것과 비슷하다. "온 세상은 주님의 것"이라는 찬송가나 "온 세상 사람들에게 코카콜라를 사 주고 싶어요"라는 광고를 듣는 것과도 비슷하다. 아니면 나사의 "푸른 구슬" 같은 지구돋이 사진을 보는 것과도 비슷하다.

이 모든 경험은 미학적이다. 그 경험은 사물이 어떻게 보이고 느껴지는지에 관한 것이다. 진실도 아니고 거짓도 아니다. 다시 말해 우리는 그런 사물을 마음속에 그려 볼 때, 우리가 무슨 말을 하고 있는지 모른다. 그러나 안다고 생각한다. 이것이 의미하는 바는, 시험이나 검토를 채 거치지 않은 관념과 믿음이 많다는 것이다. 지구에 대한 익숙한 이미지들을 구조화하는 관념과 믿음들. 예를 들어, 우리는 푸른 구슬 사진이 보여 주는 세계는 작은 파편 같은 우리를 포함하는 소중한 전체wholeness라고 말한다. 하지만 그 전체란 실은 무엇인가? 우리는 실제로 그 전체의 부분인가? 어떤 종류의 부분인가?

이 모든 게 다소 종교적으로 들린다고 생각한다면, 그게 옳을 것이다. 생태적으로 생각하는 것은 종교적으로 들린다. 그 생각에는 지극히 심오할뿐더러 (적어도 현재는) 표현하기도 힘든 개념과 느낌이 포함되어 있기 때문이다. 생태적 생각이 종교와 관계가 있는 이유는 또 있다. 우리가 알고 있는 종교는 신석기시대라고 불리는 농경시대에 생겨났는데, 이 시기는 우리의 세계를 구조화하였고 그 구조는 (1만 2,500년 동안 지속하면서) 생태적 위기에 책임이 있기 때문이다. 따라서 우리는 필시 종교를 검토해야 한다.

〈에스겔서〉에 나오는 노래, 저 뼈에 관한 노래에 어떤 결말이 있는가? 농경시대 종교의 대표자 에스겔은 부분들이 다시 경이로운 전체와 연결되기를 원한다. 신에 의해. 하지만 정말 "…와 **연결됨**"들이 가져올 외파外破explosion를 막을 수 있을까? 사전을 생각해 보자. 한 단어의 의미는 다른 단어들의 다발에 의해 정의된다. 이것은 계속 이어진다. 우리는 그 단어들을 차례대로 찾는다. 계속해서 찾는다. 무슨 일이 일어날까? 아주 깔끔하게 원을 그리며 첫 번째 단어로 돌아가게 될까? 아니면 이 여정 자체가 뒤엉킨 나선형으로 보일까? 만일 우연히 첫 번째 단어로 돌아간다고 해도, 과연 그것이 원형으로 보일까? 내가 보기에는 그렇지 않다. 그리고 내가 보기에는 생명체가 어떻게 서로 연관되는지 고찰할 때에도 이런 일이 벌어질 것이다.

## 사물과 생각

(인간에게) 이례적인 관점에서 사물을 검토하면 사물은 기이해진다. 서술에 관점을 포함할 필요가 생긴다. 마치 영화 〈매트릭스The Matrix〉 주인공 네오가 손가락을 대면 거울이 끈끈하게 달라붙고, 손을 거두려 하면 거울이 벽에서 쭉 늘어나는 것 같다.[1] 여기에는 대단히 깊은 이유가 있다.

이것은 꿈속에서 일어나는 일과 같다. 끔찍하고 소름 끼치는 벌레들이 천장에서 머리로 떨어지는 꿈을 꿀 때, 그 곤충들에 대한 어떤 감정이나 태도(혹은 무엇이라고 부르든 그 무엇인가)도 생긴다. 어쩌면 공포나 역겨움을 느낄 수도 있고, 기이한 거리감이 뒤섞일 수도 있다. 이것은 이야기에는 어떤 일이 일어나는지(서사)와 (단수건 복수건, 인간이건 아니건, 화자가) 그것을 어떻게 이야기하는지가 들어 있는 것과 같다. 이 두 가지 측면은 하나의 다양체를 형성한다. 우리는 "사물"을 볼 때 "사물"이 이런 다양체의 부분일 뿐임을 잊는다. "내"가 있고, 또 내가 지각을 통해 거기에 닿는 "사물"이 있는 것은 아니다. 마치 슈퍼마켓에 있는 콩 통조림에 손을 뻗는 것처럼. 하지만 어쩌면 우리는 이 세계를 슈퍼마켓처럼 보이도록 설계하려 애써왔는지 모른다. 우리가 손을 뻗어 잡을 수 있는 것들로 가득 찬 슈퍼

---

[1]  Wachowski 자매 감독의 영화 *The Matrix* (Warner Brothers, Village Roadshow Pictures, 1999).

마켓.

　우리가 평소에 세계에 대해 생각하는 방식은 (무의식적이기는 하지만) 주체-객체 이원론이다. 이런 이원론을 신봉하며 살아간 결과, 실은 마음에 관하여 그보다 논리적이고 생각하기 쉬운 것을 받아들이기 어려워진다. 우리는 악몽을 분석할 때 곤충과 그에 대한 느낌이 모두 바로 우리 자신의 마음의 측면들임을 안다. 아마도 곤충은 우리가 막 의식하게 된, 기꺼이 받아들일 수 없는 생각일 것이다. 정신분석학이나 불교 등의 영적 전통에서 생각과 같은 것들이 온전히 "우리의 것"이 아니라는 관념은 꽤 호소력이 있다. 이것은 상당히 해방적일 수 있다. 즉, 중요한 것은 바로 우리가 생각하는 그것이 아니라, 우리가 생각하는 방식이다.

　사실이라는 것이 결코 그저 "저기" 있는 것이 아님을 우리도 안다. 우리가 집어 들기를 어떤 중립적인 방식으로 기다리는 수프 통조림처럼 말이다. 관념이 태도를 코드화한다는 것을 우리도 알고 있다. 관념은 항상 그것을 생각하는 방식, 즉 태도를 내포하기 때문이다. 또한, 이것은 선전이 작동하는 방식을 설명해 준다. 아주 간단한 예를 들어 보자. 복지원조welfare라는 용어는 수혜자에 대한 경멸을 불러일으킨다. 급부benefit라는 단어는 그렇지 않다. 2010년 이래 영국 보수당은 거의 모든 언론이 "급부"가 아니라 "복지원조"라고 말하게 만드는 데에 성공했다. 그 뻔한 효과는 그것의 삭감을 쉽게 받아들이게 만든 것이다. 바로 그래서 선전에 속지 않는 법을 배우는 훌륭한 훈련은 시를 읽는 것이다. 시는 그것이 제시하는 관념을 정확히 어떤 방식으로 이해해야 하는지 불분명하게 만들기 때문이다. 내가 "이리 와!"라고 하면 무슨 말인지 자못 분명하지만, 〔콜리지Coleridge의 시에서〕"그건 노수부老水夫야It is an Ancient Mariner"라고 말하면 다소 당황하게 된다. 시를 읽는 것은 관념과 그 관념을 갖는 방법 사이에 얼마간 운신의 폭을 가져오지만, 선전은 이 공간을 닫아 버린다.

생물권biosphere〔생물이 살 수 있는 지구 표면과 대기권〕이라는 것이 꿈꾸는 머릿속과 얼마나 비슷한지를 생각해 보면 매혹적인 일이 벌어진다. 생명체들과 (대부분은 다른 생명체들로 이루어진) 그 서식지 간의 상호작용이 이루는 하나의 총체적 시스템으로서의 생물권. 그 생물권 안의 모든 것은 생물권의 어떤 증상이다. "멀리"라는 것은 언제나 생물권 안의 특정 위치에 상대적이다. 생각을 억압하면 그 생각은 악몽 속의 끔찍한 곤충처럼 불쑥 튀어나온다. 핵폐기물을 산에 숨긴다고 해도 그것을 치워 버릴 수는 없다. 산이 무너지는 순간까지 포함할 정도로 시공간 척도를 충분히 확대하면, 그 폐기물을 어딘가에 영영 숨기지는 못하는 것이다. 생태적 의식의 세계에서는 사물을 감출 수 없다.

이 생물권에는 우리가 하는 모든 생각도 (그리고 우리가 꾸는 모든 악몽도) 포함되어 있다. 생물권에 대한 소망과 희망과 관념도 포함된다. 생물권은 물리적으로 정확하게 지구에 위치하는 것은 아니다. 오히려 **현상학적으로** 우리의 기획과 과업, 우리가 할 일에 위치한다. 이를테면, 우리가 지구온난화를 피하려고 화성 이주를 결정했다고 쳐 보자. 화상에서는 우리에게 적합한 생물권을 만들어 내는 일을 맨땅에서 시작해야 할 것이다. 어떤 면에서는 지구에서 경험한 것과 똑같은 문제를 다시 마주하는 것이다. 처음부터 시작해야 하므로 어쩌면 더 나쁠지도 모른다. 우리는 여전히 지구에 있는 셈이다. 경험적으로 그렇다. 물론 경험적이라는 말은 "현상학적으로"라는 철학적인 단어를 엉성하고 편향된 방식으로 표현하는 것이다. 이 표현이 엉성하고 편향된 이유는, 차례차례 증명해야 할 것을 모두 이미 내포하기 때문이다. 특정한 "객관적 세계"가 있다는 관념, "주관성"은 그것과 다르다는 관념이 그렇다. 무언가의 현상학은 그 무언가가 나타나는 방식, 생기는 방식 혹은 일어나는 방식〔'현상'〕에 대한 논리〔'학'〕이다. 우리가 화성으로 이주한다면, 그 이주는 지구와 같은 방식으로 나타날 것이다. 우주 지도에서의 좌표가 무엇을 말하든 간에.

그러므로 생물권이 기존의 공간 "안에" 있다고 말하는 것은 옳지 않다. 생물권은 파도, 산호, 산호에 대한 관념, 기름을 유출하는 유조선과 같은 존재들 간의 네트워크이다. 그리고 이 네트워크는 어떤 실체라고 불릴 자격이 있다.

체계이론가 그레고리 베이트슨Gregory Bateson이 "마음의 생태학"에 대해 쓰면서 시사한 바와 같이, 마음의 문제들은 이런 의미에서 어떻게든 생태적이다.[2] 우리의 생각들이 서로 연관되는 방식이 곧 "마

---

[2] Gregory Bateson, *Steps to an Ecology of Mind*, Mary Catherine Bateson 서문 (Chicago: University of Chicago Press, 2000).

음"이라고 불리는 것이다. 마음은 생물권과 같다. 비록 마음이 생각들로 이루어져 있을지라도, 마음은 그 생각들로부터 독립적이고 그 생각들에 인과적 영향을 미친다. 무서워질 때는 무서운 그것에 관해 생각할 것이다. 어떤 이들은 이를〔전체가 부분에 인과적 영향을 미치는〕"하향 인과down-ward causality"라고 부른다. 기후와 같은 것은 날씨와 같은 것에 영향을 줄 수 있다. 기후는 날씨 사건들이 서로 연관되는 방식을 보여 주는 그래프에 불과한 것이 아니다. 거기에는 실재적인 무언가가 있다. 생물권은 그것을 구성하는 부분들로 환원reduce할 수 없다. 마음을 그것을 구성하는 생각들로 환원할 수 없는 것처럼. 그리고 생각을 그 생각을 할 때 그것에 관해 생각하는 바로 그것으로 환원할 수도 없고, 그 생각을 생각하는 방식으로 환원할 수도 없다. 이 두 가지는 모두 필요하다. 생각이란 하나의 다양체이기 때문이다. 그리고 이는 상당히 흥미로운 통찰로 이어진다. 즉, 어쩌면 만물이 다양체일지도 모른다는 통찰이다. 아니면 베이트슨의 언어를 빌려, 만물이 "체계systems"일지도 모른다. 체계는 그것을 이루는 사물들과 다르다. 마음이 건강하다는 의미는 우리가 생각하고 있는 그것과 우리가 생각하고 있는 방식이 뒤얽혀 있음을 안다는 것이다.

　여기서 문제를 일으킬 수 있는 것은 우리가 믿는 그것이 아니라 우리가 믿는 방식이다. 달리 말해, 믿음에 관한 믿음이 있다. 산호나 흰코뿔소와 같은 것에 관해 생각하는 방식을 바꾼다면, 어쩌면 생태적으로 더 건강해질 수도 있다. 그리고 아마도 심적 건강과 생태적 "건강"은 서로 이어져 있을 것이다. 나는 인간이 트라우마를 겪는 이유가 비인간 존재와의 연결을 단절했기 때문이라고 생각한다. 그 연결은 인간의 몸 깊숙이 존재한다(예를 들어 DNA에 존재한다. 손 가락이나 폐나 세포의 신진대사는 인간에게만 있는 것이 아니다). 우리는 사회적 공간과 철학적 공간에서 이러한 관계를 단절하지만, 이런 관계는 변함없이 존재한다. 우리가 받아들일 수 없다고 여기지만 악몽에서 튀어나오는 생각처럼.

우리의 생태적 의식이 자라는 데에는 역겨움이 일조한다. 우리가 비인간 존재로 말 그대로 덮이고 관통되는 역겨움이다. 그것도 그저 우연이 아니라 돌이킬 수 없는 방식으로, 우리의 존재 자체에 결정적인 방식으로. 소화기관에 박테리아 같은 미생물체가 없다면 음식을 먹을 수 없다. 생물권 안에 침잠하는 데에 익숙해진다면 역겨움도 줄어들 것이다. 우리가 (아마 심리치료나 명상을 통해) 우리의 생각에 우호적일수록 신경과민이 줄어들 듯 말이다. 실제로 여러 가지 생태적 심리치료가 생겨났고, 생태심리학이라는 심리학 분야도 생겨났다. 그리고 수많은 불교 명상 교육자들도 생태에 관해 쓰고 있다. 《샴발라 선Shambhala Sun》과 같이 손쉽게 구할 수 있는 잡지들을 보면 알 수 있다.

## 으깨짐? 혹은 정확히 얼마나 연결되어 있는가?

따라서 이제는 우리가 전체 그림, 어떤 철학에서 총체totality라고 부르는 것, 혹은 명상 안내서에서 파노라마 의식panoramic awareness이라고 부르는 것을 바라보면 좋겠다. 명상의 파노라마 의식은 독특하고 구체적이다. 그 의식은 그저 그 안에 생각들이 뒤섞여 있는 무색, 무취, 무미의 상자가 아니다. 그보다는 특정 주파수를 가진 전자기장에 가깝다.

이것이 의미하는 것은 무엇인가? 조금 더 의식하거나 깨친다는 것이 전지全知하거나 편재遍在하다는 것은 아니다. 아니면, 정반대로 양치질도 못하고 전화도 못 받는 멍청한 좀비가 되는 것도 아니다. 부처는 운전할 줄도 알고 변기 물을 내리는 법도 안다. 그와 같이, 생물권은 생물권의 부분들로 환원할 수 없는 무척 구체적인 질들이 있다. 거대한 오케스트라의 웅성거림처럼.

**만물이 상호연결되는 방식도 하나의 사물thing이다.**

상호연결도 그저 추상이나 편리한 관념이 아니라 하나의 사물이라는 사실은 매우 놀랍고도 심대한 함축을 지닌다. 하지만 그 함축을 고찰하려면 다소 우회로로 보이는 것을 이용할 필요가 있다. 이것을 본격적으로 고찰할 때까지 잠시 참을성을 가져 주길 바란다. 흔히 관념이라고 부르는 것들을 고려하는 데에서 시작해야 한다.

제3차 세계대전을 촉발할 것은 흔히 생각하는 그런 것이 아니라 우리가 생각하는 방식이다. 불교뿐 아니라 윌리엄 블레이크William Blake의 시에서도 그렇게 말한다. 그의 시집《순수와 경험의 노래 Songs of Innocence and of Experience》는 전체적으로 그가 "인간 영혼의 상반된 여러 상태"라고 부르는 것을 다룬다. 우리도 그것을 "믿음에 관한 생각의 여러 방식"이라고 묘사할 수 있을 것이다. 망치에게는 삼라만상이 못으로 보인다. 냉소주의자에게는 만사가 무망해 보이고 따라서 희망에 찬 사람들은 바보 같아 보인다. 그래서 거짓을 진실의 형태로 말할 수 있다. "우리 쫄딱 망했어"라고 말할 수 있는데, 이렇게 말하는 방식은 쫄딱 망하는 데에 일조한다. 냉소적 판단은 듣는 이의 힘을 쭉 빼기 때문이다. 허다한 환경주의자의 말투는 이런 방식에 갇혀 있다. "지구가 죽어 가고 있다"라고 말하는 것은 전혀 도움이 되지 않는다. 그것이 어느 정도 진실일지라도 말이다. 그러한 푸념을 무시하는 것은 꽤 합리적이다(또 생태적이다). 그렇다고 해서 거대 석유 기업을 지지하는 것도 아니다. 우리는 우리가 생각하는 방식이 어떤 역동적 다양체의 부분이라고 생각하기 시작했다. 이 다양체는 우리가 생각하고 있는 그 무엇을 포함하고, 아울러 숲이나 도시처럼 그저 생각인 것이 아닌 사물들도 포함한다.

　이런 말이 유별나고 기이하게 들릴 것이다. 익숙하지 않아서 그렇다. 그리고 결국 지구온난화를 초래하는 산업으로 귀결된 농업 프로젝트를 지지해 왔기 때문이기도 하다. 우리가 가진 모든 철학적 · 심리적 · 정신적 힘을 동원해서 말이다. 우리가 일을 진행하는 내적 논리에 의하면, 사물은 플라스틱같이 어떤 객체화된 덩어리이다. 그것은 "저기" 놓여 있고 나의 의지대로 조작할 수 있다. 이런 관점을 유지하려면 엄청난 왜곡이 필요하다. 이 관점은 정확하지 않기 때문이다. 다시 한 번 말하지만, 우리가 무엇을 생각하는가와 어떻게 생각하는가는 깊이 연결되어 있다.

서양철학에서 우리를 이런 "다양체manifold"의 방식으로 생각하도록 이끈 것은 독일의 현상학자 에드문트 후설Edmund Husserl이었다. (성대성이론만 보더라도) 1900년 무렵은 과학의 발전에 상당히 중요한 시기였다. 하지만 서양철학에서도 지진이 일어난 순간이었다. 후설은 관념은 그저 공간을 부유하는 것이 아니라 이른바 현상phenomena이라고 불리는 것이라고 추론했다. 관념은 항상 일종의 색이나 향이 있는데, 이런 색이나 향은 이 관념의 장식이나 추가 선택사양이 아니라, 그 관념이 무엇인가에 내재적이다. 무엇보다도 후설은 19세기에 심리주의psychologism라고 불린 논리학의 조류에 반응했다. 심리주의자들은 논리적 문장은 건전한 뇌의 증상이라고 주장했다. 달리 말하면, 논리적 의미는 ("적절히"가 어떤 의미이건) 적절히 작용하는 뇌에서 산출된다. 논리적 문장은 "p이고, p이면 q라면, q이다"와 같은 문장이다. 즉, 바나나가 있고, 바나나가 있으면 바나나 나무가 있다면, 이 경우 바나나 나무가 있다. 심리주의에 따르면, 이런 문장이 타당한 이유는 건전한 두뇌가 그 문장을 만들기 때문이다. 그런데 건전한 뇌란 무엇인가? 음, 논리적인 문장을 만들 수 있는 어떤 것이다. 그럼, 논리적인 문장이란 무엇인가? 음, 건전한 뇌에서 나오는 어떤 것이다. 그럼 건전한 뇌란 무엇인가? 이 악순환을 끊으려면, 건전한 두뇌가 무엇인지 증명하는 과학이 필요하다. 그러나 과학은 논리적 문장들에 의존한다. 그럼 논리적인 문장이란 무엇인가? 그것은 …의 증상이다. 이렇게 계속 진행된다. 여기에서는 어떤 무한퇴행이 일어나고 있어서 사실 아무것도 말하지 않은 셈이다.

그러므로 후설은 이런 방식은 안 된다고 생각했다. 논리적인 문장은 단순히 어떤 것의 증상일 수 없다.[3] 우리는 그런 문장을 건전한 뇌의 출력으로 환원할 수 없다. 그런 문장에는 나름의 현실성이 있다. 논리적인 문장은 적절한 정신적 작용의 증거라거나, 이런 생각을 확장하여 (그것이 무엇이든) 적절한 인간 DNA의 증거인 것은 아니다. 논리적인 문장은 나름의 구성 요소, 나름의 DNA가 있다. 그리고 독자적으로 살아간다. 논리적인 문장은 트윗이나 밈meme과 같다. 나름대로 고유한 삶이 있다. 즉, 분별되고 고유하며, 색과 향과 질감이 있다. 흡사 망치를 다루듯이, 그것은 특정한 방식으로 다루어야 한다.

후설의 해석은 어떤 바다를 발견한 것과 같았다. 이 바다는 광대하고 텅 비고 황량한 것이 아니라 물고기가 우글거린다. 그것은 무슨 바다였는가? 그보다 100여 년 전 칸트가 발견한 이성의 바다이다. 칸트는 자신이 순수이성이라고 부르는 것에는, 티머시 모튼이 이성적으로 생각함은 아무래도 좋은 것이라고 주장했다. 특수한 크기, 모양, 색깔, 성별, 소망, 희망 등을 지닌 이 작은 자아 티머시 모튼 말이다. 이성은 무언가 초월적이다. 그것을 가리킬 수는 없지만, 그것은 실재한다. 이 이성의 바다는 말하자면 내 머리 바로 뒤에 떠 있다. 그것은 다소 차갑고 아무것도 살지 않는, 섬뜩할 정도로 맑은

---

3 Edmund Husserl, "Prolegomena to All Logic", *Logical Investigations*, trans. J. N. Findlay, ed. Dermot Moran (London: Routledge, 2008), 1.1–161.

바다이다. 이 바다가 하는 일은 단 하나이기 때문이다. 그것은 사물을 수학화한다. 그것은 사물을 측량하여, 이 은하계가 이만큼 크고 이만큼 오래되었으며 우주를 가로질러 이렇게 이동한다고 알려 준다. 그러나 후설은 논리적인 문장이 나름의 현실성이 있으므로, 희망을 담은 문장, 소원하는 문장, 증오하는 문장 등 다른 유형의 문장도 그렇다는 것을 보여 주었다. 그러니까 후설은 칸트의 바다에 형형색색의 갖가지 물고기들이 헤엄치고 있음을 발견했다고 하겠다. 이런 물고기들은 작은 티머시나 불그스레한 수염 같은 티머시의 특징으로부터 독립적인 나름의 DNA 구조를 지닌다. 칸트는 현실에서 가리킬 수 없는 매우 중요한 부분(이성의 바다)이 있음을 증명했다. 다음으로 후설은 어쨌든 이 바다에는 서식하는 것이 있음을 증명했고, 이 바다에서 헤엄치는 물고기들은 개물entities이라고 불릴 자격이 있으며 나름의 DNA를 지님을 증명했다.

비전문가가 보기에도 논리적인 명제들만 이런 물고기인 것은 아니다. 온갖 종류의 논리적인 물고기뿐 아니라, 희망하는 물고기, 사랑하는 물고기, 증오하는 물고기, 상상하는 물고기도 있다. 이것들은 모두 **지향적 객체**intentional objects이다. **지향적**이라는 것은 이것들이 이런 생각의 바다에 들어 있다는 의미이다(여기서 "지향적"은 "마음에 있다"라는 의미이지, "어떤 심적 작용을 통해 어떤 외부의 목표를 가리킨다"라는 통상적 의미가 아니다). 상어를 다루는 특정한 방법이 있듯, 역겨움이라는 느낌도 그것을 다루는 특정한 방법이 있다. 이런 느낌을 느끼는 방식이 있는데, 이 방식은 이 느낌과 더불어 있다. 그리고 상어와 상어를 다루는 방식은 흡사 자석에서처럼 한 현상의 두 극이다. 이 두 극은 불가분한 방식으로 더불어 움직인다. 즉, "나"는 어떤 "생각"을 "가진다"라는 말은 그다지 올바르지 않다. 오히려 "나"는 내가 이런 특정한 생각의 현상으로부터 연역하거나 추상화하는 어떤 것이다. 이처럼 그 생각에서 〔생각되는 객체인〕 무엇도 〔생각하는 주체인 나와 마찬가지로〕 이 현상의 부분이다.

우리는 이원적 사고에 너무 익숙하다. 그래서 〔가령 논리적 문장과 같은〕 생각들이 〔뇌의 작용과 같은〕 마음으로부터 독립적이라는 사실이 함축하는 바를 믿기 어렵다. 그러나 후설의 통찰을 반박하기도 대단히 어렵다. 칸트의 경우처럼 후설의 통찰은 그 논변 외부의 어떤 것을 믿는 데에 의존하지 않기 때문이다. 현재 우리가 속해 있는 생태 이외에는 그 주장을 검토할 다른 생태는 없다. 현상은 그냥 일어나고 그다음에 그것을 지각하는 것이 아니다. 현상은 현상을 가지고 망치질하고 측량하고 수학화하고 느끼는 행위까지 **포함**하는 것이다.

나아가 여기에는 망치질 같은 활동에 관한 다소 놀라운 의미가 담겨 있다. 망치는 특정한 어떤 것, 매우 구체적인 어떤 것이다. 그렇지만 그것이 꼭 망치인 것은 아니다. 그것은 온갖 존재에게 온갖 사물이다. 파리에게는 활주로이다. 먼지에게는 쌓일 수 있는 표면이다. 그것을 사용하기 시작하면, 나의 망치질에는 망치이다. 하지만 망치는 외부 공간에 있으면서 누군가 잡기를 그저 기다리는 것이 아니다. 그림 뒷면의 고리에 망치질하려고 금속과 나무로 이루어진

이 사물을 잡을 때, 망치는 [사건으로서] 일어난다. 그러므로 망치는 시와 같다. 시는 종이 위의 구불구불한 선들이 아니다. 그것은 내가 그 선들을 읽으면서 조직하는 방식이고, 편집자가 그것을 해석하여 한 권의 시집에서 다른 시들 다음에 배치하는 방식이며, 시 수업에서 그것을 가르치는 방식이다.

## 세상은 구멍이 숭숭 나 있다

망치질은 고유의 DNA를 지닌 매우 생생하고 구체적인 사물이다. 망치질은 나를 포함할 뿐 아니라, 그림 뒷면의 고리에 망치질하고 싶은 나의 소망까지 포함하며, 금속과 나무로 이루어진 "망치"라고 불리는 것, 벽, 고리 등등을 포함한다. 망치의 뼈는 벽의 뼈와 연결되어 있다. 그러므로 후설의 완결판, 말하자면 후설의 12인치 리믹스 음반은 곧 객체지향 존재론object-oriented ontology의 완결판이다. 객체지향 존재론에서 사물은 그것을 사용하는 방식에 의해 모두 소진되지 않는다. 사물은 누군가 그것을 사용하고 그것을 해석하고 그것으로 망치질하기를 기다리며 외부 공간을 배회하지 않는다. 사물은 그것이 나타나는 방식의 아래에 숨어 있는 것이 아니다. 여기서 "나타난다"라는 것은 매우 일반적인 의미로서, 먹기, 망치질하기, 해석하기, 읽기 등과 같은 현상의 부분임도 포함한다.

생각과 관념과 행동이 그 안에서 일어나는 어떤 진실스러운 해

석 공간이라는 것이 언제나 존재한다. 유념할 점은 이런 공간이 ①
선택사항이 아니라는 것과 ② 완전히 봉인된 것이 아니라 구멍이
나 있다는 것이다. 무슨 뜻인가? 우선 이런 공간에는 우리가 사물을
"해석"하는 심적 방식뿐 아니라 신체적(그리고 영적·사회적) 방식이
있다는 뜻이다. 바이올린 연주자는 알반 베르크의 바이올린 협주곡
을 연주할 때 그 곡을 해석한다. 내가 이 그림 뒷면의 고리에 망치질
할 때에는 망치의 조key로 벽을 해석한다. 그리고 그 망치는 벽과 연
결되고, 벽은 내 집과 연결되며, 집은 거리와 연결되고, 거리는 거리
에 있는 하수구와 연결되는 등 계속 이어진다. 내가 바라는 일이 일
어나는 저 물질적이고 비물질적인 맥락이 외파explosion하는 것을 멈
출 수 있을까? 아니, 그럴 수 없다.

생각과 진술은 자신들이 착근한 해석 공간으로부터의 탈출 속도
에 도달하려 하지만, 결코 그럴 수 없다. 우리가 (그 세계가 시, 마이클
잭슨 비디오, 식물, 지구 등등 그 무엇이든 간에) 세계에 관해 판단하기
위해 세계 밖으로 나간다고 해도, 우리는 그런 일을 하면서 거기 있
다. 이것은 얄팍한 사실이 아니다. 이는 모든 "객체object" 언어에 대
해 경찰 역할을 완벽하게 수행할 완벽한 메타언어를 찾기란 불가능
함을 의미한다. 유명한 몬티 파이선〔영국 코미디 극단〕단막극에 나
오는 "논쟁 클리닉"에서처럼 말이다. 한 남자가 사무실로 걸어들어
와 논쟁하고 싶다고 말한다. 책상에 앉아 있는 관료는 거절한다. 그
들은 이 대화가 논쟁을 시작한 것인지 아닌지 논쟁한다. 그다음 어
느 경찰관이 "유치한 단막극 법"에 따라 둘을 체포한다. 그리고 나서

또 다른 경찰관이 첫 번째 경찰관을 포함하여 모두를 체포한다. 그리고 또 다른 경찰관이 와서 다른 모든 이를 체포한다. 그 장면은 또 다른 경찰관이 마지막 경찰관의 어깨를 손으로 툭 치며 끝난다.[4] 모든 사람, 모든 경찰관은 "논쟁 클리닉" 단막극의 부분이다.

이상이 앞에서 언급한 ①번이다. ②번은 기이한 방식으로 여기 연결되어 있다. 내가 어떤 세계에 있건, 그 세계는 결코 완전하지도 않고 오롯이 내 것도 아니다(나 자신도 결코 오롯이 내 것이 아니다). 시종일관 자기동일적임이 보장되는 어떤 케이크가 있고, 그 위에 내가 왕실 인장이나 특별한 구절이나 화환이나 체리를 추가할 수 있는 것이 아니다. 이는 좋은 일이다. 세계의 개념에 **구멍**이 나 있음을 의미하기 때문이다. 나는 내 세계를 호랑이와 공유할 수 있고, 호랑이는 자신의 세계를 나와 공유할 수 있다. 우리의 세계는 겹칠 수 있다. 하이데거는 오직 인간만이 완결되고 풍요로운 "세계"가 있고, 꿈틀거리는 생명체("동물")는 "세계가 빈곤하며", 돌과 같은 사물은 아무 세계가 없다고 주장했다. 그가 그렇게 역설하는 이유는 없다. 엎친 데 덮친 격으로 그의 주장이 의미하는 바는, 그가 보기에는 세계가 완전히 봉인되어 있고 견고하다는 것이다. 그러나 사물이 직접적으로 포착될 수 없다는 그의 이론에 따르더라도 이런 주장은 맞지 않다. 하이데거에게 나치즘은 본인의 이론이 지닌 가장 급진적인 함축들을 덮

---

[4] John Cleese and Graham Chapman, "Argument Clinic," *Monty Python's Flying Circus* (BBC, 1972).

어 버리고 무시하고, 인간중심주의에 의거하여 안전하게 그로부터 거리를 두는 방법이었다. 실은 (칸트를 비롯하여) 칸트 이후의 많은 서양철학자들은 온갖 방법으로 그들 이론의 기묘한 외부 경계에서 도피하고자 했다. 그들이 판단하기에 자신들의 사상이 하고자 하는 바를 앞지르지 않기 위해서. 어쩌면 사람들이 어떻게 생각할지 두려웠을 수도 있고, 그저 자신들이 어떻게 생각할지 두려웠을 수도 있다. 그것은 그들의 평소 삶의 방식에서 어긋날 수도 있기 때문이다.

나는 나의 망치질이라는 일을 위해, 철물점에서 망치라고 부르는 사물 대신에, 나무 덩어리라고 부르는 사물이나 딱딱해진 엘크 소시지를 사용할 수도 있다. 그래도 여전히 망치질하는 것이다. 소시지 고기가 딱딱하지 않으면 망치질이 잘 안 되거나 벽에 기름 얼룩이 남겠지만. 그래도 괜찮다. 적어도 나는 망치임을 자처하거나 망치라고 불리거나 망치처럼 보이거나 망치처럼 소리 나는 사물과 "망치질이라는 일"의 뚜렷한 차이를 입증했다. "망치질이라는 일"은 벽과 그림까지 포함하고, 망치질하기를 원하는 나, 멋진 새 그림으로 저녁 식사에 온 손님들에게 감동을 주려는 나까지 포함한다. 파리의 활주로가 될 수도 있고 한쪽 끝에는 쇳덩어리가 달린 저 사물이 없다면 망치질 같은 현상은 작동하지 않는다. 그러나 나의 망치질이라는 일에 의해 이런 사물이 모두 소진되어 버리는 것이 아니다. 흡사 후설의 바다에서 (그림에 망치질하기를 희망하기, 망치질하기를 바라기, 망치질하기를 계획하기 등등의) 물고기들이 헤엄치는 수면 아래에 반짝이는 산호초가 있는 것과 같다. 이 산호초는 물고기가 의존하는 온갖 종류의 사물들로 이루어졌다. 다만 그것들은 우리에게 익숙한 사물은 아니다. 그 사물들은 결코 직접적으로 가리킬 수 없다. 가리키는 것도 하나의 접근 방식이며, 망치질과 똑같이 사물에 접근하는 데에 좋거나 나쁜 방식이기 때문이다. 사물이 무엇인가는 그것을 가리키는 것으로도 소진되지 않는다.

그리고 이 사물들의 산호초에는 생물권biosphere이 포함되어 있다.

생물권은 하나로 뭉쳐진 수많은 사물에 다는 간편한 꼬리표에 불과한 것이 아니다. 또한, 내가 그 사물들을 특정 방식으로 해석하고 있기에 나타나는 어떤 맥락에 불과한 것도 아니다. 생물권은 그 자체로 고유하고 분별되는 사물이다. 이 사물은 나무와 벌레와 산호와 생물권 관념 등등을 포함하는 그 사물의 부분들과 분별된다. 따라서 여기에서 전체 그림은 생명체 및 생물권에 관한 관념, 느낌, 계획이 생명체 및 생물권과 공존한다는 것이다. 그것들은 서로 연결된 것의 부분이다. 우리는 생물권의 외부에서 생물권을 들여다보고 있는 것이 아니다. 우리는 생물권에 달라붙어 있다. 초강력 접착제보다 훨씬 더 강력하게.

어째서 그러한가? 우리는 **현상학적으로** 생물권에 달라붙어 있다. 물리적으로는 생물권에서 멀리 떨어져 있더라도(지구 중력장에서 20만 킬로미터 떨어져 있음을 줄자로 재서 알아내더라도), 현상학적 의미에서는 여전히 생물권 "안에" 있다. 우리가 방금 탐구한 철학적 논변에 근거한다면 그렇다. 앞서 언급한 것을 다시 짚어 보자. 여기 지구의 생물권 상태가 정말 나빠져서 화성으로 이주하고자 한다고 상상해 보자. 화성에서는 생물권을 맨땅에서 다시 창조해야 할 것이다. 이런 식이면 지구상에서 맞닥뜨린 것보다 훨씬 심각한 문제를 만나게 된다. 그래서 경험적 측량에 따르면 수백만 마일 떨어져 있더라도, 여전히 지구에 있는 것이다.

사물들은 슈퍼마켓 선반에 있는 상품 같은 것이고 우리는 "마음" 또는 "자기"라고 부르는 어떤 모호한 장소로부터 그것들을 향해 손을 뻗는다는 것은 옳아 보이지만, 정확히 맞는 말은 아니다. 토성을 생각해 보자. 그러면 우리는 지금 토성에 있다. 하여간 우리의 한 부분이라도 그렇다. 우리는 토성 방식으로 생각하고 있다. 토성의 조 key로 생각하고 있다. 우리 마음은 우리가 마음 두는 곳에 있다. 구글 지도가 특정 길거리 "위에" 있는 우리의 위치를 가리키는 것보다 훨씬 강력한 의미에서, 우리는 생물권 "안에" 있는 것이다. 생물권 "에 몰입한다"라는 의미에서 생물권 "안에 있는" 셈이다. 우리는 그것에 관심을 두고 마음을 쓴다. 우리는 우리가 관심을 두는 사물과 맞물려 있다. 우리는 서로에게서 공간적으로 아무리 가깝거나 멀리 떨어져 있어도 하나의 단위를 형성한다. 즉, 은하 반대편에 있을지라도 현상학적으로는 가깝다.


## 그물: 어디에 선을 긋는가?


우리가 하고 싶은 일, 느끼는 방식, 우리가 원하는 것, 느끼는 것은 모두 하나로 으깨져 있다. 이제 이 곤죽을 살펴보자. 나는 이를 다른 데서는 그물mesh이라고 칭한 바 있다.[5] 다소 공식적인 철학적 표현이 있다. 유관성 연관은 **구조적으로 불완전하다**는 것이다. 곤죽은 결코 멋지고 깔끔하고 완전한 원이 아니다. 어떤 일을 하고 싶을 때마다 늘 그 일과 유관한 수많은 사물의 덤불을 마주하게 된다. 슈퍼마켓에 가고 싶다. 그래서 차가 필요하다. 차는 도로가 필요하고 이것은 고속도로 규정이 필요하다는 뜻이다. 고속도로 규정은 시의회에 달려 있고, 시의회는 노면의 홈을 메우는 일과 관계가 있다. 그리고 이 홈은 슈퍼마켓에 가는 차 바퀴에 방해가 된다. 이런 식으로 계속 이어진다. 우리는 이런 연관화의 외파를 막을 수 없음을 깨닫는다.

생태적 의식은 이 연관 외파의 또 다른 이름이다. 다리뼈는 측량 가능한 방식으로 엉덩이뼈와 연결되어 있기만 한 것이 아니다. 그리고 엉덩이뼈는 측량 가능한 방식으로 유독성 폐기물 더미와 연결되어 있기만 한 것도 아니다. 이것들은 모두 서로서로 관계를 맺고 있고, 이 관계 맺음의 고리는 멋지고 깔끔하고 완전한 원이 아니라, **다른 모든 것**을 그 고리 안에 모을 수 있을 듯이 쭉 뻗어 나가는 올가미 밧줄이다. 일반적으로는 우리는 올가미질을 억제하거나 축소하려고 한다. 하지만 생태적 의식을 가지면 올가미질이 계속되도록, 어쩌면 영원히 계속되도록 내버려 두기 시작한다.

---

[5] *In The Ecological Thought* (Cambridge: Harvard University Press, 2010).

이로부터 나오는 놀라운 결론은, 설명하려는 사물을 완전히 설명할 수 있는 깔끔한 연관의 원은 없다는 것이다. 생태적 의식이 주는 세계에서는 만물이 다른 만물과 유관하면서도 각기 매우 독특하고 생생하며 분별된다. 그 세계에서는 생각하고 느끼는 모든 것은 **유관**하다. "다리뼈는 유독성 폐기물 더미의 뼈에 연결되어 있다"라는 말에서 내가 연결되어 있다는 말을 사용하는 방식으로 말이다.

이는 나아가 무관심이라는 감정도 유관하다는 의미이다. 생태적 의식과의 연결이 끊어졌다고 느끼는 것도 또 다른 방식의 생태적 의식이다.

이는 굉장한 소식일 테다. 생태적 의식이 정말 쉽게 얻을 수 있는 것임을 뜻하기 때문이다. 그 의식을 갖추고자 특별한 마음 상태가 되게끔 자신을 부추길 필요는 없다. 생태적 삶을 위해 세계를 송두리째 변형할 필요도 없다. 유관성 올가미를 더 크게 만들 필요도 없다. 유관성 올가미가 있다는 관념만으로도 깨닫고도 남는다. 세계는 늘 약간은 누더기인 데다 망가져 있고 또 올가미는 멋지고 깔끔한 원이 아니기 때문에, 우리의 일은 다른 사람들의 일과 연결되고 상호작용할 수 있다. 이 누더기인 데다 망가진 세계는 정말 쉽게 얻을 수 있기에 온갖 존재들도 세계를 가질 수 있다. 우리가 보기에 그 존재들이 지능이 있건 없건, 나아가 의식이라도 있건 없건, 나아가 유정하건 아니건 말이다. 나비도 이렇게 누더기인 데다 완전히 닫히지 않은 세계, 온갖 퍼즐 조각이 분실된 세계를 가질 수 있다. 나무도 그렇다.

연결되어 있음은 고매한 생태적 인간들이 생각하는 것만큼 그렇게 대단한 일이 아니다. 그들이 이 문제를 대단한 일로 생각하는 것은 생태적 의식의 빗장을 유난히 높게 설치하기 때문이다. 생태적 의식이 흡사 계몽되는 것인 양, 죄를 씻는 것인 양, 모든 것과 모든 곳을 한꺼번에 볼 수 있는 능력인 양. 하지만 우리는 모든 곳을 한번에 볼 수 있다는 숨 막힐 듯한 가능성은 없음을 깨달아야 한다. 모든 곳을 한꺼번에 볼 수 없으므로 결코 전체를 포착할 수 없다. 전체는 실제로는 그렇지 않다. 모든 곳에 있지도 않고 모든 것에 적합하지도 않다. 전체의 구성 요소들은 항상 그 전체를 초과한다.

이는 생태적 의식과 생태적 행동이 우리가 생각하던 것보다 훨씬 쉽다는 것을 의미한다. 우리는 이미 생태적 의식을 지니고 있고 생태적 행동을 하고 있다. 그것을 무시하거나 무관심하게 있으면서도 말이다. 이를 이해하기만 하면 모든 일이 훨씬 쉬워진다. 최소한 우리의 마음과 감정에는 훨씬 쉬워진다. 얼마간 움직일 여지가 있다. 유관성에 움직일 여지가 있기 때문이고, 사물에도 움직일 여지가 있기 때문이다. 그리고 사물은 다른 사물들에 보이는 방식, 다른 사물들에 의해 사용되는 방식, 다른 사물들에 의해 해석되는 방식과 완전히 일치하지 않기 때문이다(그리고 어쩌면 그들 자신과도 완전히 일치하지 않기 때문이다).

좋다. 사물들이 서로 연결된다면, 하지만 그것들보다 늘 광범위한 어떤 우산〔상위 범주〕에 포섭되는 방식이 아니라 다른 방식으로 서로 연결된다면, 어디에 선을 그어야 하는가? 만물은 항상 우산보다 많기에 만물을 포괄할 만큼 큰 우산은 없다고 판단하기 때문이다.

이제 막 우리는 이 장의 제목을 이해했다. 철학자들이 우발성 contingency이라고 부르는 것과 언어학자들이 환유metonymy라고 부르는 것에 근거하여 사물을 조직하는 방법에 도달한 것이다. 달리 말해, 우리는 자신에게 말 그대로 이렇게 말하기 시작했다. "다리뼈는 엉덩이뼈와 연결되어 있어. 엉덩이뼈는 의자 뼈와 연결되어 있고. 그리고 의자 뼈는 감옥 의자 공장 뼈와 연결되어 있어. 감옥 의자 공장 뼈는 유독성 폐기물 더미 뼈와 연결되어 있어. 유독성 폐기물 더미 뼈는 생물권 뼈와 연결되어 있지. 그리고 생물권 뼈는 바우어새 뼈와 연결되어 있고(보다시피, 더 작게 나아갈 수도 있고 더 크게 나아갈 수도 있다). 바우어새 뼈는 열대우림 뼈와 연결되어 있어. 열대우림 뼈는 지구 뼈 주위의 전자기 차폐와 연결되어 있지. 그리고 지구 뼈 주위의 전자기 차폐는 지구 뼈의 회전하는 철심과 연결되어 있어. 그리고 지구 뼈의 회전하는 철심은 철이 형성된 초신성 뼈와 연결되어 있지…." 가장자리도 중앙도 없는 이 상호연결을 프랑스 철학자 조르주 바타유Georges Bataille는 일반 경제general economy라고 불렀다.[6]

여기서 "경제"란 단순히 "사람들이 돈을 다루는 방식"을 말하는 것이 아니다. 사람들이 자신의 향유를 조직하는 방식, 사물을 교환하고 순환시키는 방식(기타 등등)을 의미한다. 우리가 흔히 삶의 순환

---

[6]  Georges Bataille, *The Accursed Share: An Essay on General Economy*, trans. Robert Hurley, vol. 1 (New York: Zone Books, 1988).

이나 물의 순환에 관해 생각하는 방식, 그리고 재활용에 대해서 가지는 관념은 경제(상호관련된 행동들의 체계)를 "제한" 경제 혹은 한정 경제로 간주하는 것이다. 그러나 이런 경제들은 항상 그보다 더 일반적이고 흐트러진 가능성의 공간을 향해 열려 있다. 닫힌 체계는 그보다 더 크고 덜 체계화된 공간에 깃들어야 하기 때문이다. 닫힌 체계는 이 공간 안에서 다양한 상태를 가질 수 있지만, 모든 가능한 상태를 가질 수 있는 것은 아니다. 제한경제는 커스터드에 들어 있는 덩어리들과 같다. 그 덩어리들은 커스터드로 만들어졌으며, 쉽게 뭉개져서 그보다 부드러운 일반 커스터드 혼합물로 돌아갈 수도 있다.

도대체 지상 어디에서(그리고 마찬가지로 천상 어디에서) 이러한 연결의 외파를 멈출 수 있을까? 멈출 수 없다면, 그것이 문제인가?

우리가 이야기하는 것은 **연관의 외파**context explosion이다. 흥미로운 것은, 인문학에서 연관 비평〔맥락주의 비평〕은 대개 이 외파를 억제하는 데에 혈안이 돼 있다는 점이다. 학자들은 문화적 생산물을 설명하기 위해(종종 설명해서 내버리기 위해) 그것을 그것이 이루어진 시대, 국가, 집단과 연결한다. 아니면, 작가의 생애와 연결한다. 아니면, 작가의 모국에서 그 당시 (인간의) 경제적 관계들의 상태와 연결한다. 이 모든 것은 사물, 사람, 사건을 이해하는 데에 중요한 정보이지만, 지식이나 이해가 그 안에 머물러야 할 경계를 제시하는 것은 아니다. 우리는 아무리 많은 정보를 축적한다고 하더라도, 단 한 권의 책도, 단 하나의 사상도, 단 한 점의 그림도 총체적으로 이해할 수 없다. 그에 비해 생태적 의식을 지닌 비평은 잠재적으로 무한하고 중첩되는 연관들로 이루어진, 현기증 나는 심연을 열어 준다. 그러므로 그 모든 것을 지배할 수 있는 단 하나의 연관이란 정의상 있을 수 없다.

## 종래의 전체론이 아니다

우리는 "생명의 거미줄" 같은 유형의 이미지를 다루고 있다. 다만 이전 절에서 일종의 논리적 등뼈를 가지고 그것을 보강했다. 이제 그 일이 끝났으니 전체(상호연결에 의해 형성된 "사물")를 그 부분들로 (적어도 아무렇지도 않게) 환원할 수 없음을 이해하는 지점에 도달했다. 그러나 부분들을 전체로 환원할 수 없다는 점도 깨닫는다. "환원"은 "작은 조각들로 부수는 것"이 아니다. 물질적 전체는 분명 그 것의 부분들보다 크다. 우리가 말하는 "환원"은 "더욱 실재적이라고 생각하는 어떤 것을 기준으로 설명해서 내버리는 것"이다. 이것이 의미하는 바는, 자, 전체는 항상 **부분들의 합보다 적다**less는 것이다.

잠시만. 말도 안 된다! 평생 우리는 전체가 항상 부분의 합보다 더 **크다**greater고 말해 오지 않았던가? 그것이 푸른 구슬 사진의 요점이 아닌가? 우리가 전체로서의 지구에 마음 쓰지 않는다면 지각 위를 구불구불 움직이는 작은 사물들이 모두 사라진다는 것이 아닌가? 그리고 이것은 지구가 구불구불 움직이는 사물들(푸른 고래, 인간, 점균류)보다 더 중요하다는 것, 실상 더 **실재적**이라는 뜻이 아닌가? 무슨 일이 벌어지고 있는 건가?

지금 벌어지고 있는 일은 논리를 활용하는 것이다. 우리가 증명하지 못하면서 노상 하는 말을 끊임없이 리트윗하는 일을 그만두기 위해서. 그 말은 전체가 항상 그 부분의 합보다 크다는 것이다. 나로서는 늘 신비롭게 들리던 것인데, 어쩐지 우리는 줄곧 그것이 진실인 양 말하고 있다. 그것은 믿음이다. 그리고 많은 것에 영향을 미친다. 우리는 의식이 이를테면 "부분들의 웅웅거림", 즉 모든 뇌 발화들의 작동으로부터 창발한다고 여길 수도 있다. 철학과 인공지능 과학에서 이와 같은 생각은 일반적이다. 지능이나 의식이 어떤 식으로든, 가령 소프트웨어에 의해서, 생산될 수 있다는 생각. 카를 마르크스는 충분히 많은 기계가 집단적으로 웅웅거리며 돌아가는 것으로부터 본격적 자본주의가 창발한다고 여긴다. 충분히 많은 기계가 연결되어서 웅웅거리면, 펑! 산업자본주의가 튀어나온다는 것이다. 생태철학자들도 가이아Gaia에 대해 분명히 이렇게 생각한다. 과학자 제임스 러브록James Lovelock이 처음으로 주장했듯이, 이때 가이아라는 다소 인격화된 전체는 탄소 순환이나 질소 순환 같은 지구 시스템의 작동으로부터 창발하는 것이다.[7]

그렇지만 그렇게 생각해야 할 이유는 없다. 물론 사물들의 집합

---

[7] James Lovelock, *Gaia: A New Look at Life on Earth* (Oxford and New York: Oxford University Press, 1987).

을 그릴 때 그 사물들을 둘러싸도록 그리는 원은 항상 그 집합보다 클 것이다. 물리적으로는 그렇다. 그렇지 않으면 그 사물들을 포함할 수 없을 것이다. 하지만 이런 그림의 외양과 그림의 논리적 의미는 다르다. 모든 것이 같은 방식으로 존재한다면, 이는 전체도 그 부분들과 같은 방식으로 존재한다는 의미이고, 이는 전체보다 부분들이 항상 많다는 의미이며, 이는 전체가 그 부분들의 총합보다 항상 적다는 의미이다. 이렇게 생각하면 유치할 정도로 간단하다. 그런데 왜 이렇게 받아들이기 어려운 것인가?

그것은 일신교의 유산과 관련이 있다. 우리는 설령 신을 믿지 않거나 불가지론자일지라도 일신교의 개념들을 끊임없이 리트윗한다. 달리 말하면, 우리가 믿는 것과는 달리, 우리의 개념들은 일신교의 형태를 띠고 있다. 내가 (전체가 항상 부분들의 합보다 크다는) **외파적 전체론**explosive holism이라고 부를 이런 유의 전체론은 늘 이런 식이다. 신은 편재하고 전지하므로 자신이 창조한 우주의 부분들의 합보다 월등히 클 것이다. 아니면, 맹렬하던 초기의 미국식 설교를 떠올려 보자. "우리 모두 진노하신 하나님의 손에 있는 죄인이라."[8] 신은 지극히 높으므로 넘을 수 없다. 신은 지극히 넓으므로 벗어날 수 없다. 나의 신은 너의 신보다 크다.

진노한 신의 손에 있는 죄인이라는 관념으로 요약된다. 우리는

---

[8] 조너선 에드워즈Jonathan Edwards의 유명한 설교(1741)의 제목.

작다. 더욱이 **존재론적으로** 작아서, 우리는 신만큼 중요하지 않다. 물론 지구에서는 신의 대리자인 사람, 즉 왕이 우리보다 더없이 중요하다. 왕과 신들은 (신석기의) 초기 농경사회에 출현했다. 정착하여 농사를 짓기 시작하면, 자신이 들어 있는 정태적인 사회적 공간의 이미지, 즉 "국가"의 개념을 얻는다(수렵채집민은 사물을 이런 식으로 조직하지 않을 것이다). 이 사회적 공간은 틀림없이 우리가 차지하는 공간의 작은 부분보다 커 보일 것이다. 그리고 엄밀한 사회적 계급이 있다. 그것은 신석기시대가 시작된 후 얼마 지나지 않아 가부장제와 함께 출현했다. 분업도 있다. 왕은 왕이고, 누구는 대장장이고, 저기 있는 사람은 참깨 장사꾼이다. 우리 모두 함께 전체를 구성하는데, 이 전체는 부분의 합보다 훨씬 "크게" 보인다. 그러나 이는 기껏해야 하나의 미학적 이미지일 뿐이다. 일신교, 왕, 분업을 갖춘 현존하는 사회구조에 대한 일종의 거대한 압축인 셈이다. 흡사 극히 저해상도의 제이페그처럼.

그러나 우리 세계에는 전체가 그 부분들보다 적다는 관념에 따라 작용하는 것이 많다. 예를 들어, 미국 세법에서는 기혼일 경우 두 사람을 한 사람 반으로 계산한다. 결혼하면 4분의 3의 사람이 되는 것이다. 여기에는 어떤 심오한 심리적 진실이 있다. 연결된다는 것은 기이하게 적어진다는 의미이다. 그 이유는 우리가 열려 있고 우리의 자아가 이런 식으로 적어지기 때문이다.

어쩌면 어떠한 관계건 이럴지도 모른다. 그리고 어쩌면 그것이 우리가 결혼에 대해 잘못 이해해 온 것일지도 모른다. 서양에서는 사물이 존재하려면 지속적이어야 한다고 생각할 것이다. 철학에서는 현전의 형이상학이라고 한다. 따라서 결혼은 영속해야 한다고 생각한다. 우리는 결혼이 파탄에 이르면 틀림없이 무언가 잘못됐다고 생각한다. 그렇지만 관대하다면 모든 관계가 서로 다름을, 어쩌면 모든 관계가 유한함을 깨닫게 된다. 이 통찰에 무한과 영속을 구별하는 방법을 더한다면 어떨까? 결혼은 무한히 깊으면서도 영속하지 않을 수 있다. 프랙탈 모양을 생각해 보자. 실제 현실에서는 그렇지 않더라도 수학적으로 말하면, 이 모양은 무한한 부분을 가질 수 있다. 하지만 그것은 손으로 잡을 수 있다. 어쩌면 이것이 시인 블레이크가 의미했던 것일지도 모른다. 그래서 그가 쓴 것은 전혀 신비로운 것이 아닐 것이다. "한 알의 모래에서 세계를 본다… 손바닥으로 무한을 잡는다."[9]

블레이크는 농경시대의 종교가 얼마나 억압적일 수 있는지 그 위험성을 이해하고 있었다. 같은 시에서 그는 당시 전쟁 중인 영국이 끔찍하게 파괴된 상황에 대해 다음과 같이 읊는다. "주인집 대문 앞 굶주린 개는 / 나라의 패망을 예견한다."[10] 이 시구는 우리가 생각하고 있는 것을 그대로 이야기하고 있지 않은가? 지금 사물들이 존재하는 방식에 따르면, (우리의 집 안에는 고사하고) 국가의 관념 안에는

---

[9] William Blake, *Auguries of Innocence: The Complete Poetry and Prose of William Blake*, ed. David V. Erdman (New York: Doubleday, 1988), lines 1–3.

[10] William Blake, *Auguries of Innocence: The Complete Poetry and Prose of William Blake*, ed. David V. Erdman (New York: Doubleday, 1988), lines 9–10.

비인간들을 위한 방이 부족한 듯하다. 그렇지만 우리는 어쨌든 그것들을 소유한다. 그리고 그 소유를 넘어서 그것들은 우리 세계의 부분이고, 우리가 건조한 공간을 차지하고 있다. 그래서 나의 거리에는 히비스커스 꽃도 있다. 내가 사는 휴스턴의 부서진 콘크리트를 뚫고 움튼다. 어쨌든 그 꽃들은 여기 있다. 우리가 초대하지 않았을지라도.

아마도 그것은 인간이 건설한 공간, 즉 "문명"이라고 불리는 공간 대부분에서 잘못된 점일 것이다. 부랑자처럼 서성이거나 콘크리트 틈새로 움트는, 이미 여기 있는 존재들을 수용하지 않는 것. 이 비인간들은 불청객 같다. 불청객이 사람인 경우, 우리는 환대의 규칙을 따른다. (그들이 적대적이지 않다면) 환영하며, 자기가 온 것이 우리에게 방해가 되었다고 느끼지 않게 배려한다. 하지만 불청객이 비인간인 경우의 예절은 어떠한가? 자, 이제 우리는 아마도 우리의 관습과 규칙을 다시 논의할 지점에 도달한 것 같다. 적어도 얼마간의 비인간을 포함하도록 말이다.

사물이 존재하는 방식은 그 사물이 다른 사물들에게 나타나는 방식과 함께 으깨져 있다. 나무가 그것이 있는 숲과 연결된 것은 단지 그 나무가 측량 가능한 방식으로 숲 "속에" 있기 때문만은 아니다. 나무는 숲과 관계 있다. **숲의 부분임**은 나무가 나타나는 방식 중 하나이다. 임상林床에서 영양분을 빨아들이고, 주변 나무들과 소통하며, 다람쥐에게 집이 되는 것이다. 그러므로 우리가 바로 전에 망치에 대해 생각한 것, 그리고 딱딱해진 소시지로 정식 망치를 대신하는 것을 나무에 적용한다면, 숲에 있음은 나무임을 소진하지 않는다는 것을 알 수 있다. 그것은 나무가 그것일 수 있는 하나의 사물일 뿐이다.

온갖 종류의 논리적 문장도 사물이다. 논리적 문장은 (우리는 여전히 잘 모르지만, 만일 뇌가 그것을 가지는 것이라면) 나의 뇌가 그것을 가지는 것과 무관하게 존재한다. 하지만 논리적 문장은 내가 거기 "몰입"하는 한에서 내 "안"에서 나타난다. 이것과 똑같은 방식으로, 나무는 그저 숲의 증상에 불과한 것이 아니다. 그것은 나무가 그것일 수 있는 하나의 사물에 불과하다. 사물은 사물에 대한 해석과 얽혀 있지만, 그 해석과는 다르다.

날씨는 그저 기후의 증상에 불과한 것이 아니다. 비는 아침 7시 30분에 학교까지 아들을 바래다주는 나의 셔츠 등 부위에 느껴지는 짜증나는 냉감冷感이 될 수도 있다. 비는 우리 집 발코니에서 울어 대는 담갈색 비둘기에게 훌륭한 목욕물도 될 수 있다. 비는 상쾌한 음료도 될 수 있다. 그렇지만 비는 분명히 기후로 인해 야기된다. 이 나무는 분명히 이 숲의 부분이다. 이러한 생각은 분명히 그 생각을 생각하는 사람, 나 티머시 모튼의 특징을 이루는 사물이다.

사물들은 우리가 생각하는 것보다 훨씬 많이 함께 으깨져 있기도 하고 훨씬 뚜렷이 분별되기도 한다. 생물권은 그것의 부분들로 이루어져 있다. 하지만 그 부분들과는 뚜렷이 분별된다. 나아가 이것은 그 부분들을 생물권으로 "상향" 환원할 수 없다는 뜻이다. 나아가 이것은 우리가 생물권 같은 사물을 생각해 온 방식이 대단히, 아주 대단히 잘못되었다는 뜻이다. 다시 말해, 우리는 이러한 사고방식을 전체론이라고 부르는데, 전체론의 일반적인 의미는 전체가 항상 부분의 합보다 크다는 것이다. 부분은 마치 소금이 물에 녹는 것처럼 전체에 완전히 삼켜진다. 그런데 소금 용액도 마찬가지지만, 사물은 실제로는 이런 방식으로 작동하지 않는다. 한 방에서 음을 연주하는 피콜로와 첼로를 생각해 보자. 하나는 끽끽거리는 높은 음이고, 다른 하나는 우단처럼 부드럽고 낮은 음이다. 두 가지 음은 어떻게든 서로 뭉개져서 피콜로와 첼로의 독특함을 상쇄하는 일종의 혼합물을 형성하지는 않는다. 피코첼이나 첼로픽이나 그 둘에서 만들어지는 어떤 다른 것도 없다. 하지만 소리는 서로 연결되어 함께 화음을 이룬다. 그 화음은 뚜렷이 분별되고 뚜렷이 분별되는 효과들을 지닌다. 금속성이고 숨소리가 섞인 피콜로의 음색과 목질이고 까끌까끌한 첼로의 현악기 음색이 있다. 두 가지 재료로 하나의 칵테일을 만드는 것처럼 말이다. 칵테일의 맛은 그것을 이루는 위스키나 비터즈의 맛과 다르다. 하지만 칵테일을 섞는다고 해서 위스키가 없어지는 것은 아니다. 위스키의 작용은 칵테일로 완전히 소진되지 않는다.

전체는 부분의 합보다 크지 않다. 사실 전체는 부분의 합보다 적다. 도무지 말이 안 되는 것처럼 들리기에, 몇 번 더 생각해 볼 것이다. 그렇지만 이해하기만 하면 정말 훨씬 쉬운 사고방식이다. 그리고 훨씬 멋진, 특히 부분들에게는 훨씬 멋진 사고방식이다. 우리의 경우에는, 그러니까 생태의 경우에는 북극곰과 산호에게 훨씬 멋진 사고방식이라는 의미이다. 일반적 형태의 전체론은 사실은 기계론이다. 생태적 사고가 종종 위장한 군인처럼 기계를 멋진 녹색 옷으로 변장시키지만 말이다. 여전히 그 군인은 총을 가지고 있고, 우리를 죽일 수도 있다. 부드러운 녹색 조각들로 이루어진 기계도 여전히 기계이다. 기계라는 사물에서 부분들은 교체할 수 있다. 시동 모터가 고장 나면 새것으로 바꿀 수 있다. 구성 요소 자체는 중요하지 않다. 그러나 생태적으로 말하자면 이것은 대단히 위험한 관념이다. 개별 종은 중요하지 않다. 중요한 것은 전체의 이익이다. 하지만 전체와 부분이 뚜렷이 분별되므로, 전체가 부분을 완전히 삼켜서 용해시켜 버리지 않는다면 부분은 매우 중요하다.

나는 우리가 일반적 형태의 전체론을 아무 생각 없이 그저 받아서 다시 넘겨주고 있다고 생각한다. 우리가 그러는 이유는 그리운 농경시대의 유신론을 이런 식으로 재생산하기 때문이다. 나의 신은 너의 신보다 더 크고 더 굉장하다. 사물들이 서로 연결되어 있을 때 그 사물들은 잊고 그저 강력한 존재, 즉 사물들이 만들어 내는 네트워크에만 초점을 맞출 수 있다면, 멸종쯤은 무시할 수 있다. 멸종할 이 생명체 대신에 다른 무언가가 나타나서 똑같이 작동할 것이다. 생물권은 엄청난 규모의 지구온난화에도 살아남으리라 생각되는 생명체인 해파리로도 잘 작동할 것이다. 하지만 흰동가리, 산호초, 혹등고래, 바다수세미는 없다. 그렇다고 누가 마음 쓰겠는가? 삶은 계속된다. 그런 것을 삶이라고 부른다면, 나는 그런 것과 관계하고 싶지 않다.

지금 우리 머릿속에 떠오르는, 우주에서 본 지구 이미지는 무언가 말해 준다. "세계가 우리 손안에 있다"라는 느낌을 주는 그 작고 푸른 구슬은 그것을 구성하는 산호나 북극곰(기타 등등)과는 다르다. 분홍색 자몽이 아니다. 녹색 수정도 아니다. 푸른색 구슬이다. 그것은 구체적이고 내재적인 특성이 있다. 그리고 사진에서 그런 것처럼 그것의 부분들보다 **작다**. 물리적으로 작다는 뜻이 아니다. 그것을 측정해 보면 확연히 훨씬 크다. 지구 전체이기 때문이다. 내 말은 **존재론적으로** 작다는 뜻이다. 존재론적이라는 말은 존재와 관계 있다는 의미이다. 정확히 그것이 나타나는 방식과 관계 있다거나, 화면에서 가리키거나 자로 재거나 혀끝으로 닿을 수 있는 데이터와 관계 있다는 의미가 아니다. 지구는 한 개이다. 북극곰 한 마리도 한 개이다. 북극곰과 산호초와 앵무새는 많다. 생물권은 한 개이다. 간단하다. 전체는 그 부분의 합보다 적다. 전체는 한 개이지만, 부분은 여러 개이기 때문이다. 또 사물은 존재한다면 같은 방식으로 존재하기 때문이다. 설명해 보겠다.

사물은 무엇이건 같은 방식으로 존재한다는 관념은 **평평한 존재론**이라고 불린다. 처음에는 좀 기묘하지만, 장담컨대 부담을 덜어 줄 것이다. 그리고 어떤 관념을 고수하는 데서 생기는 수많은 비틀린 역설을 제거한다. 그 관념이란 지금 논의하는 의제의 항목을 예로 든다면, 어떤 사물은 다른 사물보다 덜 실재적이라는 관념이다. 이 사물은 그 다른 사물로 환원할 수 있기 때문이다. 가령 그것의 부분들로 환원하거나, 그것이 그 부분들인 전체로 환원할 수 있다. 예컨대 우리가 우리 자신을 이루는 원자들이 인격으로서의 우리 자신보다 더 실재적이라고 생각한다면, 그 원자 수준으로부터 우리의 인격성이 어떻게 생겨나는지 설명해야 할 것이다. 하지만 그것은 사실상 불가능할 것이다. 그리고 원자들은 어떻게 생겨나는지 설명해야 한다는 문제도 있다. 하지만 가장 중요한 것은 다음을 정당화해야 한다는 점이다. 우리의 "실재" 관념에 따르면 왜 원자가 (말이나 인간과 같은) 중간 크기 사물보다 "나은" 방식으로 실재적인가? 과학은 결단코 원자가 토마토보다 더 실재적이라고 주장하지 않는다. 과학은 존재론의 오만함을 자제한다.

이것이 사물이 연결되는 방식이다. 사물은 어느 화창한 일요일 오후의 응접실에서 피콜로와 첼로에서 흘러나오는 음들처럼 서로 연결되어 있다. 사물들은 서로 분별되고, 그것들이 부분인 전체도 분별된다. 사물들은 재료가 완전히 용해되어 버린 밍밍한 스튜처럼 서로 연결되는 것이 아니다. 현대 물리학도 이렇게 말하기 시작했다. 고무적인 일이다. 전자가 있고 전자에 질량을 주는 힉스 보손도 있다. 그러나 전자는 힉스 보손으로 환원할 수 없다. 아마도 만물에 공간을 주는 중력자들로 이루어진 거대한 바다가 있을 것이다. 하지만 이 모든 것이 작동하는 방식은 전자가 힉스장이라는 훨씬 큰 바다 안에 있는 작은 바다와 같다는 것이다. 이 작은 바다들은 분별된다. 그것들은 양성자가 아니다. 하지만 더 일반적인 장의 부분이기도 하다. 양성자도 마찬가지이다. 이는 루트비히 판 베토벤이라는 특정인의 교향곡 5번이라는 특정 곡을 연주하는 특정 관현악단이 있고 그 안에 특정 악기들이 있다고 말하는 것과 같다. 첼로는 피콜로가 아니고 피콜로는 트럼펫이 아니며 트럼펫은 팀파니가 아니다. 그리고 빈 필하모닉 오케스트라가 아니라 로열 필하모닉 오케스트라이다. 작곡가 구스타프 말러가 아니라 베토벤이다. "음악"이라 불리는 진흙이 있고 베토벤 음악은 그저 특별한 형태를 가지는 이 진흙의 덩어리일 뿐인 것은 아니다. 생물권은 만물을 그것으로 환원할 수 있는 진흙이 아니다. 그런 식으로 생각하는 것은 끔찍할 것이다. 그리고 매우 복잡할 것이다. 그런 식이었다면, 참나무는 어떻게 판다와 다를 수 있었을까? 그것들이 어떻게 회색 진흙에서 출현할 수 있었을까?

부분, 전체, 특정, 일반과 같은 단어에는 문제가 있다. 어떤 면에서 전체는 특정 사물들의 일반화가 아니라, 실은 또 다른 종류의 특정 사물이다. 이는 전체와 그 부분들 사이에 기묘한 간극이 있음을 의미한다. 또다시 존재론적 간극이다. 열대우림의 거대한 나무들과 대비되는, 기묘하게 작고 연약한 푸른 구슬이라는 지구 이미지에서도 이것을 감지할 수 있다. 이 두 이미지 사이에는 급작스러운 관점 도약이 있다. 카메라가 매끄럽게 줌인하여 푸른 구슬 안의 열대우림의 나무를 보여 주는 것도 상상할 수 있으리라. 환경주의의 수많은 이미지는 실제로 이렇게 작동한다. 그러나 이것은 저 존재론적 간극을 매끄럽게 덮으려는 시도일 뿐이다. 그보다는 다양한 척도 사이에는 항상 양자 도약과 같은 급작스러운 도약이 있다고 생각하는 편이 나을 것이다. 사물과 그 부분들 사이에는 존재론적 도약이 있기 때문이다. 원자들이 유정하다고 가정해도, 물이 끓는 주전자 속의 원자들은 주전자 주둥이에서 나오는 매끄러운 수증기 흐름 같은 것은 경험하지 못할 것이다. 그들의 전자는 낮은 궤도와 높은 궤도 사이에서 무작위로 급작스럽게 도약한다. 매끄러움의 미학은 잘못일 것이다. 어쩌면 그것은 우리가 거대한 기계 내부에 있는 듯 느끼게 하는 것의 부작용일 수도 있다. 그리고 신과 같은 카메라는 우리에게 신이 창조한 세계를 모두 내려다보는 전율을 선사한다. 우리는 무척 매끄럽게 줌인하고 줌아웃할 수 있기에 모든 구성 요소를 자유자재로 검사하고 교체할 수 있는 것처럼 느낀다. 전능의 느낌이다. 그런데 지금까지 이런 관념은 우리와 다른 생명체에 대해 어떻게 작용해 왔는가?

"양자 도약quantum jump"이라는 느낌은 훨씬 정밀하다. 경험적으로 말이다. 그래서 현실의 심오한 특징 때문에, 사물이 분별되고 독특하기 때문에 이런 도약이 생긴다고 생각하게 된다. 우리가 비행기 안에 있다고 해 보자. 비행기는 하강하고 또 하강하다가 갑자기 휙 하더니 착륙 직전이다. 땅에 연결되기 시작하면서, 전혀 다른 느낌, 아마도 아드레날린이 많이 주입되고 메스꺼운 느낌을 느낄 것이다. 막연히 더듬더듬 살아가다가 갑자기 휙 하더니 결혼도 하고 아이들도 있는 모습이 된다. (우리가 앞서 만난) 데이비드 번이 "음, 어쩌다 여기까지 온 거지?"라고 묻는 것처럼.[11] 이전 장에서 보았듯, 그 으스

---

11  다음 곡의 가사, Talking Heads, "Once in a Lifetime," *Remain in Light* (Sire Records, 1980).

스한 전치<sup>轉置</sup>의 느낌은 추가 선택사양이 아니다. 그것이 유일하게 활용할 수 있는 가능성이다.

중요한 것은 우리가 이미 여기 왔다는 것이다. 이 깨달음은 우리에게 생태적 행동이란 어떤 모습인지에 대한 실마리를 제공하고, 이 실마리는 다시 우리에게 생태윤리와 생태정치를 평가할 실마리를 제공한다. 그것이 다음 장에서 진행할 방식이다.

# 조율

생태적 조언의 전달 방식에 대해 생각해 보자. 승용차 덜 타기, 지역에서 만든 물건 사기, 에너지 절약하기 등등 우리가 누구이 듣는 모든 통상적인 "해야 할 일"에 대해 생각해 보자. 우리는 개인적으로 훈계를 들을 수도 있다. 기분이 나빠져서 습관을 바꾸도록 독촉하는 것이다. 습관을 바꾸면 다른 사람들이 우리를 다르게 생각하리라고 생각하기에 어쩌면 기분이 나아질 수 있다. 아니면, 강연을 들을 수도 있다. 그러면 무력감을 느끼게 된다. 혁명을 비롯한 거대한 정치적 변화에 관한 생각은 꽤 영감을 주지만, 그에 대한 저항이나 제약에 관한 생각도 떠오르기 때문이다. 힘을 지닌 실세는 너무 막강해서 혁명은 늘 거기 흡수되어 버린다. 어쩌면 한 마디로 혁명은 불가능하다. 그것이 중요할 모든 척도에서 그렇다. 간혹 이런 생각이 든다. "정말? 사람들을 많이 모아서 당장 혁명을 일으켜야겠다. 그러면 북극곰과 연결될 수 있겠지?"

하지만 다른 생명체의 감각적 존재를 의식하는 데에 꼭 거대한 관념이나 행동이 필요한 것은 아니다. 그냥 자기가 사는 지역의 화원에 가서 식물의 향기를 맡아 보는 것은 어떨까?

생태적 삶을 시작하려면 무엇을 "해야 하는가" 같은, 이 줄기차고 특수한 미래지향은 왜 일어나는가? 이것은 윤리와 정치에 대한 생태적 사고가 갇힐 수 있는 일종의 중력 우물이다. 우리는 미래를 생각하면서 현재와 철두철미 다르다고 생각한다. 자신이 당장 마음가짐을 바꾼다면 정말로 변화를 가져올 수 있다고 생각한다. 농업종교의 노선대로 생각하는 것이다. 농업종교는 주로 농업적 위계질서를 유지하기 위해 설계된 것이다. 우리는 어떤 초월적 원리를 향해 올바른 태도를 갖추려 한다. 다시 말해, 선과 악, 죄와 구원이라는 언어 내부에서 움직이고 있다. (유대교, 기독교, 힌두교 등등의) 농업종교는 암묵적으로 위계적이다. 최상위 계급과 최하위 계급이 있다. 그리고 〔그리스어로 '성스러운 지배'를 뜻하는〕 위계hierarchy라는 단어 자체가 사제의 지배를 의미한다. 생태적 행동의 틀을 이렇게 만들면 중력 우물로 제대로 빨려 들어간 것이다. 그 우물 아래는 그다지 생태적인 공간이 아니다. 여러모로 별 도움이 되지 않는다. 이를테면, 개인적으로 죄책감을 느낄 이유는 전혀 없다. 우리의 개인적 행동은 통계적으로 그다지 의미가 없으므로.

우리는 생태적 미래가 (적어도 이런 방식으로) 근본적으로 다를 것이라는 틀을 짤 필요가 없다. 독자 중 일부는 이 책을 덮고 싶은 유혹을 느낄지도 모른다. 이미 나를 신자유주의처럼 '방 안의 코끼리'를 다루기를 외면하는 정적주의자靜寂主義者로 단정하고 있으니. 완전히 틀렸다. 지금 나는 바로 코끼리를 어떻게 다루어야 하는지 말하고 있으니. 지금까지 코끼리를 다루는 모든 방식이 지구(그리고 거기 사는, 인간을 포함한 모든 생물체)에 그리 유익하지 않았음을 생각해 보자. 다소 망설이고 깊이 생각하고 성찰하는 것은 잘못이 아니다. 하지만 반지성주의는 지성인들이 좋아하는 취미이다. 생태 관련 학술회의가 끝날 때쯤이면 누군가가 "그런데 우리는 무엇을 해야 하지요?"라고 말하는 경우가 많다. 며칠 동안 의자에 앉아 생각하고 말하기만 한 데에 대한 죄책감(그리고 어쩌면 며칠 동안 의자에 앉아 있어서 생기는 순전히 육체적인 불만) 때문이다.

나는 사뭇 다른 접근법을 취하고자 한다. 우리는 이미 생태적이라고 설득하고 싶다. 그리고 이것을 사회적 공간에서 표현하는 것이 꼭 근본적이고 종교적인 다른 무언가를 함축하지는 않는다는 점을 설득하고 싶다. 하지만 아무것도 변하지 않는다는 것도 아니고, 우리가 생태적임을 자각해도 우리에게 달라지는 것은 없다는 것도 아니다. 무슨 일이 일어나는지 설명하기는 어려워도 분명 무슨 일인가 일어나고 있다. 흡사 누군가가 아주 날카롭고 그래서 감지할 수 없는 메스로 우리의 존재를 베는 것과 같다. 온몸에서 피가 나기 시작한다. 그런 느낌이다.

몇 년 전에 잡지 인터뷰에 응한 적이 있다. 인터뷰 진행자가 '악마의 변호인' 유형의 질문을 하도 많이 해서, 그 질문 중 상당수는 그런 유형의 질문이 아니라는 생각이 점점 들기 시작했다. 그리고 그 사람이 생태적 행동이라는 관념을 정말 싫어한다는 생각이 들기 시작했다. 그를 어떻게 설득할지 궁리했다. 그러고 나서 설득이라는 방식이 그의 입장에 대처하는 데에 가장 좋은지 의문이 들었다. 조금 전에 설명했듯, 설득이라는 방식에는 일부 오류가 있을 수 있다. 이런 오류가 유래하는 종교적 담론들은 원래 어느 정도는 인간과 비인간 사이에 거대한 방화벽을 설치하는 것을 정당화하려고 만든 것이다. 벽 이쪽에는 소가 있고 저쪽에는 개구리가 있다. 이쪽과 저쪽의 경계 공간에는 매력적인(어쩌면 수상한) 고양이가 있다. 생태적 행동이 그러한 방화벽을 허무는 것과 관련됨은 명약관화하다.

그때 문득 어떤 생각이 났다.

내가 물었다. "고양이 키우시나요?"

"네"라고 그가 대답했다. 아마도 간단하지만 모호한 질문에 살짝 당황한 것 같았다.

"고양이 쓰다듬는 걸 좋아하시나요?"

"물론이죠."

"그러면 기자님도 이미 별 이유 없이 비인간 존재와 관계하고 계신 거예요. 이미 생태적이신 거죠."

기자는 썩 내켜 하지 않았다. 통념상 생태적이라는 것은 수도자가 되는 것과 유사한, 어떤 특별하고 다른 존재 방식이다. 이런 특별한 존재 방식을 타오르게 하는 연료인 행동의 이론에는 케케묵은 종교적 분위기가 있다. 이제 완전히 다른 접근법을 고려해 보자.

내가 한 말에서 "별 이유 없이" 부분을 이해하는 데에는 시간이 좀 걸릴 것이다. 그리고 "관계하다"가 정확히 무슨 뜻인지 알아내려면 시간이 좀 걸릴 것이다. 이 두 가지는 모두 내가 조율tuning이라고 부르려는 개념과 관계 있다. 내가 보기에 우리는 이미 생태적이다. 의식적으로 알아차리지 못할 뿐이다. 그리고 우리 중에서 자신이 생태적이라고 말하는 사람도 비인간 존재와의 비폭력적 공존과 무관한 방식으로 그렇게 말하는지 모른다. 나는 대체로 생태윤리와 생태정치의 의미가 이런 비폭력적 공존이라고 생각한다. 비폭력이 자이나교만큼 극단적일 필요는 없다. 아마도. 그리고 비폭력이라고 해서 완벽하다거나 순수한 척할 수도 없을 것이다. 여기에는 모호한 점이 있다. 상어는 우리를 잡아먹고 바이러스는 우리를 죽일 수 있기에 비폭력은 바이러스와 상어로부터 인간 자신을 보호하는 좋은 관념이기도 하기 때문이다. 더군다나 우리는 우리 관심의 그물이 얼마나 넓어야 하는지 미리 결정할 수 없다. 모든 생명체와 관련하여 모든 것을 알지 못하고, 이 모든 생명체가 어떻게 상호 관계하는지도 알지 못하기 때문이다. 나아가 우리 행동이 야기하는 또 다른 상호관계는 우리를 한층 더 얽히게 하기 때문이다. 이런 점에서 비폭력은 간단하지 않고 변동한다.

## 자유의지는 과장되어 있다

알아차리지 못했을지도 모르지만, 우리는 지나온 몇 페이지에서 우연히 어떤 윤리적이고 정치적인 진전을 이뤄 냈다. 우리가 확실히 알게 된 한 가지는, 전통적 환경윤리 및 정치를 동물권 윤리 및 정치와 결합할 수 있다는 점이다. 이 두 가지 담론은 본디 서로 유사해 보이지만, 어떤 사람들은 둘의 결합을 둥근 사각형처럼 불가능하다고 여긴다. 환경주의와 생태과학은 보통 개체가 아닌 개체군을 다루는데, 개체군은 〔동물권 윤리 및 정치에서 중시하는〕 개체와 매우 다르게 고찰되기 때문이다. 어떤 면에서 많은 동물권 비평가들은 이를 특정한 비인간 존재에 둔감한 것이라고 주장할지도 모른다. 가령 그 존재가 관리되고 통제되는 방식에 둔감하다는 것이다. 반면에 동물권 논의는 흔히 특정한 개별 생명체와 관련된다. 즉, 그것이 어떤 고통을 받는지, 어떤 대우를 받아야 하는지와 관련된다. 물론 개별 생명체는 다수로 존재하지만 말이다. 그러나 이 두 유형의 사고가 지니는 외관상의 초점 차이는 보기만큼 분별되지 않을 수도 있다. 이 차이는 우리가 탐구해 온 것, 다시 말해 전체와 부분을 생각하는 어려움과 관계가 있다. 환경(또는 생태계)으로 간주되는 것과 생명체(개체 동물)로 간주되는 것을 뚜렷하게 분별하는 문제를 고찰해 보자.

예를 들어, 우리는 생태계(그리고 이와 관련하여 생명체의 개체군)가 전체라고 생각한다. 즉, 그것에 기계적으로 연결된 부분들을 가지는 전체라고 생각한다. 부분들이 전체에 기계적으로 연결된다는 것은 대체 가능하다는 의미이다. 엔진 이상이 있는 경우 부품을 교체하면 수리가 끝난다. 과학은 윤리적으로 중립적이지만, 생태과학을 활용해 어떤 불쾌한 윤리를 정당화하는 일도 상상할 수 있다. 생명체가 멸종한다고? 괜찮다. 전체는 새로운 구성 요소를 생성해 그 자리를 대체할 것이다. 짐작할 수 있겠지만, 이런 생각은 동물보호단체에는 그다지 효험이 없다.

하지만 우리는 권리에 관한 이야기도 조금 해야 할 것이다. 전체와 부분을 정의하는 통상적 설명서에 정의된 대로, 기계적 전체와 분리된 개체 중 양자택일해야 한다면, 나는 둘 중 어디에도 관계하고 싶지 않다. 철학자 테오도어 아도르노Theodor Adorno 식으로 표현하자면, 이 둘은 실은 쪼개진 전체의 두 절반이다. 문제는 권리, 시민권, 주체성(그리고 이런 개념들과 관련된 언어)은 사물의 소유와 관계 있다는 것이다. 예를 들어, 개인의 권리는 재산권에 기반을 두므로, 이러한 권리가 있는지를 판정하는 하나의 기준은 우리가 우리 자신을 소유하는가이다. 하지만 모든 것이 권리를 가진다면 아무것도 〔다른 것의〕 재산일 수 없으며, 따라서 아무것도 〔그것을 소유할〕 권리를 가질 수 없다. 이렇게 간단하다. 지구 규모로 척도를 높인다면, 권리의 언어는 전혀 작동하지 않는다. 다른 문제도 있다. 전통적으로 누군가에게 권리를 부여하기 위해서는 그 누군가가 정말로 누군가라는 것을, 달리 말해, 그러한 존재가 자기 개념을 가진다는 것을 보여줘야 한다. 미국 법에서 예시를 끌어오면, 가엾은 침팬지는 기다려야 한다. 충분히 많은 인간이 침팬지에게 자기 개념을 겸허하게 인정해 줄 만큼 친절해질 때까지. 지금까지는 이러한 접근법이 침팬지를 비롯하여 대부분의 비인간 생물에 제대로 작동하지 않고 있다.

석유회사 셰브론에 대한 에콰도르의 대응이 매혹적인 이유가 바로 여기에 있다. 아마존 열대우림에 살던 3만 명의 에콰도르인은 셰브론에게 270억 달러 규모의 소송을 제기했다. 라고 아그리오 유전을 시추하면서 토양에 끈적거리는 기름이 스며들게 했다는 것이다. 2007년부터 2008년까지 에콰도르는 "자연의 권리"를 인정할 수 있도록 헌법을 개정했다.[1] 비인간 세계에 존재하고 재생할 권리가 있

---

[1] 에콰도르에서 벌어진 일을 이해하려면 조 벌링거Joe Berlinger 감독의 다큐멘터리영화 〈크루드 Crude〉를 감상하면 좋다. *Crude* (Entendre Films, Radical Media, Red Envelope Entertainment, 2009).

다는 의미이다. 이를 위태로운 의인화라고 여긴다면 지극히 안타깝다. 문제는 인간인 우리가 비인간을 권리의 언어에 담으려면 비인간을 우리가 쓰는 인간의 우산 아래로 데리고 들어올 수밖에 없다는 점이다. 그 어려움은 올바른 결정을 내리는 우리의 도구 자체가 대부분 이미 인간중심주의라는 화학물질에 오염되어 있다는 데에 있다. 이에 대해서는 다음에서 살펴볼 것이다.

영혼과 육체에 관한 중세 신플라톤주의 기독교 교리에 기초한 행위act와 행동behave의 구분은 우리가 (우리가 보기에 행위하는) 우리 자신과 (인형이나 안드로이드처럼, 우리가 보기에 행동할 뿐인) 비인간을 구별하는 방식을 규정한다. 그런데 우리는 신플라톤주의 기독교의 의미에서 영혼인가? 인격임은 어느 정도는 우리가 인격이 아닐 수 있다는 데에 대한 편집증과 관련되지 않는가? 이런 모호함을 제거하려면 무언가를 분리해야 하지 않을까?

또 다른 문제가 있다. 우리는 코끼리와 같은 비인간에게서 어떠한 감정을 관찰한다. 하지만 우리가 보기에 별로 "유용하지" 않은 감정들은 코끼리가 느끼도록 내버려 두지 않는다. 코끼리가 배고파 보일 때 배고프게 내버려 둘 수는 있지만, 행복해 보일 때 행복하도록 허용하기는 어려워한다.[2] 어떤 이유에선지 그것은 의인화일 테니까 많은 환경주의 사상가는 그러지 않으려고 애썼다. 나는 그러

---

[2] Carl Safina, *Beyond Words: What Animals Think and Feel* (New York: Henry Holt, 2015), 29.

지 않는 일이 불가능하다고 주장해 왔지만, 인간인 우리는 아무리 그러지 않으려 하더라도, 어떠한 다른 생명체와도 어떤 인간적 방식으로 관계하기 때문이다. (배고픔과 관련된) 순전한 생존이 (행복 같은) 존재함의 어떤 질보다 더 "실재적"이라고 생각하는 것은 흥미로운 일이다. 그저 생존하는 것이나 배고픔이 이른바 "실재적"이라는 것, 다시 말해 인간임과는 별 관련이 없다는 것은 우리에 관해 말하는 바가 많다. 그것이 우리에 관해 말하는 바는 무엇이고, 코끼리는 차치하더라도 실지로 우리에게 어떤 작용을 하는가? 생존이라는 미명 아래, 즉 존재함의 어떠한 질도 무시하는 순전한 존재라는 미명 아래, 생태적 파국이 교묘하게 만들어져 왔다. 객관적으로 보면, 우리가 생태적 파국을 연출해 온 방식과 관련해, 이 기본값 공리주의는 다른 생명체는 물론이고 우리에게도 매우 해롭다. 이것이 모든 것을 말해 주지 않겠는가? 이런 것은 마치 핵심 운운하는 말투와 같다. 노동자들의 고통에 우리 기분이 언짢을 수는 있지만, 이익은 보전되어야 하고 기업은 존재하기 위해 계속 존재해야 한다. 이 두 가지 유형의 생각, 즉 생존과 핵심은 동의어이다.

환경적 접근이 개체보다 전체에 마음 쓰는 것이라면, 동물권 접근은 전체보다 개체에 마음 쓰는 것이라고 묘사할 수 있다. 우리는 교착상태에 빠진 것 같다. 그러나 두 접근법의 특징에 주목하라. "개체보다 전체에 마음 쓴다"라는 접근법과 "전체보다 개체에 마음 쓴다"라는 접근법은 무언가 공통점이 있다. 즉, 두 접근법은 비인간에 마음 써야 할 충분한 이유를 제시하려 애쓴다. 하지만 마음 써야 할 충분한 이유가 있다는 것이야말로 바로 큰 문제였다면 어떻겠는가? 조금 더 구체적으로 말해 보자. 동물권과 환경주의가 제시하는 이유는 환원주의적이다. 환원주의가 꼭 큰 사물이 그보다 실재적인 작은 사물들로 이루어진다는 의미는 아니다. 때로 작은 사물을 큰 사물로 환원할 수도 있다. 환경주의 접근은 전체가 그 부분들보다 실재적이라고(그래서 더 중요하다고) 묘사한다. 아니면, 〔동물권 접근에서는〕 부분들을 전체보다 더 실재적이라고(그래서 더 중요하다고) 묘사한다.

우리는 이 어려운 교착상태를 헤쳐 나갈 수 있다. 환경이라고 불리는 것이 단지 생명체와 그 생명체 유전자의 확장된 표현형임에 유념한다면 말이다. 거미가 치는 줄이나 비버가 만드는 댐을 떠올려 보면 알 수 있다. 이런 식으로 생각하면 전체와 부분을 이미 앞서와 다른 방식으로 생각하는 것이다.

그리고 사물을 그렇게 생각한다면, 생태계라고 불리는 것을 생각하는 것과 단일 생명체라고 불리는 것을 생각하는 것은 아무런 차이가 없다. 문제는 해결됐다.

전체와 부분을 이런 식으로 생각하는 것은 종래의 예술 감상 이론의 핵심 요소이다. 즉, 예술 작품은 전체이며, 이 전체는 많은 부분을 포함한다. 전체를 만드는 재료는 이런 부분 중 하나일 뿐이다. 예를 들어, 우리는 이런 부분에 예술 소비자의 해석 지평을 포함할 수도 있고 예술 재료들이 조립되는 연관을 포함할 수도 있다. 앞서 보았듯, 이런 연관은 매우 외파적인 관념이다. 이런 식으로 보면 전체보다 부분들이 많다는 것은 명백하다. 생태적 의식의 시대에 이 생각들을 모두 지배할 하나의 척도는 없다. 이는 예술과 예술 감상이 (예를 들어 칸트의 예술 이론 같은) 많은 예술론이 원하는 방식으로 가만히 머물러 있지 않는다는 의미이다. 그리고 예술을 판단할 수 있는 권위 있는 (인간중심적) 취향 기준이 단 하나도 없으므로, 우리가 예술을 어떻게 보는가는 전체가 어떻게 항상 그 부분들의 합보다 적은가와 관련된다. 예술 작품은 〔예술을 보는〕 눈들로 가득한 투명한 가방과 같고, 각각의 눈도 눈들로 가득한 투명한 가방이다. 아름다움 그 자체에 선천적으로 기묘한, 심지어 역겨운 무언가가 있다. 생태적인 방식으로 사물을 보면 이런 기묘함이 다시 섞여 든다. 아름다움은 우리의 자아가 요리해 내는 것이 아니라 그저 일어나는 것이기 때문이다. 아름다움 경험 자체는 "나" 아닌 어떤 개물entity이다. 그 경험에 내재적인 기묘함이 있다는 뜻이다. 이것이 다른 사람들의 취향이 기괴하다거나 키치 같다는 인상을 주는 이유이다.

마음을 쓸 수 있을지 없을지 선택하는 것은 어차피 늘 환상이라는 것이 진실이다. 우리는 늘 마음 씀의 공간 안에 있고 (앞 장에서 말한 것과 같이) 늘 진실스러움 안에 있다. "이 문제에는 마음을 쓰지 않아"라고 말한다면, 그렇게 말할 정도로 이 문제에 마음 쓰는 것이다. 흔히 실생활에서 누군가 혹은 무언가에 별로 마음 쓰지 않는다고 말한다면, 정말로 많이 마음 쓰고 있음을 숨기는 것일 수도 있다.

플라스틱, 골판지, 유기 폐기물 등을 손수 분류할 필요가 없는 "혼합 폐기물 재활용" 현상을 곰곰이 생각해 보자. 쓰레기통이 재활용을 책임지므로 아무것도 할 필요가 없다. 하지만 몇몇 환경주의자는 반대했다. 예를 들어, 내가 사는 텍사스 휴스턴의 가가호호를 방문하여 청원서에 서명하도록 사람들을 설득하는 식으로 말이다. 왜 그랬을까? 이런 새로운 처리 방식을 왜 위선으로 여기는 것인가? 이런 방식은 자유의지라는 관념을 제거하고, "나 좀 봐. 난 잘하고 있어"라는 연기를 못하게 만들기 때문이다. 그러나 세상 밖에 있는 우리가 세상을 들여다보면서 메뉴 중 하나를 선택한다는 관념이야말로 위험한 착각이다.

크리켓이나 야구 같은 경기를 할 때 공은 몇 밀리초 내에 방망이에 닿는다. 뇌보다 빠르다. 연습하고 또 연습함으로써 그 공이 닿을 때 쳐낼 수 있다. 간단하게 들린다. 하지만 공이 뇌보다 훨씬 빠르다면[그 공을 칠 때] 도대체 무슨 일이 일어나는 것일까? 여기서 일어나는 일은 우리가 여전히 리트윗하는 신플라톤주의 기독교 관념을 정면으로 반박한다. 우리에게는 마음이나 영혼 같은 것이 있다는 관념. 그리고 이런 것이 마치 병에 들어 있는 (어떤 면에서 그 병과 전혀 다른) 기체처럼 우리 안에 있으면서 인형술사처럼 줄로 우리를 조종한다는 관념. 그런데 우리가 그 공을 치겠다고 막 머릿속으로 생각해도, 실은 그전에 이미 그 공을 친 것이다. 내가 늘 말하지만, 자유의지는 과장되어 있다.

그렇지만 이것은 더욱 기이하고 흥미롭다. 실제로 일어난 일을 기억해 보자. 지구상에서 가장 빠른 컵 쌓기 선수인 어린 소년이 신경과학자 데이비드 이글맨David Eagleman과 시합했다. 2015년 미국의 PBS에서 방영된 이글맨의 쇼 〈더 브레인The Brain〉에서이다. 둘은 뇌

스캐너에 연결되어 있었다. 신경과학자는 뇌를 과하게 사용하면서도 지고 있었다. 소년의 뇌는 거의 작동하지 않았다.[3] 소년은 좀비같다. 컵을 쌓으려 의도하지도 않고, 머릿속에 줄을 당기는 인형술사 따위도 없다. 거기에서는 뭔가 다른 일이 일어난다. 컵을 쌓는 능력은 모두 소년의 "몸"에 있다. 그렇다면 뇌라는 것은 사물을 출발시키고 난 후에 자기는 원위치로 돌아가는 일종의 기동장치 같은 것인가? 자, 우리는 방금 이런 생각을 반박했다. 결정을 내린 바로 다음에야 결정을 내렸다는 느낌이 나타난다. 따라서 뇌는 스위치만 누르면 계속 작동하는 기계에서 [자신은 움직이지 않으면서 다른 것을 움직이게 하는] 원동자原動者 같은 것도 아니다. 우리가 관찰하고 있는 것은 (후자의 선택지처럼) 기계도 아니고, (전자의 선택지처럼) 관현악도 아닌 것 같다. 상사가 기계에 시동을 거는 것도 아니고, 지휘자가 줄곧 모든 것을 "의도"하는 것도 아니다. (예를 들어 우리 아버지처럼) 콘서트 연주자라면, 지휘자는 절대 그런 식으로 음악을 몰아가지 않는다고 말할 것이다.

두 모델 모두 신화와 관련이 있다. 무엇인가가 존재하기 위해서는 부단히 현전해야 한다는 신화이다. 다시 말해, 현전의 형이상학이다. '영혼-과-육체'라는 [양자의 긴밀한 관계를 상정하는] "지휘자" 모델은 최신 모델 같다. 관리와 소유에 관련되기 때문이고, 사유재산 관념에

---

[3] David Eagleman, "Who Is in Control?," *The Brain*, episode 3 (PBS, 2015 - ).

결부된 온갖 것들에 관련되기 때문이다. 이런 것들은 이 지구상에서 우리가 하는 수많은 일에 영향을 미친다. 그러나 우리가 살펴본 것처럼, 이것은 신플라톤주의 기독교 개념을 리트윗하는 것이다.

더 나아가, "스위치 올리기" 행위 모델은 기계적 인과 이론에 기대고 있다. 여기서는 공이 굴러가게 하려면 인과 사슬의 시작점에 신과 같은 존재가 있어야 한다. 그래야 공이 기계적으로 그다음 공을 친다. 그러므로 이런 기계적 이론은 실은 "지휘자" 이론의 변형 또는 개량일 뿐이다. 따라서 우리가 리트윗하는, 영혼은 마부이고 육체는 마차라는 신플라톤주의의 변형일 뿐이다.

새로운 단어를 만들어 보자. 이미임alreadiness. 이 단어는 썩 유용하게 쓰일 것이다. 이 단어 덕분에 내가 좋아하는 철학 영역에서 유래한, 암시적이지만 다소 투박한 "해체"라는 표현에 의지할 필요가 없기 때문이다. 이것은 하이데거가 사용하고, 하이데거의 접근법을 계승한 자크 데리다도 사용한 저 유명한 항상-이미always-already일 테다. 이것은 하이데거는 데스트룩치온Destruktion이라 부르고 데리다는 데콩스트뤽시옹déconstruction이라고 부르는 해체이다.

이미임은 우리가 마치 춤처럼 무언가에 조율하고 있고, 이 무언가도 이미 우리에게 조율하고 있음을 암시한다. 사실 어떤 경험에서는 어떠한 조현調絃이 그 경험에 선행하는지, 즉 논리적으로나 시간순으로 그 경험보다 먼저 오는지 말할 수 없다. 흔한 아름다움 경험이 그런 경험 중 하나이다. 우리는 거기서 많은 것을 배울 수 있다. 시작해 보자.

# 우리는 조율되어 있다

우리는 역사의 현 단계를 다양하게 부를 수 있다. 생태 시대에 들어가는 단계라거나 지구온난화 대처법을 배우는 단계 등등으로 부를 수 있다. 하지만 이 모든 꼬리표의 공통점은 한층 의식적으로 비인간에 마음 쓰는 쪽으로 이행하고 있다는 것이다. 이어질 논의는 이에 관한 것이다. 곧 알게 되겠지만, 이것은 언뜻 들리는 것보다 더 기이하다.

나는 2015년 11월에 아이슬란드계 덴마크 예술가 올라푸르 엘리아손Olafur Eliasson이 파리 팡테옹 사원 밖에 설치한 작품 〈얼음 시계Ice Watch〉 기획에 참여한 적이 있다. 〈얼음 시계〉는 13일 동안 열린 지구온난화 정상회담인 제21차 당사국총회COP21의 각국 대표가 볼 수 있도록 기획했다. 엘리아손과 나는 〈얼음 시계〉 설치 일주일 전쯤 코펜하겐 다큐멘터리 페스티벌에서 이 작품에 관한 공개 대담을 녹화했다. 생태와 예술에 관해 듣고 싶어 하는 사람들이 1천 명 정도 참석했다.

〈얼음 시계〉는 그린란드에서 채취한 얼음 80톤으로 만들어졌다. 파리까지 온전한 상태로 운반된 후 12개의 거대한 덩어리로 잘려 둥글게 설치되었다. 위에서 보면, 손목시계에서 각 시각을 표시하는 조그만 막대기들처럼 생겼다. 얼음덩어리는 올라가서 앉거나 심지어 누울 수 있을 만큼 컸다. 사람들은 실제로 그렇게 했다. 얼음덩어리를 보호하는 울타리가 없었기 때문이다. 이 프로젝트에서는 얼음에 접근할 수 있는 다양한 방법을 모두 기록하기도 했다. 그냥 지나

칠 수도 있다. 무시할 수도 있다. 만질 수도 있다. 얼음덩어리에 손을 뻗을 수도 있다. 그에 관해 이야기를 나눌 수도 있다. 〈미래를 벼리다Façonner l'avenir〉라는 학술회의에서 이에 관한 논문을 발표할 수도 있다. 그 안에서 잘 수도 있다. 자는 일이 제법 쉬웠던 이유는 태양이 얼음을 녹여서 얼음덩어리가 매끈하게 패이고 등고선이 만들어졌기 때문이다.

〈얼음 시계〉가 전하는 요점 중에는 뻔한 시각적 책략도 있었다. '이것 봐, 얼음이 녹고 있어. 시간도 촉박해.' 하지만 그건 미끼에 불과했다. 실제로 일어난 일은 훨씬 흥미로웠다. 그것도 기성 개념들을 진지하게 넓히거나 넘어서는 방식으로, 친절하고 단순하지만 심오한 방식으로. 시계는 인간이 읽는 사물이다. 하지만 날아가 땅에 떨어지는 사물이기도 하고, 도마뱀이 무시하는 사물이기도 하며, 햇빛에 반짝이는 사물이기도 하다. 시계의 유리에 먼지가 쌓인다. 집 먼지진드기가 시계 아랫면과 내 손목 사이의 거대한 육교와 동굴을 횡단한다. 이제 〈얼음 시계〉에 대한 언급으로 돌아가 보자. 태양이 〈얼음 시계〉를 녹인다. 태양도 얼음에 접근한다. 보도步道도 얼음에 접근한다. 파리의 기후 역시 얼음에 접근한다.

그리고 얼음이 우리에게 접근한다. 주위로 냉기를 내뿜거나 주위에서 열기를 빨아들이거나, 어느 쪽으로든. 이런 식의 접근은 엘리아손이 궁리해 낸 방식이다. 즉, 〈얼음 시계〉와의 조우는 어떤 면에서는 얼음덩어리와의 대화이지, 우연히 얼음으로 만들어진 거울에 비친 인간의 일방적 담화가 아니다. 우리는 수천 년 동안 비인간적 사물들과 그런 일방적 담화를 해 왔다. 이것이 바로 우리가 지구온난화라고 불리는 이 진창에 빠진 이유이다. 우리가 뉴스에서 듣는 기후에 관한 유사사실은 지구온난화와 멸종을 다루는 수많은 예술에서 되풀이된다. 예를 들어, 몇몇 예술가는 멸종 위기에 처한 생명체들의 방대한 목록을 작성하기도 했다. 그러나 여기서 위험한 요소는 바로 이러한 유사사실과 똑같아지는 것이다. 즉, 그저 방대한 데이터를 투기하는 일이다.

예술은 비인간과의 관계를 이해하는 데에 중요하고, 우리의 존재에 대한 객체지향 존재론적 감각을 포착하는 데에 중요하다. 그러므로 엄청난 양의 데이터 전송을 모방하는 예술은 실패한다. 이것은 충분히 예술답지 않다. 이는 단지 설득이 효과적인가의 문제가 아니다. 실은 그것이야말로 생태 데이터 예술이 지닌 문제이다. 미학적 경험은 데이터와 관련된 것이 아니다. 그것은 데이터성性, 우리가 무언가를 파악할 때 경험하는 질에 관한 것이다(앞서 언급한 바와 같이 데이터는 "주어진 것"을 의미하지, 단지 숫자와 원그래프에 관련된 것이 아니다). 미학적 경험은 주어진 것과의 연대에 관련된다. 그것은 연대하는 것이고 이미지임을 느끼는 것이다. 진화나 생물권이 그렇듯이 특별한 이유도 없고 특별한 의제도 없이. "자연적" 비인간과 (인간이 만들었다는 의미의) "인공적" 비인간을 구별해 낼 이유는 충분하지 않다. 그런 구별을 유지하기는 몹시 어려워질 것이다. 따라서 예술 작품은 그 자체가 비인간 존재이기에, 예술 영역에서의 이러한 연대는 이미 비인간과의 연대이다. 예술이 명백히 생태적이든 아니든. 다만, 명백히 생태적인 예술은 비인간과의 연대를 전면에 내세우는 예술일 따름이다.

엘리아손은 데이터 전파는 물론 데이터 수집보다도 논리적으로 앞서는 일을 하고자 했다. 데이터를 수집하려면 수용적이어야 한다. 또 계획에 적합한 데이터 수집 장치가 필요하다. 마음도 써야 한다. 지구온난화를 연구하는 과학자가 실험을 설정하려면, 애당초 지구온난화에 충분히 마음을 써야 한다. 아름다움 경험에서는 마음 융합 같은 일이 일어난다. 아름다움 경험을 일으키는 것이 나인지 아니면 예술 작품인지 구분할 수 없는 것이다. 아름다움을 예술 작품으로 환원하거나 나에게로 환원하려 하면 아름다움을 망치게 된다. 칸트의 주장에 따르면, 아름다움 경험은 온갖 멋진 정치적 응용 프로그램, 즉 민주주의 같은 응용프로그램 위에 있는 운영체계와 같다. 우리 아닌 존재와 비폭력적으로 공존한다는 것은 이를 위한 꽤 훌륭한 토대가 된다.

여기에서 우리 아닌 존재는 예술 작품이므로, 인간이거나 의식이 있거나 유정한 것이 아니고 살아 있는 것도 아니다. 따라서 우리는 민주주의를 칸트의 이론에서부터 비인간을 포함하는 데까지 확장할 가능성을 말하고 있다. 어떤 사람들에게는 섬뜩한 생각이다. 가령 칸트에게도 그렇다. 이것은 칸트가 실은 자신의 그 밖의 철학 연구를 만들어 낸 이 마법의 재료, 즉 아름다움 경험을 그토록 조심스레 다루는 이유 중 하나이다(하이데거처럼 칸트도 자기 생각을 거기에 잠재하는 급진적 결론까지 쭉 밀고 나가지 않고 결국 철회하고 만다). 그

대신 그는 (거의 부르주아적인) 인간중심주의라는 수프에 이 재료 한 방울을 조금 첨가해서 풍미를 더할 뿐이다. 너무 많이 넣으면 수프를 망쳐 버린다. 인간중심적 가부장제를 조장하지 않게 되는 것이다. 재미있게도, 칸트를 약화하는 방법은 하이데거의 경우처럼 외려 그를 더 진지하게 받아들이는 것이다. 그가 자신을 받아들이는 것 이상으로 그를 진지하게 받아들이는 것이다. 이것은 내가 해체로부터 계승한 전술이다. 우리도 수프를 맛있게 만드는 그 재료를 더 많이 넣는다면 바로 그렇게 하는 것이다.

우리가 만나는 아름다움 경험은 어떤 특별한 것에 관계하는 것이 아니다. 그게 진짜 수프 한 그릇이라면 먹고 싶을 수도 있다. 그러면 그 사물이 무엇에 관계하는지 알게 된다. 그것은 미래의 우리와 관계한다. 배가 적당히 부른 미래의 우리. 어떤 면에서 우리는 이 개물entity, 이 객체, 이 수프 한 그릇의 미래를 안다. 하지만 아름다움이라는 수프는 먹을 것이 아니라 나와 나 아닌 것의, 다소 텔레파시같이 기묘한 마음 융합이다. 그래서 그 미래는 알 수 없다. 아름답다고 여기는 사물에 접근하는 방식에는 아직-아님not-yet이라는 기묘한 질이 들어 있다. 그리고 나는 단지 주어진 것, 즉 데이터의 주어짐을 경험할 따름이다. 내 관점에서 아름다움은 일종의 데이터를 가지는 것과 같지만, 이 데이터는 그것 자체 외의 다른 것을 가리키지는 않기 때문이다. 나는 데이터가 사물을 직접 가리키지 않는 방식을 경험하고 있다. 바로 그래서 과학자가 필요한 것이 아닌가? 과학자는 사물을 암시하는 데이터에서 패턴을 알아낸다. 그래서 과학은 통계적이다.

그리고 그런 까닭에 인간이 지구온난화를 초래한다는 문장은 사실 신이 이레 만에 지구를 창조했다는 문장과 전혀 다르다. 앞 문장도 확고한 의미로 믿을 필요는 없다. 그저 상당 정도 진실인 것으로 받아들이면 된다. 여러분은 98퍼센트 옳을 수 있다. 내가 여러분이 완벽하게 옳다고 인정하지 않는다면, 여러분이 완벽하게 옳을 방법은 내가 동의할 때까지 때리는 것 외에는 없다. 그래서 나를 고문하겠다고 을러대야 할 것이다. 그보다는 98퍼센트만 옳은 것이 차라리 낫다.

나는 그런 아름다움 경험을 할 때 나 자신에 관해서도 마법 같고 신비로운 것을 경험한다. 얼음이 그 안에 무한을 품은 판도라의 상자 같다면 나도 그렇다. 또다시 저 구강감 같은 것이다. 나는 인지적 현상이나 감정적 현상을 비롯한 어떠한 현상의 질감을 경험하고 있다. 사고감을 경험하고 있다. 더 낫게 표현하면, 진실감을 경험하고 있다. 그것이 사고인지 느낌인지는 분간할 수 없지만, 실재한다는 것, 일어나고 있다는 것은 알기 때문이다. 흡사 내가 마법처럼 나 자신의 모퉁이를 돌아보면서, 그런 생각을 하는 나의 부분까지 볼 수 있는 것 같다. 보통은 내가 아무리 애쓰더라도 그저 또 다른 생각만 발견할 텐데 말이다. 나는 나의 현상학적 양식을, 내가 현현하는 방식을 모두 한꺼번에 완전하게 볼 수는 없다. "나"라고 불리는 그 총체적 사건은 어떤 광택처럼 접근할 수 있을 뿐이다. 계속 모퉁이를 돌아 사라져 가는 이것을 어떤 사람들은 의식이라고 부르고, 칸트는 초월적 주체라고 부른다. 그러나 이제껏 살펴보았듯, 이런 개념들을 특별히 고집할 까닭은 없다.

나는 티머시 모튼이라고 불리는 사물을 비롯하여 어떤 사물의 눈에 보이지 않는 측면들을 마법처럼 본다. 나는 사물의 포착 불가능성을 포착한다. 달리 말해서, 미래를 보되, 예측할 수 있는 미래가 아니라 예측할 수 없는 미래를 본다는 의미이다. 여하간 나는 대체 미래라는 것을 가질 가능성을 본다. 미래성을 본다.[4]

파리 팡테옹 사원 밖의 얼음덩어리들인 〈얼음 시계〉의 경우에, 엘리아손은 이것을 설치하여 이런 미래가 얼음덩어리를 담는 용기 같은 것이 아님을 볼 수 있게 했다. 미래는 얼음덩어리 자체에서 곧바로 나온다. 얼음덩어리가 미래를 창조하고 있다는 것이다. 얼음은 참으로 시계다. 그러나 인간이 설정한 시계는 아니다. 아니면, 특정한 유의 시간 구조, 시간성 구조라는 말이 더 좋을 듯하다. 이것은 x 유형, y 유형, z 유형의 과거 및 미래를 볼 수 있게 해 준다. 이것이 역설이다. 미래성은 얼음덩어리에나, 제네바〔유럽입자물리연구소의〕 지하에 있는 여기勵起 상태의 양성자에나 똑같은 어떤 회색의 안개가 아니다. 객체가 다르면 미래성도 다르다. 표현 불가능성이나 포착 불가능성은 온갖 종류의 기운으로 나타날 수 있다. 이것이 역설적으로 들리는 이유는 단지 우리가 시간과 공간을 사물들을 담는 상자 같은 어떤 용기로 보는 데에 익숙하기 때문이다. 우리는 (그런 노력이 환상이든 아니든 개의치 않고) 그 용기에 사물들을 넣고 억누르려

---

[4] 자크 데리다의 연구들은 여러 측면에서 이 주제에 바쳐진다.

노력한다. 반면에, 칸트나 칸트 이후의 철학자들에게 시간이란 정립되는 것이다. 감성적 경험의 일부이다. 그것은 존재론적으로 사물보다 앞선다. 시간은 사물이 떠다니는 바다가 아니라 사물로부터 흘러나오는 액체 같은 것이다.

따라서 우리는 우리 인간이 무엇을 설계하는지 주의해야 한다. 우리가 말 그대로 미래를 설계하고 있기 때문이다. 그리고 그 미래는 사물에 관한 우리의 관념 안에 있지 않고, 이 사물이 사용될 방식에 관한 우리의 생각 안에도 있지 않기 때문이다. 즉, 이런 생각은 단지 우리의 접근 방식일 뿐이다. 미래는 우리가 설계한 사물로부터 곧바로 창발한다. 바로 지금, 지구상의 많디많은 객체는 아주 낡은 범용적 방식으로 설계되어 있다. 이런 방식의 시간성 형판은 유통기한이 지났다. 그것은 신석기시대의 농업에서 전승된 방식이므로 그렇게 낡은 것이다. 화석연료 기반의 산업을 태동시키고 따라서 지구온난화와 대멸종을 초래한 방식이다. 그러므로 설계자는 무엇을 설계하는지 주의해야 한다. 무언가를 설계할 때에는 적어도 다수의 시간 척도로 생각할 필요가 있다.

비닐봉지는 인간만 관련된 것이 아니다. 갈매기 목에 걸려 질식시킬 수도 있다. 크리스 조던Chris Jordan과 같은 사진작가들이 태평양의 쓰레기 소용돌이에 갇힌 존재들을 촬영해 준 덕분에 우리는 이제 그것을 잘 알고 있다. 스티로폼 컵은 커피에만 관련된 것이 아니다. 토양 박테리아에게는 500년 동안 천천히 분해하는 어떤 것이다. 핵폭탄은 적에게만 관련된 것이 아니다. 지금으로부터 2만 4천 년 후의 존재들에게도 관련된 것이다. 이 다이어트 콜라는 나만 관련된 것이 아니다. 내 치아에 관련된 것이고 위 속의 세균에 관련된 것이다. 위의 세균은 콜라의 산酸에 궤멸할 수도 있다. 이것이 내가《생태적 사유The Ecological Thought》라는 책에서 초객체hyperobject 개념을 만든 이유이다. 초객체는 시간과 공간의 측면에서 매우 거대한 사물이다. 우리는 한 번에 그것의 단편 하나만 볼 수 있을 뿐이다. 초객체는 인간의 시간 위상과 같다가 다르다가 한다. 우리 자신도 초객체 안에 있으므로, 초객체는 결국 만물을 "물들이는" 것이다(나는 이현상을 점착성이라고 부른다). 현존하는 모든 비닐봉지를 상상해 보자. 모든 비닐봉지, 모든 시간에 모든 곳에 존재할 모든 비닐봉지. 그 비닐봉지 무더기는 초객체이다. 시간과 공간에 거대하게 분포된 개물entity이다. 그래서 한 번에 그것의 작은 단편에밖에 접근할 수 없다. 초객체의 이런 분포 방식은 분명히 인간이 접근하는 방식 혹은 척도를 초월한다.

## 시간은 사물에서 흘러나온다

인간뿐 아니라 만물이 시간을 유출한다. 우리가 지속가능성에 관해 이야기할 때, 이런 이야기의 내용은 대부분 어떤 인간 척도의 시간성 틀을 고수한다. 이것은 필연적으로 다른 존재들을 희생시킨다. 나아가 우리가 그 존재들을 전혀 고려하지 않았을 공산도 매우 크다. 우리가 지속시키고 있는 것은 정확히 무엇인가? 거의 1만 2,500년 이상 작동해 오면서 진공청소기처럼 모든 생명체를 빨아들인 농업적 시간성이라는 범용 배관이 아니겠는가? 그런 형판으로 설계하는 일은 마침내, 달리 말하면 이미, 인간에게도 피해를 줄 것이 뻔하다. 우리가 알고 이해하는 모든 것, 심지어 우리가 알 수도 볼 수도 없는 모든 것이 불가피하게 상호연결되어 있기 때문이다. 나치의 선전가 요제프 괴벨스는 **문화**라는 말을 들을 때마다 권총을 꺼내 들었다. 나는 **지속가능성**이라는 말을 들을 때마다 자외선 차단제를 꺼내 든다.

우리가 앞의 몇 쪽에 걸쳐 탐구해 온 모든 것이 머릿속에서 떠오르는 것은 칸트의 아름다움 경험이 유발하는 윤리적이고 정치적인 부산물이다. 나아가 이 부산물의 결말은 놀랍게도 열려 있다. 예술 작품이 열어젖히는 그런 유의 미래성에는 제약이 없기 때문이다. 달리 말해, 이 미래성은 빨리 썩어서 사라지지 않기 때문이다. 하나의 시나 그림이나 음악의 의미는 결코 우리에 의해 소진되지 않는다. 달리 표현하면, 예술 작품은 일종의 문이다. 이 문을 통해 예측 가능한 미래들이 가능할 조건인, 제약 없는 미래성을 엿볼 수 있다. 어쩌면 예술은 (너무 고도로) 의식적으로 설계된 (그리고 너무 공리주의적인) 사회 공간에서 아주 작은 모퉁이일 수 있다. 하지만 예술에서 우리는 사물이 우리에게 그런 일을 하도록 허여許與allow한다. 우리가 갈수록 많은 사물이 우리를 지배할 힘을 갖도록 허여한다면, 과연 어떻게 될 것인가?

사회주의자 윌리엄 모리스William Morris처럼 기능적인 사물은 마땅히 아름다워야 한다는 말이 아니다. 그런 관점에서 본다면, 사물은 본래는 아무런 괜찮은 장식도 없는 한낱 덩어리일 뿐이기 때문이다. 하지만 우리는 지금 그런 덩어리는 없다고 말하고 있다. 있는 것은 얼음 뭉치, 인간, 햇빛, 팡테옹 사원, 북극곰이다. (가령) 소파나 집 같은 기존의 사물을 노동자도 감당할 가격으로 예쁘게 만드는 것이 목적이 아니다. 그런 유의 사물은 지속가능성과 똑같은 증상에 시달린다. 인간중심적 척도에 맞춰지는 것이다.

마찬가지로 우리는 그와 정반대로 보이는 일을 할 수도 없다. 그것은 예술은 아름답지만 무용하고, 우리가 그것을 감상하지 못한다면 그건 우리의 문제라고 말하는 일이다. 그러면 다시 현재 예술이 인간을 위해 하는 기존의 기능(인간중심적 기능)을 기본값으로 설정하도록 허용할 따름이다. 예술이라는 장소에서 우리는 인간임이 무슨 의미인지 알게 된다. 이것이 내가 하는 일이 인문학이라고 불리는 이유이다. 하지만 이것으로는 충분하지 않다. 이 점이 더 확실해지는 것은 애원하듯 느껴지는 연구지원금 제안서를 작성할 때다. 연구비 출처 귀하, 제발, 제발 제 마음을 아프게 하지 마세요. 나는 훈련된 홍보 담당자이다. 이 과학주의의 밋밋한 컵케이크를 인간적 향미가 첨가된 의미 사탕으로 장식하는 사람이다.

생태적 의식은 기본적으로 서로 다른 수많은 시간성 형식이 있음을 깨닫는 것이다. 그것은 우리가 아니어도 우리와 공존하고 있는 존재가 현존함을 어떤 심원한 방식으로 인정하는 것과 같다. 일단 공존해 본다면 인정하지 않을 도리가 없다. 돌아갈 길은 없다.

## 마법을 걸기: 인과라는 마술

여태까지 나는 밋밋하고 기초적인 칸트주의자로서의 칸트에서 크게 벗어나지 않았다. 글쎄, 어쩌면 마지막 부분은 조금 벗어났을 수도 있다. 하지만 이제 나는 칸트의 믹싱 데스크에 있는 음량 조절기 몇 개를 밀어 올리려 한다. 그렇게 함으로써 칸트 자신은 작은 몇 방울만 허용한 고추 맛을 더 집어넣을 작정이다. 여기서 우리의 가련한 연구비 신청자로 돌아가 보자. 또한, 윌리엄 모리스를 위시한 공예가들로 돌아가 보자. 이들의 언어는 무엇을 가로막고 있는가? 이들의 언어는 예술이 그저 장식이 아니라는 사실을 가로막고 있다.

예술은 인과적이다. 예술은 우리에게 무언가 한다. 플라톤주의자들이 옳았다. 예술은 내재적으로 (좋든 싫든) 불안하게 만드는 효과가 있다. 우리가 의도하지 않았으므로 엄밀하게는 신령의 효과라고 일컬을 만한 효과이다. 신령이 신의 전령이라는 의미에서. 그것은 다른 어딘가에서 오는 전갈이다. 플라톤주의자들은 예술의 힘을 똑바로 이해하고 있다. 그래서 (플라톤 자신을 비롯해) 그들 중 일부는 예술을 금지하거나 엄격히 검열하기를 바란다. 예술 작품은 우리에게 무언가 한다. 생명체만 우리에게 무언가 할 수 있다고 생각하는 사람에게는 기묘하고 도전적인 사실이다. 게다가 인간만 사물에 의미와 시간성을 부여하는 마법의 능력이 있다고 믿는 사람은 더 큰 충격을 받을 것이다. 내가 주장해 왔듯, 예술은 시간을 유출하는 것이다. 그리고 만물이 시간을 유출하는 방식에 관해 알려 준다. 우리가 만물의 미래를 설계하는 만큼이나 만물도 우리의 미래를 설계한다.

칸트는 우리가 이 중에서 10퍼센트 정도만 듣기를 바란다. 하지만 이것은 믹싱 전체에서 대단히 중요한 구성 요소여서 빼놓을 수 없다. 그러나 칸트에 따르면, 10퍼센트 이상 들으면 아름다움을 경험하기보다는 홀리거나 마법에 걸릴 위험에 처한다. 그리고 칸트의 저서에 따르면 그것은 좋은 일이 아니다. 물론 무언가에 홀딱 반하는 것도 나쁘지는 않다. 실제로 우리가 그 무언가와 사랑에 빠져서 데이트 신청을 하지 않는 한, 혹은 더 심각하게는 그 무언가가 데이트를 신청하도록 허락하지 않는 한. 칸트는 마음 융합이 있음을 인정하되, 어느 정도까지만 인정한다. 그것은 인간이 사물에 현실성을 부여한다는 것과 관련된다. 그래서 칸트에게 경험은 예술 작품이 아니라 우리에게서 오는 것이다. 신비는 풀렸다. 사실상 탈마법화이다. 이제 우리는 안심할 수 있다. 칸트는 〔〈스타워즈〉의 등장인물인〕 요다로 변하지 않았다. 그런 일이 일어날 수도 있었는데. 그는 (아마 동성애혐오자들이 동성애에 매료되는 식으로) 불가사의한 것에 매료돼 있었기 때문이다. 그 자신도 도취되었지만, 그 일에 분개하기도 하고 두려워하기도 했다. 그래서 칸트는 (비인간 존재와의 마음 융합이 사물이 실제로 작동하는 방식이라는) 그 관념을 자기 이론으로 받아들여야 했지만, 알아보기 어려운 억제된 방식으로 받아들였다.

요다성<sup>性</sup>이라는 극미한 잠재의식의 물방울 말이다. 그것이야말로 그 수프의 바탕인데, 우리는 이 재료들이 무언지 모르면서 경험하는 것이다.

내가 말하는 요다성이란 18세기 독일 의사 프란츠 안톤 메스머 Franz Anton Mesmer가 말하고 칸트가 매료된 실제의 힘Force이다. 메스머의 주장에 따르면, 일종의 동물자기<sup>磁氣</sup>인 이 힘은 생명체에 의해 발생한다. 이 힘은 생명체를 건드리지 않으면서 둘러싸고 관통한다. 다스 베이더가 손으로 움켜쥐는 동작과 흡사하다. 손동작으로 최면을 거는 방식과도 별로 다르지 않은데, 그러면 사람들은 목이 졸린다고 믿게 된다. 동물자기는 〈스타워즈〉의 저 유명한 포스Force 와 거의 모든 면에서 일치한다. 이는 〈스타워즈〉의 등장인물 오비완 케노비가 관찰한 대로, 우리를 "둘러싸고" "관통하는" "에너지장" 이다. 그것과 상호작용한 결과는 치유나 파괴이다.<sup>5</sup>

이것이 예술의 문제이다. 그렇지 않은가? 예술은 우리를 끌어들인다. 그것은 진실을 말하든 말하지 않든 꽤 진실스럽다. 그것은 옳거나 그른 것은 아니지만, 여전히 믿어지지 않을 정도로 진실의 분위기를 풍기고 있으며, 그 견인 광선으로 나를 끌어당긴다. 그리고 이내 "당신 믿음이 부족한 게 걸리네요, 티머시"라고 말하고는 멀리서 내 목을 조를지도 모른다. 예술은 텔레파시 같다. [아인슈타인이

5   George Lucas 감독의 영화 *Star Wars* (20th Century Fox, 1977).

양자 얽힘에 대해 말하듯이〕 "유령 같은 원격작용"이다. 아인슈타인이 양자이론을 싫어한 것도 바로 이 점이다. 그것은 사물에 닿을 필요 없이도 사물이 일어나게 한다. 그러나 예술은 심오하게 모호하기도 하다. 우리는 예술이 진실을 말하는지 거짓을 말하는지 분간할 수 없다. 같은 이유로, 모호한 동시에 또한 강력하다.

아름다움 경험에 얽히면 나는 용해되어 버릴지도 모른다. 예술 사물이 나에게 너무도 완벽하게 잘 맞아서 내가 사라질지도 모른다. 음량을 11까지 높이면, 〔아일랜드 밴드〕 마이 블러디 발렌타인의 음악은 정말로 나를 끝장낼 것이다. 하지만 나는 그 음악을 뿌리칠 수 없다. 이 유리잔의 물리적 구조에 완벽하게 공명하는 오페라 가수의 목소리는 유리잔을 깨뜨린다. 어쩌면 아름다움 경험은 나의 경험 공간에 켜지는 조그만 죽음의 경고등 같은 것일지도 모른다. 어떤 면에서는 퇴폐적인 탐미주의자들이 말하듯, 아름다움은 죽음일지도 모른다. 아름다움은 사물이 부서지기 쉽다는 것을 상기시킨다. 하나의 사물이 다른 사물을 감싸면 그 다른 사물은 압도되거나 파괴될 수 있기 때문이다. 오스카 와일드Oscar Wilde가 임종 시에 "나는 이 벽지와 목숨을 건 결투를 벌이고 있네. 벽지가 죽든지 내가 죽든지"라고 말한 것은 아마 문자 그대로 진실이었을 것이다. 그의 말이 농담처럼 들린 이유는 단지 우리의 편견 때문이다. 예를 들어, 나타남은 표면일 뿐이고 본질은 근본적으로 이런 나타남 너머에 있다는 관념. 우리는 노란색은 그다지 중요하지 않다고 생각한다. 그나저나, 벽지가 이겼다.

그러므로 나는 아름다움을 경험할 때면, 적어도 하나의 나 아닌 사물, 꼭 의식이 있거나 살아 있을 필요도 없는 사물과 강압적이지 않게 공존한다. 이때 죽음의 가능성은 생생하되, 희석되고 유예된다. 우리는 공존한다. 우리는 연대 안에 있다. 무언가 내게 출몰하고 홀리고 마법을 걸고 주문으로 묶으면 통제 불능이 될 수도 있다. 하지만 그렇지 않을 것이다. 적어도 지금은. 현재 순간이 붕괴하면 내게는 불확실하고 유령 같은 미래성이 남는다. 이 얼음덩어리는 바로 그런 미래성이 된 것이다. 그것이 보이는 방식, 그것이 느껴지는 방식, 그것이 놓인 위치, 그것의 크기, 그것의 모양 등 나타남이라고 부를 수 있는 것은 모두 과거이다. 얼음덩어리는 과거와 미래가 서로 닿지 않은 채 미끄러져 지나쳐 가는 일종의 기차역이다. 그리고 내가 "현재"라고 틀리게 부른 것은 미끄러지듯 지나는 과거와 미래라는 기차들의 일종의 상대적 운동이다. 나는 그것을 **지금임**이라고 부른다. 내가 보기에 진실로 존재하지 않는 사물화되고 원자적인 "현재"와 구분하기 위해서이다.

사물은 바로 쿠키가 어떻게 부서졌는가이고 쿠키가 어떻게 더 부스러질 것인가이다. 그리고 나는 부스러짐이 일어났고 어떤 불확실한 미래가 열리는 이런 다소 슬프고 우울한 공간에서 공존하게 된다. 주지하다시피, 모든 쿠키는 부스러진다. 그래서 쿠키는 쿠키일 수 있다. 사물은 내재적으로 부서지기 쉽다. 그리고 어떤 치명적 결함을 가지는데 이 결함은 그것이 존재하도록 허용한다. 그 이유는 사물은 항상 그것인 바대로이지만, 결코 나타나는 바대로는 아니기 때문이다. 사물은 모든 접근 방식을 초월하지만 독특하고 분별된다. 존재함과 나타남 사이의 균열은 존재론적 균열이다. 달리 말해, 그 균열을 지목할 수는 없다. 그것은 사물에 내재적이며, 그래서 쿠키는 부스러질 수 있는 것이다. 블랙홀조차 증발한다.

이런 것은 특별히 인간중심 척도이거나 특별히 자아 척도에 맞춰진 것이 아니므로, 아름다움과 역겨움 또는 추함 사이의 어떤 대화를 소거할 수는 없다. 그 대화는 객체와 비체의 대화인데, 비체는 일단의 사상가들이 신체의 기능들을 묘사하고 신체와 그 공생자의 관계를 묘사할 때 쓰는 전문용어이다. 서구의 전통적인 인간 주체는 자신을 이 공생자로부터 구별하는 법을 익혔다. 그러나 객체지향 존재론의 관점에서 객체에 대해 많이 알게 될수록, 객체의 "비체" 질은 씻을 수 없는 것임을 깨닫게 된다. 객체는 오염되지 않은 순수한 사물이 아니라, 구멍이 숭숭 나고 얽은 자국이 있으며 온갖 모순과 변칙이 질질 흐르기 때문이다. 인간과 마찬가지로.

그리고 우리는 진실의 공간에 있으므로 현행성actuality과 대화한다. 그것이 우리의 현행성이나 인간의 현행성이 아니더라도. 예술작품은 단순히 재현일 수는 없다. 흔한 영어 표현을 쓰자면, 사물은 우리에게 속셈design이 있을지 모른다. 우리는 사물의 텔레파시 같은 마력인 중력에서 이것을 느낀다. 따라서 목적이나 기능이 있는 것과 목적이나 기능을 넘어서는 것도 서로 대화한다. 사물은 그 기능이나 목적으로 소진되지 않기 때문이다. 그것은 그저 우리의 속셈이나 기능이 아니거나 인간적인 목적이 아닐 수도 있다. 이것은 우리가 공리주의와 대화하고 있다는 말이고, 이것은 다시 우리가 행복에 관해 대화하고 있다는 말이다. 그런데, 누구의 행복이고 어떤 행복인가? 이것은 우리가 아마도 생명 없는 객체라고 생각하는 것, 예를 들어 얼음덩어리 같은 것과 대화를 나눈다는 말이다. 이것은 우리가 스스로 어떤 것과의 텔레파시 같은 마음 융합을 이루도록 허용한다는 말이다. 이 어떤 것은 인간 주체가 겪을 수 있는 최악의 운명, 즉 객체로 변하는 것을 상징한다. 그리고 진실의 공간은 진실스럽기에, 즉 그 자체로 분명한 진실이 아니라 진실스러운 데이터로 가득 차 있기에, 그것이 진실인지 아닌지는 알 수 없다. 예술 작품은 진실을 말하는 거짓말이다. 아니, 어쩌면 거짓말하는 일종의 진실일 수도 있다. 우리는 거짓말하는지도 모르는 존재에게 텔레파시로 유혹당하는 중이다.

이것은 사실 〔단수의 존재가 아니라〕 복수의 **존재들**이다. 그래서 훨씬, 훨씬 나쁘다, 아니, 훨씬, 훨씬 낫다. 정의상 예술 작품 전체보다 그 부분들이 훨씬 많기 때문이고, 정의상 부분들이 전체보다 중요한지, 아니면 전체가 부분들보다 중요한지, 나아가 어느 한 부분이 다른 부분들보다 중요한지 분별할 수 없기 때문이다. 그러려면 규정된 목적을 찾아내야 하는데, 그런 목적을 찾는 일은 경험에서 일어나지 않는다. 그렇게 하면 그것〔예술 작품〕은 망가질 것이다. 이는 우리가 이미 살펴본 (그리고 내가 여기서 옹호하는) 객체지향 존재론의 특징 때문이다. 이에 따르면, 전체는 부분들을 완전히 삼키지 않고 항상 부분들의 다수성이 전체를 초과한다. 예술 작품은 〔그것의 부분들을 초월<sup>超越</sup>transcend하는 것이 아니라) 그것의 부분들에 의해 하월<sup>下超</sup>
subscend된다. 우리는 이 용어의 이면에 있는 관념을 꽤 탐구해 왔다.
내가 이미 주장한 바를 상기해 보자. 전체는 그 부분들로 충만하다.
기본적으로, 하지만 기이해 보이게도, 전체는 그 부분들의 총합보다
적다.

  이 부분들 역시 작은 시간성 구조이고, 기차역 안의 작은 기차역
이며, 우리를 끌어당기는 다수의 견인 광선이고, 다수의 최면술사이
다. 어쩌면 이 부분들은 (다시 그것의 부분들로, 그리고 이 부분들은 또다
시 그것의 부분들로) 무한퇴행할지도 모르지만, 우리는 그것을 확인할
수 없다. 우리는 저 페인트 얼룩을 그것 아닌 무언가로, 가령 (조그만
결정 같은 것이나 붓질 같은) 그것의 부분들로 환원할 수 없음을 알고
있기에, 저 페인트 얼룩이 우리에게 가하는 인과의 압력을 소거할
수 없다. 우리는 가장 확실하게 과대평가된 것은 자유의지이며, 우
리가 공존하기 위해서는 권리, 주체성, 시민권, 자유의지가 아닌 다
른 일종의 화학물질이 필요하다고 판단한다. 무한성의 대문이 손짓
한다. 마치 공포영화가 포르노에 겹쳐진 것 같은, 최대치의 미학적
흡인력이자 반발력이다. 그런데도 계속 바라볼 수밖에 없다. 초월
적 아름다움은 아니지만, 그래도 아름다움이기 때문이다. 달리 말
해, 그것은 우리의 부르주아적 주체의 절친한 벗이라기보다는 오히
려 무정부주의 혁명군에 가깝다. 겉보기에 딱딱한 치즈 조각 안에
서 꿈틀대며 기어 다니는 작은 조각들로 이루어진 군대.

  키치는 아름다움에서 하월하는 부분이다. 인간중심 척도를 지닌

공식적 아름다움 형태들에 유령처럼 붙어 다니는 것이다. 어떤 면에서 키치나 역겨움은 아름다움 자체의 (《엑스맨》에 나오는) 엑스파워이다. 그것이 없으면 아름다움은 진화할 수 없다.

　우리는 거기에 정신을 빼앗겼을 것이다. 아마도.

　칸트가 편집해서 내버리려는 그 모든 것이 귀환한다. 아름다움 경험 자체를 소거하지 않은 채. 사실 이런 것들이야말로 철두철미 아름다움 경험이 작동하는 방식이고 아름다움 경험에서 빠질 수 없는 것이다.


## 완벽한 설계란 없다

이것은 통상적인 유토피아 방식이나 좌파적 방식으로 우리와 예술 및 미학의 관계를 다루는 이론들을 비판하는 것이 아니다. 그런 통상적인 방식은 예술은 하나의 구성체일 뿐 실제로 존재하지는 않는다고 말하는 것이기 때문이다. 이를테면 예술은 전통적 취향 관념에 기초하여 부르주아적이고 인간적인 이데올로기를 재생산하는 방식일 뿐이라고 말하는 것이다. 하지만 내가 말하고자 하는 바는, 예술은 사실 어떤 큰 세계의 작은 파편, 그러나 여전히 알아볼 수 있는 파편이라는 것이다. 이 큰 세계는 대부분 비인간 세계이다. 그리고 그 세계를 이루는 영향과 설계들은 우리를 넘어서고, 누가 무엇을 "소유"하고 누가 쇼를 주도하는지에 관한 우리의 관념을 위반한다.

그래서 인과성에는 애니미즘이나 불가사의한 무언가가 있는 것처럼 보인다. 이는 주체와 객체 같은 부르주아적 이항대립을 잘못 붙이는 접착제가 아니다. 내가 이야기하는 실체는 인간중심주의, 기계적 인과 이론, 모순율, 기본값 공리주의에는 위험한 독소이다. 예를 들어, 모순율은 서양철학을 지탱하는 핵심이지만 전혀 증명되지 않은 채 주장되었을 뿐이다. 특히 아리스토텔레스의 《형이상학》 3권에서 최초로 주장된 것이다. 모순율은 위반하기도 쉬울뿐더러, 어떤 사물들이 모순되기를 허용하는 논리 규칙들을 열거하기도 쉽다. 생태적 개물entities은 정의상 모순적이다(그 자신이 아닌 온갖 사물로 이루어져 있고, 그 경계가 흐리고 모호하다). 따라서 우리는 이러한 이른바 법칙을 위반하도록 허용하는 편이 나을 것이다. 적어도 어느 정도는.[6]

예술은 인간 척도에 맞춰진 부르주아 이데올로기의 재생산 장치로서 절반쯤만 작동한다. 그것의 작은 한 방울을 수프에 넣고 그저 장식처럼 취급하여 너무 주의 깊게 살펴보지 않는다면. 반면에 만일 그렇게 한다면, 우리는 그 안에서 하월하는 작은 미생물들이 꿈틀거리는 것을 볼 것이다. 그 모든 미생물은 우리에게 최면을 걸려고 하는 것이다.

예술과의 이러한 조우는 모든 설계된 사물과의 조우에 관해 무언

---

6   다음은 이런 논의를 시작하는 좋은 지점 중 하나이다. Graham Priest, In *Contradiction: A Study of the Transconsistent*, 2nd edn (Oxford: Oxford University Press, 2006).

가 말해 준다. 이것이 올라푸르 엘리아손의 〈얼음 시계〉에서 사람들이 하던 것처럼, 얼음 조각에서 잠잘 수 있는 이유이다. 아니면, 관광객들이 그 앞에서 셀카를 찍는 이유이거나 우리가 이것에 아무것도 할 수 없는 이유이기도 하다. 사물은 부분, 척도, 시간성, 성<sup>性</sup>으로 충만하다. 따라서 사물은 결코 우리의 취향이나 좋은 취향이라는 기준에 온전히 맞춰지지 않는다. 그러나 왜인지 모르지만, 그것이 항상 명백히 추하기만 하다는 뜻도 아니고 아름다움과 추함의 범주가 잘못된 것이라는 뜻도 아니다. 아름다움은 황량하고 유령 같고 출몰하고 돌이킬 수 없고 으스스하다는 뜻이다. 그리고 인과적이라는 뜻이다. 즉, 예술 대 공예, 예술 대 설계라는 분별은 허물어지는 데에 반해, 사물의 목적과 그 개방성 및 미래성의 차이는 온전히 남는다는 뜻이다. 흔히 "아름답다"는 "유용하다"의 반대라고들 한다. 아름다움은 불필요한 불편함으로 여겨지는데, 그 때문에 현대 세계의 많은 부분이 그렇게 추한 것이다. 그렇지만 아름다움과 유용성 및 무용성은 전혀 분리될 수 없다. 그래서 모든 결정은 정치적이다. 시계를 파리의 활주로로 허용하는 것, 비닐봉지가 새를 죽이도록 허용하는 것, 그림을 입장료를 낼 수 있는 사람에게만 보이도록 허용하는 것, 더러운 공기를 다른 데로 내보내게 설계된 건물에 사는 것 등이 그러하다. 그리고 이제 우리는 다른 데는 아무 데도 없음을 깨닫는다. 그곳도 같은 행성에 있기 때문이다.

  그리고 짜증이 나거나 경탄하거나 간에, 이런 사이에-있음은 우리가 완벽한 설계를 결코 가질 수 없음을 뜻한다. 상호연결되었다고 해서, 어떤 선명한 전체가 그 부분들을 분명히 초월하고, 그 부분들보다 더 크고 더 굉장하고 더 좋고, 그 부분들이 전체라는 기계의 부속에 불과한 것은 아니기 때문이다. 정치체제 역시 설계된 사물이므로, 이것은 분명 우리가 어떤 종류의 미래 정치를 원하는지에 영향을 미친다. 여기에 토끼를 포함한다는 것은 토끼에게 치명적인 질병들을 배제한다는 것을 의미한다. 문자 그대로 그렇다. 우리가 하나의 개물entity이나 일군의 개물에 마음을 쓸 때는, 상호의존성 탓에 다른 하나의 개물(또는 여러 개물)은 방치된다. 생명중심적 생태 철학에서 에이즈 바이러스의 생존권이 에이즈 환자와 동등하다고 주장한다면 상당히 잘못된 것이다. 선택해야 한다. 물론 나는 에이즈 환자를 선택할 것이다.

존재함과 나타남 사이의 간극 탓에, 사물임은 그 **자체가** 심각한 결함이다. 우리가 존재하기만 해도, 우리를 철저히 관통하는, 눈에 보이지 않는 본질적 균열이 있을 수밖에 없다. 따라서 사물들의 네트워크는 완벽할 수 없으며, 단독의 사물도 완벽할 수 없다. 우리는 미래성을 봉인할 수 없다. 사물에서 시간이 새어 나가 못된 짓을 하는 것을 막을 수 없다. (이제는 나무, 지층, 날씨 패턴이 이야기해 주는 역사까지 포함하여) 역사의 종언에 이를 수 없다. 우리는 거리를 설계하면서 어느 때인가 개구리가 길을 건널 것을 알기만 하면 된다. 그 거리는 어느 때인가 지층의 부분이 될 것이다. 어느 때인가 반짝이는 빛은 작은 물웅덩이에 반사되어 운전자의 눈을 잠시 멀게 하고 보행자를 사망에 이르게 할 것이다. 어느 때인가… 도로는 열려 있다. 하지만 그래도 그것은 바로 이 도로이다. 흰 줄무늬가 있는 이 검은 타맥〔아스팔트 포장재〕의 사물.

그리고 이것은 설계에 관해 무언가 알려 준다. 인간은 설계할 수 있다. 하지만 비인간도 줄곧 설계한다. 진화를 생각해 보자. 진화는 설계자 없는 설계이다. 어떤 넓은 의미로 보면, 설계되지 않은 것은 아무것도 없다. 누군가가 형상을 각인해 주기를 기다리는, 판형이 짜이지 않은 질료 같은 것은 없다. 그것은 생태적으로 위험한, 소위 서양 문명의 환상이다. 실상 모든 것은 부분적으로는 그것에 어떤 일이 일어났는가를 이야기한다. 내 얼굴은 여드름이 설계했다. 유리는 유리 부는 직공과 유리 자르는 직공이 설계했다. 블랙홀은 거성 속의 중력이 설계했다. 사물은 특히 판형이 짜이지 않은 표면으로서, 인간의 형상화나 욕망의 투영으로만 판형이 짜이는 것은 아니다.

따라서 문제는 이렇다. 우리는 누구와 혹은 무엇과 협력할 것인가? 미래의 존재들이 어떠한 유도성[7]을 발휘하도록 허용할 것인가? 마치 하나의 눈이 실은 가방 가득한, 최면을 거는 눈들임이 판명되듯이, 우리가 있건 없건 쾌락과 고통의 소용돌이는 무한하게 일어날 것이다. 이렇게 드리워진 섬뜩한 폭력을 어떻게 섣불리 무너뜨리지 않고 허용할 것인가? 우리는 무너뜨리는 일에 아주 능란하고 굉장히 오랫동안 그런 일을 해 왔다. 하지만 그런 일은 이제 벌만 죽이는

---

[7] [역주] 심리학자 제임스 깁슨James J. Gibson이 사용한 "유도성affordance"은 특정 행동, 지각, 정동, 사유 등을 유도하는 환경의 특정 속성을 뜻한다.

것이 아니라 우리까지 죽일 것이다. 따라서 나는 그것을 무너뜨리는 대신, 예술 작품의 하월하는 아름다움이 최면을 거는 가방 가득한 눈들 같은 그 무한한 견인 광선들로 나를 끌어당기도록 내버려 둔다. 이 불청객들을 어떻게 해야 하나? 여기 머물게 해야 한다. 내 생각에는.

진정한 아름다움은 "크리스마스트리 효과"[8]가 있다. 다시 말해, 아름다움에는 키치로 향하는 미끄러운 통로가 있다. 여기서 우리는 아름다움의 "역겨운 가장자리"를 의식하게 된다. 정상화된 아름다움은 이 하월적인 아름다움에 대처할 수 없다. 내가 예술에 관해 이야기할 때, 예술은 존재의 질을 이해하는 은유에 불과한 것이 아니다. 예술의 하월적인 본질이 뜻하는 바는, 자칭 생태예술이 환경단체 시에라클럽 스타일로 희망을 불어넣는 멋진 포스터여서는 안 된다는 것이다. 그것은 추함과 역겨움, 그리고 출몰하는 기묘함, 그리고 현실만큼의 비현실의 감각을 포함해야 한다.

나아가 생태적 의식은 순수하거나 오염되지 않거나 신성할 수 없다. 우리 중 나머지 사람들을 위한 생태학은 왜 있을 수 없는가? 신선한 공기를 즐기러 캠핑 가기보다는 아침 내내 이불을 뒤집어쓰고 기묘한 고스 음악을 듣고 싶어 하는 사람들을 위한 생태학. 우리는 언제야 건강하고 진심으로 웃는 것이 아니라, 아이러니하게, 조롱조

---

8    [역주] 사람들이 크리스마스트리에 저마다 온갖 장식물을 달아서 결국 크리스마스트리가 전체적으로 보기 흉한 모습이 되는 것을 뜻한다.

로, 혹은 과하게 희희낙락하면서 웃을 수 있을까? 생태적인 농담이
란 과연 어떤 것일까?


## 조현이라는 방식

이 절을 시작하면서, 정신분석학자 자크 라캉Jacques Lacan의 말을 인
용하고자 한다. "속지 않는 자가 방황한다Les non-dupes errent." 그가
쓰는 표현인 아버지의 이름le nom du père 혹은 아버지의 **금지**le non du
père와 관련된 언어유희이다.[9] 아래 두 구절은 모두 우리가 사는 상
징질서를 어떻게 이해하는가를 담고 있다. 어떻게 가부장제 같은
권력구조를 내면화하고 권력 체계에 언어를 부여하는가와 관련되
는 것이다. 그래서 라캉이 이 두 구절을 뒤집은 첫 번째 문장으로 말
하고자 하는 바는, 우리가 제대로 이해해서 만물을 꿰뚫어 볼 수 있
다고 생각하는 바로 그 순간 가장 그릇되게 이해하고 있다는 것이
다. 물론 이 문장에서 재미있는 것은 이 문장이 그 자체의 진실에 의
존한다는 것이다.[10]

사물은 직접적으로 알 수도 없고 온전히 알 수도 없다. 그것에 다

---

[9] 이 구절은 라캉의 스물한 번째 세미나의 명칭이다. [역주] 세 구절의 발음의 유사성에 기초한 표현
이다.

[10] [역주] "속지 않는 자가 방황한다"라는 라캉의 문장 자체를 진실로 여기면 그것에 속는 것이기 때
문이다.

소간 친밀하게 조현attunement할 수 있을 뿐이다. 조현은 기본적으로 어떤 텅 비어 있는 연장延長 실체에 "단지" 미학적으로 접근하는 것이 아니다. 나타남을 어떤 사물의 현실성에서 단호히 떼어 낼 수는 없다. 그러므로 조현은 다른 존재와의 살아 있는 역동적 관계이다. 그것은 멈추지 않는다.

조현의 생태적 공간은 선회veering의 공간이다. 그러한 공간에서는 능동과 수동, 직선과 곡선의 엄밀한 차이가 유지될 수 없기 때문이다. 배가 선회할 때 이 배는 파도를 미는 것인가 아니면 파도에 밀려가는 것인가, 의도적으로 나아가는 것인가 아니면 뜻하지 않은 것인가? 적응 현상을 예로 들어 보자. 우리는 모두 그 뜻을 안다고 생각한다. 그러나 곰곰이 생각해 보면, 적응이란 복잡하고 별난 사건이다. 진화하는 종은 다른 진화하는 종에게 적응한다. 우리가 말하기 쉽게 "환경"이라 부르는 것(주위를 선회하는 것)은 실은 여러 다른 생명체들과 그들의 "확장된 표현형"(다윈주의 개념)들로 이루어지기 때문이다. 생명체와 그 공생자들의 DNA 돌연변이의 결과인 확장된 표현형은 예컨대 거미가 친 줄이나 비버가 만든 댐과 같은 것이다.[11]

이동하는 표적은 이동하는 다른 표적에 적응하고 있으며, 이 다른 표적도 끊임없이 변하는 적응 공간에 있다. 한 마디로 이 과정은 정의상 "완전"할 수 없다. 완전하다는 것은 움직임이 멈춘다는 의미이

---

[11]  Richard Dawkins, *The Extended Phenotype: The Long Reach of the Gene* (Oxford and New York: Oxford University Press, 1999).

기 때문이다. 적응은 적응 공간에서의 이동이고 완성은 적응의 종 언을 뜻하지만, 진화가 계속되는 한, 즉 생명체가 계속되는 한, 이것 은 기능적으로 불가능하다. 따라서 생물체 x가 (역시 끊임없이 진화하 는 박테리아 미생물체처럼 "그것 자신의 것"인 표현형들까지 포함하여) 표 현형들의 소용돌이에 "완전히 적응"한다는 것은 터무니없는 말, 즉 둥근 사각형 수준의 말이다. 그것은 생명체가 서로에게 조현하는 선 회를 (생각만으로라도) 억제하거나 멈추려고 애쓰는 것이다. 목적론 은, 즉 사물이 어떤 최종 목표를 향해 일어난다는 관념(나아가 목적이 수단을 정당화한다는 관념)은 "완전한 적응"이라는 관념을 움직이는 연료이다. 종의 발달과 감소에 대한 아리스토텔레스적 관념인 이러 한 목적론이야말로 다윈주의가 청산한 것이다.[12]

인과가 조현이라는 방식으로 일어남을 깨닫는 데에는 적응 현상 을 살펴보는 것으로 충분할 것이다. 다른 공에 부딪히는 공, 결정 격 자에의 광자 입사, 영토를 침범하는 군대, 폭락하는 주식시장과 같 이 모든 인과관계에서 그렇다. 앞서와 같이, 오페라 가수의 목소리 가 포도주잔에 조현할 때 무슨 일이 일어나는지 생각해 보자. 최대 한 정확하게 조현한다면 포도주잔은 깨져 버린다.[13] 구석기시대를 떠올려 보자. 어떤 비인간을 그리거나 비인간처럼 춤추는 것은 그

---

[12] Gillian Beer, "Introduction," Charles Darwin, *On the Origin of Species*, ed. Gillian Beer (Oxford and New York: Oxford University Press, 1996), xxvii – xxviii.

[13] 유리잔 예시는 다음에서 상세히 고찰하고 있다. Timothy Morton, *Realist Magic: Objects, Ontology, Causality* (Ann Arbor: Open Humanities Press, 2013), 193.

비인간을 사냥하는 것의 일부로 여겨졌다. 샤먼은 사냥감의 움직임과 습성을 따라 하면서 그것을 자기 몸으로 끌어들인다. 그리고 자기 몸이 비인간의 역량이나 질에 공명하도록 허용한다. 인간이 반드시 만물을 우적우적 씹어 먹어 비존재로 만드는 팩맨 같은 존재는 아니다. 인간을 그렇게 생각하는 것은 지난 수백 년 동안 (특히 헤겔의 변증법 철학 같은) 근대 서구 철학의 사고방식에 지나지 않는다. 인간은 예민한 카멜레온이다.

위장camouflage이라고 불리는 증상은 특별하고 흥미로운 적응 방식이다. 문어는 자신이 머무는 표면의 색조를 띤다. 대벌레는 포식자를 피해 나뭇잎 속으로 사라진다. 기본적으로, 살아 있다는 것은 적응하되 완전히 사라지지는 않는다는 것, 조현을 통해 보호받되 완전히 용해되지는 않는다는 것이다. 우리 눈에는 "단지" 미학적으로 보이는 것을 일별해 보아도 그렇게 말할 수 있다. 조현은 어떤 텅 빈 덩어리 같은 실체적 존재가 있고 그 실체는 그대로인 채 표피의 질만 조율되는 것이 아니다. 그렇게 생각하는 것은 바이올린을 조율할 때 바이올린의 현과 나무와 [몸통의] 휘어짐이 하나의 단일체를 이룬다는 사실을 잊는 것이다. 악기 위쪽의 줄감개를 돌려 조율하는 것은 스마트폰에서 앱들을 정리하는 것과 다르다. 현을 조이거나 풀면 [바이올린이라는] "플랫폼"도 변하기 때문이다. 조현이라는 방식은 표피적이기보다는 깊다.

그래서 전해 오는 말에 따르면, 부처는 명상을 일종의 조율로 가르친 것이다. 마치 시타르의 현이 너무 조여도 안 되고 너무 느슨해도 안 되는 것처럼. 명상은 진언眞言이건 호흡이건 하나의 대상에 초점을 맞춰야 하는데, 이처럼 명상의 대상에 초점을 맞추는 마음챙김은 기민하면서도 느긋해야 한다. "기민함"과 "느긋함"의 교류가 이루는 역동적 체계는 그저 멈춰 있을 수 없다. 따라서 명상을 시작하면 많은 사람은 생각들이 밀려드는 현상을 경험한다. 마음의 표피적 질이 아니라 내재적 질을 그저 관찰하고 있기 때문이다. 그 내재적 질은 바다에 파도가 치듯이 마음이 (가장 넓은 의미에서) 생각하고 마음이 "마음 둔다mind"는 것이다. 움직임은 내재적이다. 이 사실은 명상의 대상이 마음 자체일 때, 즉 마음이 마음에 조율할 때 특히 흥미롭다. 여기서 경험하는 것은 절대적 없음이 아니라 기묘한 있음이다. 그것은 내가 가리킬 수 있는 현전이 아니라서 분명하게 지목할 수 없다.[14] 여기에는 대단히 깊은 존재론적 이유가 있다. 나타남(파도들)은 존재함(바다)에 내재적이지만, 그것과 다르다.

생명체는 18세기에는 현재의 아이팟과 보스 스피커처럼 필수품이던 에올리언 하프와 같다. 이 현악기를 창문이 열려 있는 창턱에 둔다. 악기는 집 주위를 선회하는 산들바람에 공명한다. 이 조현 체계가 만들어 내는 소리는 별안간 출몰하고 풍부한 화음으로 시나브로 변화하는, 기이하게 현대적인 소리이다. 그래서 마치 제인 오스

---

[14] Timothy Morton, "Buddhaphobia: Nothingness and the Fear of Things," in Marcus Boon, Eric Cazdyn, and Timothy Morton, *Nothing: Three Inquiries in Buddhism* (Chicago: University of Chicago Press, 2015), 185 – 266.

틴Jane Austen의 소설《오만과 편견Pride and Prejudice》에서 차를 홀짝이고 카드놀이를 하면서 빙리 씨의 의도를 궁금해하는 등장인물들이 소닉 유스의 단조로운 저음의 음악을 듣는 것 같다. 그러나 차를 홀짝이고 카드놀이를 하는 것 자체도 조현 체계이다. 이 경우는 상류층 소비 행위의 전형적 사례인데, 이런 방식에서 체계가 조율하는 기본 음조는 "안락함"이라는 특정 감각의 확립과 유지이다. 모두 편하게 느껴야 하고 현 상황에 대한 방해는 최소화해야 한다. 모든 귀족적 조현은 단조로운 저음의 음악, 즉 가능한 한 흔들리지 않고 한결같은 음조에 관련된다. 그러므로 예의 바른 상호작용 공간은 소리로 변환하면 확실히 소닉 유스의 단조로운 저음 음악과 비슷할 것이다.

아니면, 소비 공간에서의 "자유분방한" 소비 수행 혹은 낭만주의적(성찰적) 소비 수행을 생각해 보자. 소비주의로 불리는 이 최고 수준의 수행은 이제는 다른 모든 방식을 에워싸고 있다.[15] 성찰적 소비 수행은 자기 경험을 조율한다는 의미에서 명상과 같다. 우리는 일차적으로 경험을 소비하는데 그 경험은 늘 타자의 경험이다. 이것은 윈도쇼핑이나 인터넷서핑이라는 현상에서 잘 나타난다. 이러한 조현이 일종의 "영성靈性"이라는 주장은 옳다. 즉, 마약 복용, 산보자

---

15  Colin Campbell, "Understanding Traditional and Modern Patterns of Consumption in Eighteenth-Century England: A Character-Action Approach," in John Brewer and Roy Porter, eds., *Consumption and the World of Goods* (London and New York: Routledge, 1993), 40 – 57; Timothy Morton, *Dark Ecology: For a Logic of Future Coexistence* (New York: Columbia, 2016), 120 – 123.

의 유목적 방랑, 1960년대 후반 프랑스 급진 상황주의자의 심리지리가 그 사례이다.

우리가 나타나는 방식과 우리가 무엇인가는 서로 깊이 얽혀 있다. 모든 단세포 유기체는 더 정확하든 덜 정확하든, 자신이 부유하는 영역을 화학적으로 재현한다. 그것〔유기체와 부유 영역〕이 완전히 일치한다면, 즉 정확히 같은 화학물질이라면, 곧 죽음일 것이다. 죽음은 어떤 의미에서는 사물이 실제로 그리고 완전히 그것의 주변 환경이 되는 것을 일컫는 말이다. 프로이트의《쾌락 원칙을 넘어서Jenseits des Lustprinzips》는 이 사실에 대한 경이로운 연구이다.[16] 복제, 모방, 영향 주고받기, 조율되고 조율하기 등은 우리가 환경 속에서 다른 사람들과 더불어 늘 하는 일이다. 성장하고 어른이 되기를 배우고 여러 활동에 참여하면서. 이러한 조현이 일어날 때는 무언가 인과적인 것이 일어난다. 바로 그래서 우리가 보기에 (우리 아닌) "원시적인" 사람들은 사진이 영혼을 훔친다고 상상한다. 재현하는 것과 행하는 것은 동떨어진 것이 아니다. 우리의 사진을 찍으면, 어떤 의미에서는 우리의 일부를 잡아챈 것이 아닐까? 어떤 면에서는 말 그대로 그렇게 한 셈이다. 셔터를 누르면, 우리의 신체에게서 영향을 받고 우리의 신체를 반영하는 광자들이 렌즈에 도달하는 것이다.

어쩌면 사진은 정말로 우리의 영혼을 훔치는지도 모른다. 아니

---

[16] Sigmund Freud, "Beyond the Pleasure Principle," in *Beyond the Pleasure Principle and Other Writings*, trans. John Reddick, intro. Mark Edmundson (London: Penguin, 2003), 43–102.

면, 우리 영혼이 애초에 우리 것이 아님을, 병 안의 증기처럼 우리 안에 있는 것이 전혀 아님을 보여 주는지도 모른다. 그러므로 조현의 영역은 흡사 최면을 거는 동물자기動物磁氣의 영역과 같다. 그것은 근대가 시작할 때 발견된 동시에 억압된 힘이다. 영화 〈다크 시티〉에서 주인공은 자신이 "조율"할 수 있음을 알게 되는데, 그것은 원격 운동을 시킬 수 있다는 뜻이다. 그는 멀리서도 유령같이 작용할 수 있다(아인슈타인).[17]

근대에 들어서 농업 로지스틱스는 이전보다 더욱 성공적으로 지구를 파괴할 수 있었다. 하지만 아이러니하게도 부지불식간에 비-농업적("구석기적") 관념도 풀어놓았다. 그것은 상호연결되고 인과적-지각적이며 미학적인 힘의 관념이다. (이 책의 구성 요소인) 현상학 철학과 해석학 철학은 조현을 재발견했다. 여기에 대해서는 나중에 더 이야기할 것이다. 근대인은 납작하고 사물화된 자연 관념 외부의 비인간 존재들을 최근에 재발견했다. 이런 납작하고 사물화된 자연 관념은 조현 공간의 의식을 약화하도록 설계되었다고 해도 과언이 아니다. 마치 "평균율로 조율한" 건반을 설계한 것이 그 악기의 불가피한 물리적 체화 탓에 늘 소리를 따라다니는 유령 같은 배음을 줄이기 위한 것처럼. 소리 자체나 순수 음 따위는 없고, 현의 소리나 사인파 발생기의 소리가 있을 뿐이다. 따라서 객체에는 음

---

17 Alex Proyas 감독의 영화 *Dark City* (New Line Cinema, 1998).

색이라 부르는 것이 있는데, 이것은 추가 선택사양이 아니다. 나타남도 마찬가지이다. 나타남을 시각중심적 방식으로 마치 컵케이크를 장식하는 사탕으로 여길 것이 아니라, 어떤 객체의 음색으로 여겨야 한다. 음색은 무수한 내적 질 및 표면 질로 이루어진, 그 객체의 단독적 질이다. 이 질은 그것을 바로 그 객체로 만드는 것이다. 나아가 그것을 그것이 있는 곳에 연결하고 그것을 둘러싼 다른 객체들과 연결한다.

우리는 비인간 존재들이 서로를 선회하는 형제이고 자매라는 것을 재발견했다. 이 존재들은 예전에는 *자연*으로, 아니 실은 "환경"으로 매끄럽게 펼쳐지고 포장되던 것이다. 자매에서나 인류에서나, 친족kinship이란 바로 어떤 으스스한 친교와 연관된다. 그런 까닭에 〈블레이드 러너〉의 마지막 부분에서, 휴머노이드인 "복제인간" 로이는 "친족이여!"라고 외친다. (둘 다 몰랐지만) 자신과 같은 유〔복제인간〕의 피 흘리는 적, 즉 데커드 요원을 고층건물 옥상에서 한쪽 팔로 끌어올릴 때 말이다.[18]

인간은 "선회"로부터 도망쳤고, 우리의 물질적 체화로부터 도망쳤고, 침팬지와 물고기와 창밖 나무에서 흔들리는 나뭇잎과의 우리의 친연성 때문에 출몰하는 저 음색으로부터 도망쳤다. 그러나 이런 도주는 이처럼 기묘하고 아이러니한 비틀림에 의해 선회로 되돌

---

[18]  Ridley Scott 감독의 영화 *Blade Runner* (Warner Bros., 1982).

아가는 것으로 끝났다. 헤겔은 역사의 작동 방식을 역사의 어둑한 면을 통해 묘사한다. (정의의 토템이자 아테네의 상징인) 미네르바의 부엉이는 황혼에 날아오른다고 공언하는 것이다.[19] 그러나 헤겔의 부엉이는 그저 황혼에 날아오른 것은 아니다. 부엉이는 하나의 꿈에서 나와, 자신들이 이른바 원시인의 최후의 흔적에서도 깨어났다고 확신하는 잠든 사람들의 꿈속으로 곧장 날아들었다. 우리가 고찰하는 조현은 늘 거기에 있어 온 무언가이다. 그것은 생태적 친교, 곧 인간과 비인간의 친교이다. 이것이 폭력적으로 억압될 때는 폭력적 결과를 낳았다.

그렇다면 그 도주를 추적하기 시작하는 것은 선회를 향해서 선회하는 것이다. 선회와 생태에 관한 이 책의 문맥에서 이제 던질 첫 번째 물음은, 명사는 꼭 동사처럼 되어야 하는가, 즉 명사는 행위나 힘의 잠재성을 부여받아야 비로소 흥미로운가 하는 물음이다. 지금까지 내 주장에 따르면, 명사가 지시하는 사물은 나타남의 기저에 있는 정적 개물entities임에도 불구하고 기본적으로 운동이기 때문이다.

미래라는 명사를 생각해 보자. 미래, 혹은 데리다가 단호하게 도래 l'avenir라고 부르는 것, 혹은 예측 가능한 미래가 가능하기 위한 조건인 근본적으로 열려 있는 미래. 미래라는 이 말은 움직이지 않는가? 〔지금 저자가 쓰고 있는〕 이 문장의 끝에서는 어떤 일이 일어나는가? 이

---

[19] Georg Wilhelm Friedrich Hegel, *Outlines of the Philosophy of Right*, ed. Stephen Houlgate, trans. T. M. Knox (Oxford: Oxford University Press, 2008), 16.

문장의 의미가 도래하는가? 완전히 도래하는가? 이 문장은 무언가를 의미한다. 하지만 그 의미가, 다시 말해 그 의미가 조율하는 음이 마치 코끼리, 해초, 감마선 폭발 등등의 그 목표에 이르지 못한 상태라면, 아직 우리는 이 문장이 무엇을 의미하는지 정확히 모른다. 미래는 사물인가? 사물이란 무엇인가? **사물**은 명사이고 **명사**는 정적static이므로 선회에 관한 이 책에 포함하려면 움직이게 해야 한다고 말한다면, 벌써 기초적인 기본값 존재론을 은밀하게 들여온 것이 아닌가? 생각에 관해 생각하거나 말하기를 시작하기도 전에 말이다. 세계의 모든 객체를 한 군데 소집하여 쓰러질 때까지 행군하고 또 행군하게 강제해야 하는가? 그것이 그것들을 자유롭게 해 준다면서?

그 기저에는 **움직이는 것**과 **멈춘 것**의 이분법이 있지 않은가? 이런 이분법이 기본값인 (그리고 잘못된) 기계적 인과 이론 대부분의 기저를 이룬다. 더구나 이 이분법은 자신을 재생산하려면 결국 탄소 배출이 필요하던 신석기 농업에서 조립된 사회 공간의 부분이 아니던가? 이러한 기초적 동인drive(동인은 멈춰 있는가, 아니면 움직이는가?)은 존재론적 모호성(이 단어가 명사라서 수상하다는 말인가?)을 제한하는 (이 말은 동사라서 좋단 말인가?) 동인이자, 후기-신석기 사회 공간의 구조적(이 형용사는 수상한가, 아니면 좋은가?) 동인이다. 이 사회 공간은 조현 공간을 철저하게 짓이겨서 "생존"을 궁극 목적으로 하는, 세피아 색조로 점철된 인간중심적 정합성으로 만든 것이다.

해체와 마찬가지로 객체지향 존재론은 우리가 자명하게 여기는 상태와 관련해 우리를 다시 혼란에 빠지게 하려는 사고방식이다.

언어는 이 자명하게 여겨지는 세계의 부분이다. 그리고 글의 기원을 이야기하는 여러 신화에 따르면, 글은 말의 이웃이되 불량한 이웃이고, 자매이되 으스스하고 기묘한 자매이다. 말은 움직이고 흐르고 "살아 있는" 힘의 장場이다. 전설에 따르면 타락 이전에, 새로운 도시국가 이전에, 말은 우리를 면대면으로 연결해 주었다. 신석기 사회에는 (글쓰기 형식으로서) 선형문자 A와 선형문자 B가 있었다. 이런 문자로 영수증이나 부기에서 하듯이 명사들의 긴 목록을 작성해 가축을 회계 관리했다. 이 사회는 그 존재론적 규약들 면에서 어떤 자가면역질환 같다. 신석기 사회는 세계를 인간중심 척도에 맞춰 조작操作 가능한 어떤 것으로 환원하지만, 자기가 하는 이런 일을 좋아하지는 않는 것이다.

이것이 농경시대의 종교가 발생한 기원 이야기[20]의 내용이 아닌가? 우리는 당장 농사를 지어야 하지만, 농사는 지긋지긋하다. 농사는 우리를 야수들로부터 떨어뜨리지만, 생존(노역과 땀) 이상의 우리 자신의 삶으로부터도 떨어뜨린다. 그래도 우리는 농사를 지어야 한다. 우리는 글의 (단순한 회계를, 단순한 소유물 목록 작성을 초과하는) 죽지 않는 운동성, 유령 같은 차이와 연기를 좋아하지 않는다. 우리가 좋아하는 것은 분명한 경계, 즉 글과 말, 나의 밭과 너의 밭, 천상과 지상, 신과 인간, 인간과 (보통 *자연*으로 불리는) 비인간, 왕과 소작

---

[20] [역주] 창작물에서 등장인물이 현재의 상태가 되는 과정을 보여 주는 배경 이야기.

농, 동사와 명사 사이의 분명한 경계이다. 하지만 복식부기의 열들은 회계에 대해 알려 주는 바가 있다. 〔대변과 차변의〕딱 떨어짐이나 최종 결산이라는 우리의 환상과 달리, 회계는 절대로 멈추지 않는다. 대변이 차변에 조현함에 따라 차변은 대변에 조율한다. 이것은 내재적으로 역동적인 조현 체계이다. 문장들도 결코 완벽히 딱 떨어지지 않는다. 아마 이런 현상 때문에 확실한 것은 딱 두 가지, 즉 죽음과 세금밖에 없다고 말하는 것이리라.

정말로 농경시대에 글이 발명되었다면(적어도 회계 담론처럼, 꽤 알아볼 만한 어떤 종류의 글이 실제로 발명되었다면), 데리다가 즐겨 주장했던 바와 같이 글은 양날의 검, 독이면서 약(파르마콘)이다.[21] 글은 쉽게 구분하기 위해 조작하고 부호화하고 조립하려는 충동의 부분인 듯하다. 그러나 바로 그런 시도 자체가 언어 내부에서 미끄러지며 돌아다니는 사물들의 철두철미 자유롭고 조작 불가한 유희성이라는 유령을 호출한다(객체지향 존재론에 따르면, 이런 시도는 언어적으로 불가능한 것은 말할 것도 없고, **존재론적으로도** 불가능하기 때문이다). 아무리 조심스레 일군 의도들도 뒤죽박죽되고, 자가당착의 잡초들이 사회적이고 철학적인 보도步道의 갈라진 틈 사이로 비집고 나오기 시작하는 것처럼. **해충.** 이것은 동사인가, 명사인가? 단어나 객체에 일종의 철학적 살충제나 제초제를 뿌려야 할까? 이들의 모호한 반

---

[21] Jacques Derrida, "Plato's Pharmacy," *Dissemination*, trans. Barbara Johnson (Chicago: University of Chicago Press, 1981), 61–171.

그늘, 이들이 만든 세균막, 그 야바위 같은 질을 제거하기 위해서? 야바위Trick. 이것은 동사인가, 명사인가?

언어는 제자리에 있으려 하지 않는다. 왜? 객체지향 존재론의 주장에 따르면, 사물은 일반적으로 모든 의도와 목적에서 온전히 멈춰 있을 때조차 제자리에 그대로 있지 않기 때문이다.

향수香水는 동사와 명사 사이를 유쾌하게 선회한다. "향기"는 시간 속에서 발현하기에 향수는 미래를 환기한다. 얼마나 오래 머물까? 무엇으로 바뀔까? 향수는 사람의 피부를 선회하고 거기에 조현하기에 조바심 나게 만든다. 이런 점에서 객체지향 존재론의 객체들은 모두 향수 같다고 보는 편이 나을 것이다. 에센셜 오일essential oil이라는 말에서처럼 향수는 본질essence이라고 불릴 수도 있다. 본질이라는 단어는 내재적 존재와 내재적 향을 모두 동시에 뜻할 수 있기 때문이다. 향수는 피부에 조현하며, 사용하는 사람에 따라 다른 순간마다 다른 향을 발산한다. 우리는 향수를 선회하게 한다. 그리고 향수는 우리가 선회하여 향수를 향하거나 향수에서 멀어지게 한다. 그렇다면 연필, 재, 별코두더지는 왜 그러지 않겠는가?

이런 사물화된 범주들 사이의 선회에서 시작해 보자. 사물화되고 객체화되고 단순한 "사물"로 바뀐 것들 말이다. 다시 말하지만, 우리는 사물임이란 상상할 수 있는 최악의 운명이라고 여긴다. 객체지향 존재론이 객체object라는 단어를 사용하는 방식은 일종의 거울이어서, 우리는 객체가 무엇인가에 관한 우리의 편견을 거기 비춰볼 수 있다. 객체란 객체화되고 정적이며 조작 가능한 순수한 연장 덩어리이며 단지 우연들로 장식될 뿐이라고 생각한다면, 이런 객체가 움직이게 하려면 동사가 필요하고 이런 객체를 예쁘게 하려면 형용사가 필요하다고 생각한다면, 이런 말을 하는 내가 어지간히 혼란에 빠졌다고 여길 것이다.

망설임. 이것은 동사인가, 명사인가? 움직임인가, 정지인가? 선회는 망설인다. 어떻게 보면 망설임은 선회의 양자量子이다. 그래서 우리가 이런 선회 과정을 시작할 때는, 시작하기를 망설이다가 궤적에서 완전히 벗어나 선회하는 것처럼 보일 것이다. 그리고 우리는 사회학이라는 분과의 규약들을 검토하면서 우리가 어떻게 여기까지 왔는지 물을지도 모른다. 이런 수사적 선회, 《햄릿》의 등장인물인 폴로니우스가 표현하듯) 이런 **사행**斜行 **시도,**[22] 이 커브볼〔책략〕은 (역시 폴로니우스가 표현하듯) 이 미끄러운 **진실의 잉어**를 잡을 것인가?[23] 그래서 무언가를 잡는다면, 그것은 (찬물에 손을 집어넣어 물고기를 움켜쥐는 것처럼) 붙잡는 것에 가까운가, 아니면 붙잡히는 것에 가까운가? 후자의 의미에서 나는 작은 물고기에게 최면이 걸린 채 물고기의 돌진하는 움직임을 눈으로 뒤쫓는다. 내 눈은 눈구멍 안에서 물고기처럼 돌진하기 시작한다. 물고기를 잡을 때는 어쩌면 물고기에게 잡혀야 하는지도 모른다.

---

[22] [역주] 사행 시도assay of bias는 잔디 볼링lawn bowling에서 상대 공을 피하려고 공을 커브로 굴리는 데에서 유래한 표현으로서, 어떤 우회적 시도를 의미한다.

[23] William Shakespeare, *Hamlet*, ed. T. J. B. Spencer, intro. Anne Barton (Harmondsworth: Penguin, 1980), 2.1.63 (p. 99).

# 미개하게 행동하기

막스 베버Max Weber는 한 세기 전에 사회학 분과를 창시한 선구자 중한 명이다. 하지만 사회학의 구조적 원칙은 사회학의 토대가 된 근본 개념을 배제한다. 그것은 카리스마이다. 베버는 카리스마적 권위를 중심으로 확립된 사회가 이를테면 근대 유럽 국가처럼 "탈마법화"된 관료제 사회에 자리를 내준다고 주장했다. 카리스마적 권위는 (초기 기독교나 이슬람에서처럼) 어떤 내재적 권능 덕에 지도력이 있다는 느낌을 발산하는 지도자이다. 그러나 사회학은 마법을 탐구하지 않는다. 사회학 자체가 **탈마법화되어** 마치 베버가 탈마법화의 발상지라고 주장하는 관료제 사회처럼 군다. 사회학은 베버가 "세계의 탈마법화"이라고 부르는 것의 로지스틱스의 부분이다.

사회학은 창시자의 이 개념을 두려워한다. 이 개념은 당시에도 다소 두려웠다. 카리스마는 많은 사람이 초자연적이거나 불가사의하다고 묘사하는 힘과 관련되기 때문이다. 칸트처럼 베버도 불가사의한 것에 매료돼 있었다. 일반적으로 (1700년대 이후의 세계사인) 근대는 불가사의한 것을 포함하면서 아울러 배제하는 꽤 서툰 춤이라고 볼 수 있다. 예를 들어 프로이트가 전개한 이론은 최면 이론을 삭제 처리하는 방식이었는데, 최면 이론 자체도 실은 (우리가 보았듯) 메스머가 주장한 가설적 힘인 동물자기 관념을 삭제 처리하는 것이었다. 마르크스의 주장에 따르면, 자본은 〔상품으로서의〕 타자가 가치를 산출하게 한다. 이것은 강신술이라는 유사종교에서, 영매가

귀신에 들릴 때 움직이는 것처럼 보이는 〔사람들 사이에 놓인〕 춤추는 탁자보다 더 기묘하다는 것이다.[24] 그뿐 아니다. 찾아보기 시작한다면, 이처럼 은밀하고 거의 말해지지 않는 근대 역사의 사례는 지천이다. 알려진 것과 알려지지 않은 것, 보이는 것과 보이지 않는 것, 평범한 것과 불가사의한 것 사이의 긴장감 가득한 춤 말이다.[25]

불가사의한 것은 종교에서 이미 배제되었다. 베버가 카리스마라고 부른 것을 약 1만 2천 년 전 신석기 사회가 독점했던 방법이 바로 종교였다. 종교는 카리스마를 이미 권력을 지닌 자들에 내재하는 어떤 질로 받아들이고, 이것을 신의 목소리를 들으며 신과 직접 통하는 왕에게만 부여했다. 신의 목소리는 왕에게 사람들이 해야 할 일을 말하라고 말한다. 이때 해야 할 일은 "순전한 생존이라는 명목하에 가부장제와 전제정치를 창조한 농경사회를 해체하고, 수렵과 채집으로 회귀하며, 비인간 존재들과의 덜 폭력적이고 덜 위계적인 공존으로 회귀하는 것"은 결코 아니었다. 그것은 터무니없는 일이었기 때문이다. 만물을 우리의 목적론적 기본 음조에 맞추는 인간중심적 평균율을 버려서는 안 된다. 그렇게 한다면 우스꽝스러운 원시주의가 될 것이다. 그렇지 않은가?

그러니까 우리는 모두 아직도 메소포타미아인이다. 신석기 인간

---

[24] Karl Marx, *Capital*, trans. Ben Fowkes, volume 1 (Harmondsworth: Penguin, 1990), 1.163.

[25] Jeffrey Kripal, *Authors of the Impossible: The Paranormal and the Sacred* (Chicago: University of Chicago Press, 2010).

이다. 농업 로지스틱스의 원활한 기능이라는 환상이 초래한 파국에 직면한 인간. 그리고 우리는 그 로지스틱스의 철학적 토대를 필사적으로 붙들고 싶어 한다. 그렇지 않으면… 글쎄, 상상조차 할 수 없다. 그것은 뉴에이지의 반계몽주의, 네오파시즘, 원시주의를 섞은 칵테일이다(이런 것들을 모조리 쓸어 넣어 버릴 싱크대를 좀 더 찾아보자…).

이 저항의 벽이 격렬한 것은 그러한 해체가 불가능하거나 어렵기 때문이 아니라, **쉽기 때문이다**. 그렇다고 우리가 우리 삶에 대한 모든 통제를 포기하는 것도 아니다. 통제의 유형이 달라질 뿐이다. 가령 농사도 계속 지을 수 있다. 수많은 수렵채집민이 그렇게 한다. 신석기 모델에 집착할 필요는 없다.

해체가 쉬운 또 다른 이유는, 신석기 로지스틱스의 토대를 이루는 논리가 (연구해 보면) 아주 뻔하게 지속 불가능한 역설들로 구멍이 숭숭 뚫려 있기 때문이다. 이런 역설들은 (통상적 의미에서 인간 간의) 인지적이고 사회적 폭력과 (통상적 의미에서 비인간에 관련된) 생태적 폭력을 유발한다. 평균율은 서투르게 경련이 나고 얼버무려진 주파수들로 구멍이 숭숭 뚫려 있다. 바로 "울림"을 제거하기 위해서, 즉 음들 사이의 리드미컬한 맥박의 생성을 제거하기 위해서이다. 악기를 조작하는 인간이야말로 그 선율의 인간적 목적에 따라 악기를 울리는 일을 맡아야 하기 때문이다. 우리가 전적으로 신석기인이 아님은 생물학적으로도 그렇지만(우리 몸은 네안데르탈인의 DNA가 섞인 3백만 살 먹은 몸이다), 철학적으로나 정치적으로도 그렇다. 자신의 표현형에 완전히 적응할 수 있다는 것은 결코 참이 아니기 때문이다. 그래서 이제 살충제 내성을 피해 유전적으로 조작된 종자에서 보듯이, 완전의 추구는 숱한 차원에서 파괴적일 수밖에 없다. 평균율은 악기 음색에 출몰하는 배음을 약화하고, 단일재배는 생물 다양성을 약화하며, 로고스 중심주의는 기표의 유희를 약화하고, 극히 효율적인 "생태적" 사회라는 꿈(완전한 조현이라는 환상)은 생명체들의 어수선한 공존을 약화한다. 우리는 선회를 좋아하지 않는다고 생각한다. 전자기타 연주자가 음을 벤딩[26]하기 전까지는.

우리를 선회에서 멀어지도록 조종하는 것은 신석기 사회의 옹호자(혹은 후원자)들만이 아니다. 이들의 반대편에 있다고 자처하는 사람들, 이른바 심층생태주의자나 아나코 원시주의자들anarcho-primitivists도 농업 로지스틱스와 그 파괴적인 *자연* 개념, 즉 (인간의 사회 공간을 "잡초"와 "해충" 같은 사물과의 전쟁으로 범주화하기 위해) 인간과 비인간의 근본적 차이라는 관념을 영구화할 따름이다. 규범과의 급진적 거리를 표방하는 그들의 이론도 여전히 규범이기에 이런 규범에 기초하기 때문이다. 이러한 접근법은 여전히 이원성과 함께 작용한다. 인간과 비인간의 차이를 엄밀한 분리로 보는 이런 관념은 농업 로지스틱스에 내재해 있다. 홀로세 초기에 시작된, '무슨 대가를 치르더라도 생존한다'라는 이런 전략은 어떤 되먹임 고리를 초래했다. 우리는 6차 대멸종 사건을 통해 그 되먹임 고리를 너무도

---

[26] [역주] 벤딩bending은 기타 줄을 끌어 올리거나 내려서 음정을 변화시키는 테크닉을 뜻한다.

똑똑히 깨닫고 있다. 지난 50년 동안 생물학에서 (가령 곰팡이나 바이러스와 대조하여) 동물이라 부르는 것 중 50퍼센트가 인류가 야기한 지구온난화로 온데간데없이 자취를 감춘 것이다. 생태적 사유는 이제까지와는 차이 나는 유형의 차이가 필요하다. 민달팽이가 판다와 차이가 있는 것은 물론 분명하다. 그렇지만 이 차이는 먼 친족 간의 차이 같은 것이지, 흑인 대 백인, 여기 대 저기, 선 대 악의 차이 같은 것이 아니다.

("문명"이라고도 하는) "세계"의 철학적 기반을 해체하기는 **무척 쉽**다. 이 기반이 없다면 그 세계는 무너질 것이다. 우리를 방해하는 유일한 것은 그 세계에 대한 우리의 상습적 투자이다. 이것은 풍력발전소에 대한 저항에서 드러난다. 우리는 경치를 즐기기 위해, 에너지가 눈에 보이지 않고 지하 파이프 속에 있기를 바란다. 에너지 수율收率을 변화시킨다는 언급 자체도 소위 자연을 건조建造한다는 유령을 불러낸다. 풍력터빈으로 인해 죽게 될 새들을 생각해 보라! (터빈이 없어서 괴멸한 온갖 종들은 어떤가?) (새들은 유관油管에는 "완전 적응"했다는 말인가?) 우리가 방해할 꿈을 생각해 보라! 우리는 이 모든 시간을 세계를 인간중심주의 음조에 조율하고 이처럼 조현 공간의 범위를 한정하느라 보냈다. 우리는 새들에게 풍력터빈에 조율하는 법을 가르쳐야 할지도 모르는데, 이것은 넌더리가 나는 짐이 될 것이다. 그럴 바에야 차라리 죽음학이 설파하는 흔들림 없는 세계에서 편안해지고 싶다.

프로이트가 관찰한 것처럼, 죽음은 편안하다. 한 사물과 그 사물

주위를 선회하는 존재들 간의 긴장은 0도까지 낮춰진다. 세포벽이 파열되고 세포 내부는 그 주위로 유출된다. 유리잔이 깨지고 유리잔 자체와 그 주위 공간의 차이가 무너진다. 불안하고 으스스한 것은 **삶**이다. 주위에 흐르고 있는 그 모든 에너지, 유기체 내부와 외부 간의 교류, 유기체와 유기체 간의 교류이다. 모든 가능한 물리적이고 은유적인 (그리고 형이상학적인) 의미에서. 죽음이란 전혀 존재하지 않음을 의미하거나, 영구기관처럼 내내 똑같이 돌고 도는 것을 의미한다. 내 말은 이런 뜻이다. 대중음악에는 죽음이 흔히 나타난다. 죽음은 매우 부드러운 데다 쉽게 받아들여지기 때문이다. 내가 말하는 대중음악에서의 **죽음**은 어떤 사람에게는 너무 뻔해 따분한 포투더플로어 리듬, 규칙적인 운율, 듣기 쉽고 자꾸 귓가에 맴도는 곡이다. 예술가라면 용케 죽음을 면하거나 아니면 스스로 죽음이 된다. 많은 대중음악 가수는 죽음의 화신이다. 죽음은 언제나 소변처럼 마렵기 때문이다. 가사가 낙관적이고 곡조가 춤추기 좋다고 해서 삶이라고 혼동하지 말라. 광적이고 열정적인 반복이야말로 프로이트가 말하는 **죽음충동**이다. 그런 유의 노래는 생명의 에너지를 멋지고 깔끔한 죽음의 포장에 담으려 한다. 이런 관점에서 볼 때, 일부 대중음악의 문제는 그 취향이 저급하거나 비속하다는 것이 아니다. 문제는 대중음악의 죽음이 (지나치지는 않더라도) 충분히 달아올라서 맛깔나게 되는 것이다. 삶은 유약하고 여리지만, 죽음은 강력하고 강렬하다. 암세포는 광적이다. 보통 세포보다 훨씬, 훨씬 더 잘 번식할 수 있다(자신을 반복할 수 있다). 암세포는 보통 세포보다 더 살아 있다. 바로 그래서 우리를 죽이는 것이다.

재밌는 것은, 죽음을 피하려 하면 결국 죽음을 자초할 수 있다는 것이다. 타닌의 쓴맛을 피하려고 햄버거와 감자튀김을 먹는 것을 생각해 보자. 아기들은 문화적인 훈련을 받지 않아도 쓴맛을 안다. 모두 태어날 때부터 쓴맛에 움찔하는 표정을 짓는다. 쓴맛은 독이 있다는 조짐이다. 하지만 어떤 독은 미량이라면 필수적이다. 비타민을 생각해 보자. 너무 많이 섭취하면 심각한 병을 앓을 수도 있지만, 완전히 피해도 병에 걸린다. 아마도 쓴맛을 좋아하지 않아서 햄버거를 선택했을 것이다. 그래서 심장마비나 뇌졸중으로 일찍 죽는다. 삶은 무언가를 완전히 피하는 것과 무언가를 반복해서 복용하는 것 사이에서 균형을 잡는 일이다.

비누로, 아니 요즘에는 항균 비누로 노상 손을 씻는 것과 같은 수많은 광적인 강박 행동이야말로 ([항생제 내성을 가질 만큼] 강화된 슈퍼버그같이) 다양한 생태적 형태로 죽음을 초래하는 것이다. 죽음으로부터의 광적인 도주는 **죽음**이다. 그게 바로 우리 사회가 처한 기묘한 되먹임 고리이다.

농업 로지스틱스의 토대를 해체하려면, 현전의 형이상학을 해체해야 한다. 그것은 존재함은 지속적 현전이라는 관념, 존재하는 것은 나타남의 토대를 이루는 어떤 널찍한 덩어리라는 관념이다. 현실은 판형이 짜이지 않은 가소성 있는 표면이므로, 우리 인간이 그 위에 원하는 것을 쓰기를 기다린다. "오늘은 어디로 가고 싶으십니까?"(1990년대 윈도우즈 광고), "그냥 해"(나이키), "내가 최고결정권자이다"(조지 부시George Bush), "우리가 현실을 창조한다"(2005년 이라크전쟁 기자회견). 이런 형이상학에는 어떤 고정적인 맛, 기초적인 기본 값 실체 이론이 있다. 우리 같은 학자들은 모두 그보다 우월하다고 생각하지만, 그것이야말로 우리의 물질적 삶을 형성하는 것이다. 그리고 우리는 이런 삶을 즐겁게 재생산하고 더 멋진 맛을 가미하고 개량하여 리트윗한다. 사변적 실재론에서는 이런 개량판을 상관주의correlationism라고 부른다. 그것은 주체나 역사나 인간의 경제적 관계나 권력에의 의지나 현존재가 판형을 짜기 전에는 사물은 실재하지 않는다는, 칸트(그리고 칸트 이후)의 관념이다. 어떤 면에서는 보통의 실체 존재론의 맛보다 (생태적으로 더 파괴적이라는 의미에서) 더 심각한 버전이다. 사물을 〔실체 존재론에서처럼〕덩어리로 다루기보다는 백지나 화면처럼 다루기 때문이다. 덩어리는 적어도 3차원이다. 일부에서 그렇게 하듯, 우리가 있다고 **말해야만** 푸른 고래가 존재한다고 주장하는 것을 상상해 보자(그 고래는 문화적 구성체이고, 인식론적 구성의 담론적 산물이며, 우리가 어떤 해양의 물질 덩어리에 투사하는 관념이다!). 자! 푸른 고래는 생겼다가 이제 없어진다.

괜찮다. 다행히도 이 특정 종의 멸종은 아직 일어나지 않았다. 그 이유는 사람들이 1970년대 중반에 녹음된 고래 소리에 홀렸기 때문이다. 홀렸다니, 무슨 뜻인가? 카리스마와 관련해서 말한다면, 우리 중 일부가 고래 소리가 방사하는 에너지장에 굴복했다는 뜻이다. 내가 일하는 곳(학계)에서 어떤 일어난 일을 이런 식으로 묘사하는 것은 용인할 수 없고 정도를 넘어선다는 사실은 아프면서도 기분 좋은 아이러니이다. 분위기 때문에 사물이 일어난다고 하면 안 된다. 그건 히피들이 말하는 방식이다. 우리는 히피가 아니다. 우리는 검정 계열 옷을 즐겨 입는 차분한 아이들이다. 어떤 코미디언이 "소수민족 전통 의상 같은 몸에 맞지 않는 색동 옷"이라고 부른 것을 입기는 싫다. 우리는 요다처럼 들리지 않으려 애쓰며 대부분 시간을 보낸다.

선회의 연료가 조현이라면, 조현의 연료는 카리스마이다. 카리스마는 그 힘의 장에서 머뭇댐으로써 우리도 망설이게 만든다.

카리스마가 *실제적*이라면 어떨까? 이러한 에너지장의 방사가 함의하는 것은 무엇일까? 이것은 우선 예술이 한낱 장식용 사탕이 아니라는 사실을 함의한다. 그리고 플라톤으로 시작하여 "문명화"된 철학이 줄곧 두려워하던 어떤 것을 함의한다. 그것은 (경악을 자아내는) 예술이 내가 통제할 수 없는 영향을 나에게 미친다는 사실이다. 예술은 신령적이다. 예술은 저 너머 보이지 않는(심지어 보일 수도 없는) 어떤 것에서 발산한다. 이는 내가 예술을 제어할 수 없다는 의미이고, 예술을 바로 내 앞에서 부단히 현전하는 것으로 지각할 수 없다는 의미이다. 그것은 원인으로 작용하는 어떤 위험한 깜박임, 곧 마법이다. 마법은 금기인 인과 혹은 상상할 수 없는 인과이다. 또는 어처구니없거나 위험하거나 불가능한 것, 혹은 빌려 온 항아리[27]

---

[27] [역주] 프로이트가 《꿈의 해석》에서 꿈을 분석하면서 농담처럼 서술하는 우화인 '빌려 온 항아리'는 다음처럼 기묘한 논리를 의미한다. 빌린 항아리를 깨뜨린 사람은 "빌리지 않았다," "빌릴 때부터 깨져 있었다," "돌려줄 때 깨져 있지 않았다"라는 세 가지 이야기가 뒤섞인 변명을 늘어놓는다는 것이다.

처럼 기묘하게 이 셋을 모두 조합한 것이다(어떻게 불가능하면서 동시에 위험할 수 있단 말인가?). 지금 이야기하고 있는 것은 아인슈타인이 양자의 얽힘에 대해 '유령 같은 원격작용'이라고 부른 것이다. 나아가 로스코 예배당을 마음속에 그려 보려 할 때 일어나는 일이다. 혹여 우리가 거기에 있지 않더라도, 그것을 한 번도 본 적이 없더라도, 또는 마크 로스코Mark Rothko의 그림이나 로스코의 그림이 실린 엽서도 본 적이 없이 그저 로스코에 관해 들어 보기만 했더라도.

휴스턴 중심부에 있는 초종파적 공간인 로스코 예배당은 마크 로스코의 마지막 작품 중 하나이다. 내가 사는 곳 바로 뒤에 있다. 이 근사한 검은 공간을 둘러싼 벽들은 로스코 특유의 대형 그림들로 장식되어 있다. 진보라, 파랑, 검정의 범위에서 진동하는 색깔로 이루어진 추상적 장場을 그린 그림이다. 어쩌면 우리는 로스코 그림의 카리스마는 사람들이 거기에 부여하는 것이라는 진부한 주장을 할지도 모른다. 이런 주장은 헤겔이 받아들일 만한 표현 방식일 것이다. 왕이 왕이 되는 것은 우리가 그에게 투자함으로써이다. 무엇을 투자하는가? 바로 심적 에너지이다. 앞서 말했지만, 심적 에너지는 어떤 힘과 비슷한 동물자기를 삭제 처리한 것이다. 이러한 태도가 극단적 마조히즘일 뿐 아니라 틀리기까지 하다면 어떤가?

물리학자 슈뢰딩거Erwin Schrödinger도 이미 주장했듯이, 우리가 유일하게 의존할 수 있는 것은 결국 적어도 극미한 사물(전자나 광자) 두 개가 서로 "얽힐" 수 있다는 것이다. 그래서 그중 하나에 어떤 일을 가하면(극성을 주거나 스핀을 변화시키면) 다른 하나도 예컨대 상보적 방식으로 극성을 가지게 된다. 즉각적으로, 다시 말해서 빛보다 빠르게. 그리고 이런 상보적 행동은 아무리 멀리 떨어져 있어도 일어난다. 수 킬로미터 떨어진 두 미립자가 이런 식으로 행동하는 것을 관찰할 수 있다. 한 미립자는 도시의 반대편에 있다. 혹은 한 미립자는 인공위성에 있다. '아무리'라는 말은 "미립자가 다른 은하계에 있더라도"라는 뜻이다. 그리고 물리학자들은 이제 전자나 광자보다 수조 배 큰 규모의 실험에서도 마찬가지 결과를 얻고 있다. 가령 벅민스터 풀러Buckminster Fuller의 지오데식 돔을 닮은 모양 때문에 "버키볼buckyball"이라고 불리는 탄소 원자 군집들도 서로 얽힐 수 있다. 또 극히 작지만 눈에 보이는 소리굽쇠를 문질러서 양자 결맞음 상태로 만들면, 그것이 진동하는 동시에 진동하지 않는 것을 (육안으로) 볼 수 있다. 극히 작지만 눈에 보이는 거울을 절대 영도까지 냉각시켜 진공 상태에 격리하면(달리 말해, 아무것도 그것에 기계적으로 영향을 미치지 않게 하면), 기계적 입력이 없는데도 앞뒤로 움직이며 희미하게 반짝이는 것을 관찰할 수 있다.[28] 현재까지 여기에는 가령 〔두 미립자 사이를 잇는〕 어떤 구멍도 없다. 두 미립자의 공통 토대가 되는 어떤 실체도 없다. 만일 그렇다면 이 두 미립자는 실제로는 하

[28] Aaron D. O' Connell et al., "Quantum Ground State and Single Phonon Control of a Mechanical Ground Resonator," *Nature 464* (17 March 2010), 697–703; Amir H. Safavi-Naeini, "Observation of Quantum Motion of a Nanomechanical Resonator," *Physical Review Letters*, art. 033602 (17 January 2012).

나라는 의미일 것이다.[29] 개물들entities은 서로 다르지만, 서로 완전히 분리된 것은 아니다. (이 관념은 앞서 내가 생태적 사유에는 차이 나는 유형의 차이가 필요하다고 말한 것과 닮았다.)

인과는 딱 마법과 같다. 하지만 마법이야말로 우리가 필사적으로 삭제하려 한 것이다.

마법은 인과와 환각을 포함하고 인과와 환각의 뒤엉킴을 포함한다. 이것은 고대 스칸디나비아어에서 파생된 언어들에서는 **기묘함weirdness**이라고 불리기도 한다. 기묘하다는 것은 현상이 낯설다는 뜻이기도 하고 운명과 관계있다는 뜻이기도 하다.[30] 신석기 존재론에서는 현실에 기묘함이 없기를 바란다. 결국 기묘함이란 타로 카드나 〔미립자 행동의〕 동시성에 관한 모호한 표현에 국한될 뿐이다. 하지만 환각과 인과의 얽힘은 무슨 뜻인가? 사물이 어떻게 나타나는가는 단지 연장 덩어리 위에 우연히 장식되는 사탕이 아니라는 것이다. 현상이야말로 인과의 거처이다. 현상은 사물이 무엇인지와, 즉 사물의 본질과 불가분하게 접합되어 있다. "접합되어 있다"라는 말조차 잘못된 것이다. 현상과 본질은 뫼비우스띠에서 서로 다른 두 "면"과 마찬가지이다. 이들은 "같은" 면이기도 한 것이다. 어원으로 보자면, 비틀린 고리는 바로 **기묘함**이 가리키는 것이다. 사물의 최

---

[29] 안톤 차일링거Anton Zeilinger의 최근 연구는 비국소성 이론에서 이런 구멍을 제거한다. 달리 말해, 두 개물이 동시에 서로 조율한다는 역설을 지지한다.

[30] Oxford English Dictionary, "Weird," adj. http://www.oed.com, accessed 9 April 2014.

소 위상기하학은 뫼비우스띠이다. 그것은 모든 곳에서 선회하고 모든 곳에서 비틀리는 표면이다. 사물의 현상은 사물의 본질과 다르면서도 본질과 불가분하기 때문이다. 사물의 본질과 사물 데이터 간에는 뚜렷한 점선이 없다. 조현은 비틀린 고리 형태의 특별한 객체인 뫼비우스띠를 살피는 것과 같다. 뫼비우스띠를 만드는 것은 어렵지 않다. 종이를 얇은 띠 모양으로 찢어내서 비튼 후 양 끝을 붙인다. 그 모양을 따라 손가락으로 더듬어 가면 출발 지점의 "다른 면"에 도달하지만, 결코 "다른" 면으로 "뒤집힌" 것은 아님을 알게 된다. 기묘하다. 다시 말해, 그 모양에는 면이 하나밖에 없다.

　우리 세계를 지배하는 과학주의 이데올로기에는 안 된 일이지만, 그리고 우리가 과학주의에 따라 서로를 대하고 다른 생명체를 대하기를 강요하는 신자유주의에도 안 된 일이지만, 인과성의 거처가 현상이라는 관념은 그야말로 정확히 근대과학이다. 흄의 주장은 바로 사물을 고찰할 때 원인과 결과를 직접 볼 수는 없다는 것이었다. 우리가 가진 것은 데이터뿐이며, 원인과 결과는 그 데이터들의 상관관계이다. 그러므로 "인간이 지구온난화를 유발한다"라거나 "담배가 암을 유발한다"라거나 "당신이 내 관자놀이에 대고 쏘는 총알은 나를 죽일 것이다"라고 말할 수 없다. "97퍼센트의 확률로 그럴 것 같다"라고 말할 수 있을 뿐이다. 따라서 이것은 〔기후변화〕 부정론자들에게 문을 열어 준다. 그러나 이들은 알고 보면 근대성의 부정론자들이다. 손가락으로 가리킬 수 있는 인과, 투박하게 기계적이고 가시적이고 부단히 현전하는 인과를 놓지 않으려 하기 때문이다.

앞서 살펴보았듯, 칸트는 이 파괴적인 통찰을 보증했다. 즉, 우리가 가진 것이 데이터뿐인 이유는 아무것도 존재하지 않기 때문이 아니라, **사물이 존재하되** 이 사물이 우리가 그것을 포착하는 방식에서 뒤로 물러나 있기 때문이다. 칸트의 예시는 다음과 같다. 빗방울이 머리에 떨어진다. 빗방울은 축축하고 차갑고 공 모양이다. 그런데 이는 빗방울 데이터이지 실제 빗방울이 아니다. 하지만 그래도 빗방울raindrop이지 [작고 둥근 젤리인] 검드롭gumdrop은 아니다. 그리고 그것은 빗방울스럽다. 빗방울의 현상은 그것의 본질과 얽혀 있다는 말이다.[31] 칸트의 주장에 따르면 예술이 우리에게 주는 것은 데이터의 느낌, 즉 데이터의 데이터성인데, 이는 주어짐이라고 불리기도 한다. 칸트는 이 데이터-느낌이 하나의 조현 공간으로서, 최면 거는 망설임이 일어날 수 있는 전 우주에서 유일한 장소라고 주장한다. 이런 최면 거는 망설임은 대단히 중요하다. 선험적 종합 판단의 존재를 보증하기 때문이고, 이 경험에서 나는 나의 (포착 가능한) 경험을 넘어서 있는 무언가를 마법적으로 맛보기 때문이다. 칸트는 이러한 초월적 넘어서-있음에 접근할 수 있는 것은 초월적 주체의 수학화 능력뿐이라고 한정했다. 그러나 칸트는 빗방울을 비유로 들면서, 빗방울의 크기나 속도 같은 수학화 가능한 속성들도 현상의 측면에 있다고 진술한다(바로 이런 이유로 칸트는 비유를 꺼린다).

---

[31] Immanuel Kant, *Critique of Pure Reason*, trans. Norman Kemp Smith (Boston and New York: St Martin's Press, 1965), 84 – 85.

미적 차원은 어떤 불가피한 위험이다. 그것은 최면 같은 조현의 삭제된 조그만 영역이다. 그것이 없다면 우리는 사물의 본질과 사물이 나타나는 방식 간에 기묘한 간극이 있음을 모를 것이다. 그렇기 때문에 우리는 인격이라고 부르는 존재를 수단이 아닌 목적으로 다루어야 함을 알고 있다. 원리적으로 보아, 누군가가 나를 이용한다고 해서 내가 소진되지는 않기 때문이다. 이 조현을 통해 나는 〔영국 드라마 〈닥터후Doctor Who〉의 우주선이자 타임머신인〕 닥터의 타디스처럼 나의 내적 공간이 무한함을 알게 된다. 그러나 칸트의 《판단력 비판》의 (명시적 논변은 아니지만) 암묵적 논리에 따르면, 이와 마찬가지로 아름다운 사물 역시 내면이 더 클 공산이 있다. 경험에 따르면 어쩌면 만물이 타디스일 수도 있다. 아름다움 경험은 바로 누가 그것을 시작했는지, 즉 내가 시작했는지 아니면 사물이 시작했는지 구분할 수 없는 현상이기 때문이다. 그러나 칸트는 이것이 우리(주체)가 그것을 시작했음을 은연중에 가리킨다고 결론짓는다. 이는 내가 귀뚜라미cricket나 심지어 크리켓cricket 방망이와 같은 다른 사물들과 특별히 다르지 않다는 뜻이다. 또한 귀뚜라미나 크리켓 방망이가 내가 자신에 대해 생각하는 특별한 방식, 즉 인격으로 생각하는 방식을 공유한다는 뜻이다. 그러므로 크리켓 방망이가 어떤 면에서는 어느 정도 "살아 있을" 수도 있고, 귀뚜라미가 (어쩌면 크리켓 방망이 역시) 어떤 면에서는 "인격"일 수도 있다는 뜻이다. 말도 안 된다. 그렇지 않은가? 대학 구내식당에서 이렇게 떠들면 안 된다는 건 당연하다.

근대의 구조 중 결정적 지점에는 최면 같고 마법 같은 다이너마이트의 작은 조각이 내장되어 있다. 그것은 "역겹게도" 인간의 목적론적 준거틀에 잘 조율되지 않는 배음이 풍부한 어떤 음이다. 자기를 초월하는 주체는 비주체("객체")로부터 발산되는 신비로운 힘에 의해 보증된다. 냉장고에 불이 켜져 있는지 아닌지 판정하는 유일한 자는 나일 수도 있다(상관주의). 그러나 우선 냉장고가 있어야 하고, 내가 왠지 모르게 그 냉장고에 이끌려야 한다. 북스칸디나비아의 사미족은 오랜 세월 동안 기업의 탐욕과 국가 건설에 억압받아 왔다. 그렇다면 왜 사미족은 다국적기업에 얽힌 자들에 대항하는 마법을 쓰기를 꺼리는가? 그렇게 하면 그들 문화와 기업문화가 어떤 상호조현의 공간에서 얽힐 것이기 때문이다. 그런 시도는 그들 문화를 왜곡할 것이다.[32]

## 여러분이 낯선 사람일 때 사람들은 낯설다

사물들은 정확히 그것인 대로이지만, 결코 보이는 대로이지는 않다. 그래서 인격이라고 불리는 존재와 실상 식별되지 않는다. 인격은 바로 이런 식으로 선회하는 존재이다. 내가 제안하는 것처럼, 차이

---

[32] 이 문제에 대해 논의해 준 타냐 부스Tanya Busse에게 감사 드린다.

를 엄격한 분리가 아닌 으스스한 친연성으로 받아들이면, 의외로 인간은 비인간과 가깝고 비인간은 인간과 가깝다는 것을 알 수 있다.

그러나 이 두 구절("인간은 비인간과 가깝고 비인간은 인간과 가깝다")은 앞뒤가 잘 맞지 않는다. 우리가 유정하지 않고 의식이 없고 인격이 없는 지위로 환원될 수 있다는 것인지, 아니면 여우나 찻잔과 같이 우리 아닌 사물이 전통적인 인격으로 상향 환원될 수 있다는 것인지 근본적으로 결론을 내릴 수 없다. 내가 안드로이드일 수도 있고, 이 안드로이드가 인격일 수도 있다. 이것이 우리가 할 수 있는 최선이다. 둘 중 하나를 다른 것으로 환원해서 망설임을 삭제하는 것은 이른바 폭력이다. 내가 여러분은 기계일 뿐이라고 결론 내리면 내 맘대로 여러분을 조작할 수 있다. 내가 여러분은 인격이라고 결론 내리고 인격이라는 말이 "기계가 아닌 것"을 뜻한다면, 그와 달리 다른 사물들은 그저 기계라고 결론 내리고 그것들을 조작할 수 있다.

나는 나 자신이라는 선율을 연주하고 있다. 여러분은 이러한 나 자신에게 조현하고 있으나, 나 자신도 여러분에게 조현하고 있다. 그래서 나 자신과 나 사이에, 나와 여러분 사이에는 비대칭적인 교차가 있다.[33]

우리는 야바위의 세계에 살고 있다. 우리가 이 세계에서 처신하

33 Alan Turing, "Computing Machinery and Intelligence," in Margaret A. Boden, ed., *The Philosophy of Artificial Intelligence* (Oxford and New York: Oxford University Press, 1990), 40–66; René Descartes, *Meditations and Other Metaphysical Writings*, trans. and intro. Desmond M. Clarke (London: Penguin, 2000).

는 방식, 즉 야바위 세계의 윤리는 저 가정법적이고 망설이는 '아마도'의 질을 존중하는 것과 닿아 있다. 조현과 닿아 있다는 것이다. 앞서 말했듯, 삶에 관해 생각하는 맥락에서 조현은 한편으로 오롯이 사물이 되는 것, 즉 순전한 용해라는 절대적 위장(죽음의 한 종류)과 다른 한편으로 그 사물의 지속적 회피, 즉 세포벽 같은 벽을 세우는 기계적 반복(죽음의 또 다른 종류) 사이에서 춤을 추는 것이다. '나는 그것이다'와 '나 나 나' 사이에서, 달리 말하면 다른 것으로 환원될 수 있음(나는 단지 원자나 기계적인 요소들의 무더기일 뿐이다)과 다른 것과 아예 다름(나는 인격이고, 일부 존재만 인격이 될 수 있다) 사이에서 춤을 추는 것이다. 이른바 삶은 차라리 이 두 종류의 죽음 사이에서 떨고 있는 죽지 않는 자에 가깝다. 즉, 사물의 자기 유지 방식 자체에 내재하는 일탈, 어떤 이들의 표현처럼 준안정적 일탈인 것이다. 어떤 사물은 같은 것으로 남으려면 일탈해야 한다. 원의 모든 점에서 선이 일탈하는 것을 생각해 보자. 그것은 유리수의 차원〔지름〕과 직각을 이루는 차원에 존재하는 어떤 수(원주율)의 유혹적인 힘 덕분이다.

　나는 손님들에게 로스코 예배당을 두루 안내한 경험을 통해, 예술이 두렵거나 예술에 비판적인 사람에게는 거기서 일어나는 조현이 아주 불편하다는 좋은 실례를 얻었다(예술은 늘 정치적 억압의 산물이거나 부르주아적 감성의 산물이거나 혼란스럽게 만들기 위해 설계된 신비화라고 배웠을 수도 있다). 이런 조현을 비실재적인 것이라고, 그리고 이데올로기적인 효과라고 무시하거나 일축해 버릴 수 없기에 불편한 것이다. 정말로 무엇인가 일어나고 있다. 이런, 여기서 나 좀 꺼

내 줘! 예배당은 "종교적"이므로, 그 그림들을 그저 "예술"이라는 딱지를 붙인 상자에 넣어 버릴 수는 없다. "종교적"이라는 질은 구체적인 것이 아니라 자유롭게 떠도는 "영성"에 가까우므로 개념이라는 상자에 넣을 수도 없다. 종교는 예술 감상 같은 것으로 변했고 예술 감상은 영적 명상 같은 것으로 변했는데, 두 변화는 서로 깔끔하게 연결되지 않는다. 그래서 이 예배당에서 느끼는 것을 순전히 사회적으로 구성된 것이라고 쉽사리 일축해 버릴 수 없다.

그래서 어떻게 됐냐고? 어떤 학자들은 로스코 예배당에 고작 2분 머물렀다. 비요크Björk 와 아르카Arca, 그리고 다른 음악가 같은 몇몇 친구는 오래 머물렀다. 그 장소를 만끽하면서.

왜 이런 조현의 느낌이 어떤 이들에게는 두려울까? 조현은 그들이 어찌할 수 있는 것이 아니고, 그림들에서, 그리고 공간 자체에서 발산하는 것처럼 보이기 때문이다. 우리는 가지 색깔의 공간인 문 형태의 직사각형들〔로스코의 그림들〕에 조현한다. 그것들이 이미 우리에게 조율한 채 우리를 기다리고 우리에게 손짓하기 때문이다. 로스코 예배당의 그림은 대문이다. 다만 그 대문을 통해 무엇이 나올까? 그러한 그림은 데리다가 도래l'arrivant〔동사인가 명사인가?〕라고 부르는 것으로의 입구, 미래의 미래, 환원할 수 없고 예측할 수 없는 미래로의 입구이다. 철학은 경이(따라서 공포이거나 에로티시즘이거나 분노이거나 웃음)의 개념적 형식이다. 철학은 사물이 미래의 미래로 들어가는 대문으로 존재하는 방식에 조현하는 것이다. 지혜에 대한 사랑〔철학〕은 지혜가 여기에 온전히 있지 않음을 함축한다. 적어도 아직까지는. 혹시 지혜가 순간이동해서 여기에 온전히 내려앉을 수 있다면, 그것은 철학이 아니게 될 것이다. 천만다행으로 철학은 지혜가 아니다. 혹여 그렇다면, 나는 철학과 절연하고 싶다.

우리는 미학적 경험을 억누르기를 원할지도 모른다. 예측 가능하고 미리 짜인 의미에서 "예술"이라는 틀을 만듦으로써. 나아가 우리는 예술이 상품 형태의 반사작용이라고 여길지도 모른다. 그러면 의심하며 거리를 두는 데 제법 도움이 될 것이다. 부디 아무것에도 현혹되지 않기를 바라면서. 예술은 불안할 만큼 모호한 가장假裝이 짜 맞춰져 미학적 경험이 되는 방식을 보여 준다. 경이는 기만당하는 능력에 기초한다. 그러므로 속는 데 너그러울수록 더 현명해질지도 모른다. "속았다고 느낀 적이 있나요?" 조니 로튼으로도 알려진 존 라이든은 섹스 피스톨즈 콘서트 중 무대 위에서 이렇게 말한 적이 있다. 따라서 어쩌면 우리는 로스코의 그림을 무시할 수 있을 것이다. 예술 공간의 상품화를 다룬 예술평론가 브라이언 오도허티 Brian O'Doherty의 유명한 에세이처럼. 그에 따르면 이런 예술 공간은 현대 화랑의 무시무시한 "하얀 입방체"인데, 이것은 이제 미니멀리즘 주택 수백만 채 안에 복제되어 있다.[34]

우리는 예술 덕분에 사기를 당하거나 바가지를 쓰거나 강매당하거나 매춘을 하거나 팔려나가지 않기를 바란다. 즉, 조율되지 않기

---

[34] Brian O'Doherty, *Inside the White Cube: The Ideology of the Gallery Space*, intro. Thomas McKevilley (Santa Monica and San Francisco: Lapis Press, 1986).

를 바란다. 하지만 이것이야말로 예술이 할 수 없는 일이다. 근대 예술 이론은 예술을 사기 치거나 팔거나 바가지를 씌우는 일과 구별하고 "객체"라는 무서운 지위와 구별해 왔다. 그 결과, 예술은 경험의 아주 작은 영역에 국한된다. 이 영역은 세련됨을 넘어서는 세련됨이고, 속물적인 구매자와 소유자의 하얀 입방체 같은 순수함보다 더 순수함이며, 하얀 벽에 걸려 있지만 천박한 소비주의의 기미를 보이는 그 무엇보다 더 위에 걸려 있는 것이다.

고위험인 데다 고가인 예술산업에 어느 정도 정통한 사람이라면 확인할 수 있겠지만, 이러한 절제(그리고 절제의 절제)야말로 최고급 소비 공간이다. 그것은 우리 모두 사로잡힌 분방한 소비주의가 성찰적이고 "낭만주의적"으로 나타나는 방식이다. 우리는 모두 이제 유행을 따르는 대신 자신만의 양식을 선택한다고 즐겨 말한다. 그러면 하나의 양식은 다른 모든 사람의 양식의 견본일 수 있다. 이것은 흡사 우리가 다른 모든 사람, 소비주의에 빠진 저 가련한 바보들 위를 떠다니는 것 같다. 그러나 이른바 "나는 소비자가 아니다"라는 이 퍼포먼스야말로 궁극적인 소비 퍼포먼스이다. 오도허티는 하얀 입방체 공간 자체가 만들어 내는 추상화하고 사물화하는 "눈"을 싫어한다. 그뿐 아니라 이 눈이 질질 끌고 다니는 저 우스꽝스럽고 굴욕적인 몸, 신체를 지닌 저 가련한 "관객"은 더 싫어한다.[35] 오도허티는

---

[35] O'Doherty, *White Cube*, 35–64.

화랑의 구조 때문에 우리가 수동적으로 돌아다니게 된다고 말한다. 추상적인 거리를 두고 우리 자신을 바라보면서. 이 말에는 수동적이라는 것은 나쁘다는 뜻이 들어 있다. 수동적이라는 것은 객체가 된다는 뜻이고, 객체가 된다는 것은 주체가 아니라는 뜻이기 때문이다. 부디 우리가 객체가 되지 않기를. 부디 우리가 수동적이 되지 않기를. 그것은 죽음보다 나쁜 운명일 테다.

조현attunement이란 어떤 객체가 내게 행사하는 힘을 느끼는 것이다. 나는 그 객체의 견인 광선에 의해 그것의 궤도로 끌려가고 있다. 그럼에도 불구하고 우리는 조작당하면 안 된다는 말을 듣곤 한다. 우리는 하얀 입방체 공간이 불가피하게 우리 모두를 유혹하는 방식에 대해 [오도허티처럼] 《하얀 입방체에서Inside the White Cube》 같은 에세이를 쓴다. 다만 하얀 입방체 에세이의 화자인 '나'는 이렇게 유혹당하는 데에서 예외이다. 그 에세이가 질문을 던지는 세련된 독자인 여러분도 예외이다. 우리는 마치 몸을 초월하는 신플라톤주의의 영혼처럼, 이 모든 것의 위쪽으로 떠오른다. 저 가련한 짐승 같은 몸에서 탈출하고 객체들의 비참한 세계에서 탈출한다. (1990년대 청량음료 스프라이트의 광고인) "목마름에 복종하라"라는 말은 우리에게 아무런 영향을 미치지 않는다. 모든 사람이 객체화에 속아 넘어가더라도, '모든 사람이 객체화에 속아 넘어간다'라는 이 문장을 쓰는 사람, 나는 예외이다. 모든 문장은 이데올로기적이다. '모든 문장은 이데올로기적이다'라는 이 문장은 빼고. 어떤 식으로 일이 진행되는지 이제 이해가 가는가?

비평의 방식이란 쾌락 없음의 쾌락이라는 방식이다. 그것은 유혹에 넘어간 죄에서 손을 씻는 가학적 순수성이다. 마치 탈조율detuning이 조현 공간을 탈출하는 것인 양. 그러나 탈조율은 실은 재조율retuning일 뿐이다. 이런 방식에서는 키치를 만들거나 즐길 수 있는 것이 최악이다. 다행히도 아이들은 이런 것들을 들어 본 적이 없다. 내 아들 사이먼은 사팔눈을 만들어서 로스코의 그림을 들여다보면 빨간 선들이 진동하기 시작하여 눈앞에 떠다니고 메스껍고 어지러워진다고 말한다. 회전의자에 앉아 도는 것처럼 신나고 기이하게 유쾌한 감각이라는 것이다. 물론 그 그림들은 상점 진열장에 꼼꼼하게 진열된 상품은 아니다. 그것들은 오히려 인간에게 맞춰진 "사용 가치"까지 초과한다. 오도허티에게는 그가 포스트모던이라고 부르는 최고의 예술은 (인간) 주체들이 무엇이 좋은 예술인지에 관해 끝없이 나누는 대화이다. 조율은 관현악 공연의 일부가 아니라는 듯이. 이런 신화는 비틀즈의 〈서전트 페퍼스 론리 하트 클럽 밴드〉의 처음 몇 초만 들어도 곧 흩어져 버린다.[36] 사물의 향유는 가로막히는데 이것은 실은 쾌락을 준다. 게다가 여섯 살 아이에게는 로스코가 흥분을 주고자 한다는 것은 분명하다.

예술은 우리도 모르게 카리스마적 인과를 분출한다. 우리의 현대 세계의 수많은 사물과 다르게, 그리고 (세련됨, 취향, 비용과 같이) 한

---

[36] The Beatles, "Sgt. Pepper's Lonely Hearts Club Band," *Sgt. Pepper's Lonely Hearts Club Band* (Parlophone, 1967).

정판인 여러 한도 안에서, 우리는 여전히 예술을 들어오게 한다. 예술은 아무 이유 없는 열정의 영역이다. 나는 그냥 이 특정한 파란 색조가 좋다. 여러분이 이 신발의 금속 발가락 부분의 무게를 느껴 보길 바란다. 그리고 이 전시회에 들어와서 보고 장막 사이를 들여다보기를 바란다. 소설의 시대는 정욕의 시대였다. (르네상스 작가 아레티노Aretino의 경우처럼) 초기 소설은 어쩔 수 없이 외설적이었다. 그래서 우리가 예술에 관해 이야기할 때는 사랑과 욕망의 영역에서 이야기를 나눈다. 저 불안정하고 뒤숭숭하고 흔들리는 애인들이 있는 영역.

이제 예술 작품을 떠나서, 이런 영역에 대한 좀 더 일반적인 설명으로 시야를 넓혀 보자. 사랑은 직선이 아니다. 현실이 직선이 아니기 때문이다. 곡선과 굴곡이 산재하고 사물들이 선회한다.

도착倒錯per-ver-sion. 환경en-vir-onment. 이 용어들은 '선회하다veer'라는 동사에서 온 것이다. 선회하고 방향을 바꾸는 일은 내가 선택하는가? 아니면 내가 끌려가는가? 자유의지는 과대평가되고 있다. 나는 우주 바깥에서 결심한 후에 우주로 훌쩍 뛰어드는 것이 아니다. 올림픽의 다이빙 선수처럼. 난 이미 들어와 있다. 나는 인어와 같다. 끊임없이 끌리고 끌고 밀리고 밀고 튕기어지고 튕기고 뒤집히고 열리고 해류에 따라 움직이고 내가 낼 수 있는 최대의 힘으로 밀어낸다. 환경은 중립적인 빈 상자가 아니라, 해류와 파도로 가득 찬 바다이다. 환경은 둘러싼다environ. 주위를 선회하며 나를 어지럽게 만든다. 지구적인 것과 생태적인 것을 우주적인 것 안으로 휘게 하는 미학적 웜홀이다. 깊은 공간의 뒤틀림이다. 그것은 휘는 빛처럼 이 개울의 차가운 물속을 비춘다. 몇 페이지 앞에서 나는 이 개울에서 잡은 물고기에게 잡힌 바 있다.

시공간은 휘어 있고 굽어 있다. 시공간이 처음에는 평평하다가 객체들에 의해 비틀린다고 말하는 것은 옳지 않다. 객체들은 곧 시공간의 비틀림이다. 시공간은 객체들에서 방사하는 비트는 힘의 장이다. 사방에 만곡, 덩어리, 혹, 기이한 풍요가 있을 뿐, 죽은 공기는 없다. 시공간은 평평한 백지가 교란된 것이 아니다. 시공간은 교란이다. 물질-에너지를 교란하는 렌즈이다. 시공간의 볼록한 만화경을 통해 우리는 이 물질-에너지를 볼 수 있을 만큼 보지만 늘 전부보다는 적게 본다. 사물은 시간으로 얼룩져 있다. 그렇지만 사물은 시간이 덧칠되는 어떤 덩어리, 운동이라는 화장化粧으로 나아지는 어떤 덩어리가 아니다. 더 낫게 표현하자면, 사물은 바로 이 시간적 얼룩짐이다.

위대한 건축학자이기도 했던 19세기 작가 존 러스킨John Ruskin은 오래된 건물을 깨끗하게 하려는 (오늘날 특히 심한) 근대적 경향은 그가 시간의 얼룩이라고 즐겨 부른 것에 대한 신성모독적 말소라고 주장했다.[37] 어떤 의미에서 러스킨의 목표는 사물에 대한 존재론적 재기술이었다. 이에 따르면, 시간의 얼룩을 제거하면 실제 사물에 해

---

[37] John Ruskin, "The Seven Lamps of Architecture: The Lamp of Memory," in *Selected Writings*, ed. Dinah Birch (Oxford: Oxford University Press, 2009), 16 – 27 (25).

를 끼치게 된다. 사물은 실제로는 이러한 시간적 얼룩이기 때문이다. 얼룩을 부수적인 것으로 간주하여 건물에서 닦아 내는 것은 사물이 그것의 나타남 아래 있다고 가정하기 때문이다. 이것은 오랜 기본값 존재론인 실체 존재론이다. 이에 반해 사물이 더러워지도록 허용함은 사물이 시간과 불화하지 않기를 허여하는 것이다. 미켈란젤로가 그린 시스티나 예배당의 "더러운" 천장화는 오늘날에도 당시 깜빡이는 촛불 조명에서 보였을 모습과 여전히 비슷하다.

뉴턴의 세계는 직선적 사랑의 영역이자 순간적 중력 다발들의 영역이다. 이들은 시간을 벗어나서 모든 곳에서 모두 단번에 작용하는 신의 사랑이다. 이 전지한 존재의 편재하는 힘은 정적인 연장 덩어리들에 작용하여 그것들을 일으키고 마치 소 떼처럼 이리저리 밀고 끌고 다닌다.

그러나 우리가 사는 세계는 이러한 뉴턴의 세계가 아니다.

아인슈타인의 세계는 도착적 욕망의 영역이자 시공간을 구성하는 중력파의 보이지 않는 잔물결들의 영역이며 별들이 잠긴 채 떠다니는 보이지 않는 바다이다. 우리는 죽은 자를 사랑한다. 우리는 환상을 사랑한다. 그것들도 우리에게 사랑을 돌려주는가? 우리는 그것들에 당겨진다. 그리고 이런 일이 일어나면 시간은 중합체重合體처럼 팽창하고 수축한다. 이 세계에서 물결치는 시간은 사물의 환원 불가능한 속성이자 사물에서 분출되는 유동체의 부분이므로, 이런 세계에서는 어떤 신도 전지할 수 없다. 우주에는 하나의 관찰자가 결코 확인할 수 없는 부분들이 있는 것이다. 그것들은 실재한다. 그

곳에서 사물들이 일어난다. 그러나 어떤 관찰자들은 그 사물들이 어디에서 일어나는지, 언제 일어나는지 전혀 알지 못할 것이다. 우주의 어떤 사람들은 여러분이 이 책을 읽고 있다는 것을 전혀 모를 것이다. 결코 알 수 없기 때문이다. 여러분이 그들을 알 수 없는 것처럼.[38]

빛의 속도가 지배하는 우주에서 부분들은 숨겨져 있고 뒤로 물러나 있으며 모호하다. 이 우주라는 단테의 〔《신곡》 지옥편 제1곡에 나오는〕 어두운 숲, 찰랑찰랑 흔들리는 잡초가 무성한 수중의 숲. 우리는 이런 관념이 퍽 위안이 됨을 알게 된다. 이는 우리가 편재하거나 전지할 수 없음을 뜻한다. 우리가 시간의 외부에 있는 어떤 자리로부터 저 가엾고 고통받는 우주의 존재들을 내려다볼 수 없음을 뜻하며, 그들의 아픔에 대해 흔히 연민이라고 말하는 가학적 미소를 지을 수 없음을 뜻한다. 우리가 때때로 계몽의 추상적 시선이라고 부르는 것 말이다. 근대 유럽 및 미국의 초기 역사에 나타난 그 계몽의 시기에는 보편적 가치들을 또렷하게 표현했는데, 불행히도 인종, 계급, 젠더 같은 절박한 특수성은 희생시켰다. 볼니C. F. Volney의 《제국의 몰락The Ruins of Empires》이나 셸리Shelley의 《매브 여왕Queen Mab》과 같은 당대의 많은 예술 작품은 바로 우주 외부의 이런 자리에서 우주를 심판하는 방식으로 연출된 것이다.

아인슈타인의 우주에 있는 각 개물entity은 개울에서 선회하는 난

---

[38] 이것이 성대성이론에 대한 헤르만 민코프스키Hermann Minkowski의 기하학적 증명이 지닌 심오한 함의이다.

류亂流와 같다. 그것은 모든 것을 알 수는 없는 세계 터널 또는 소용돌이와 같다. 거기에는 헤쳐 버릴 수 없는 어둠이 있다.

이제 양자이론이라고 부르는, 사물에 관한〔성대성이론보다〕훨씬 기이하고도 훨씬 정확한 설명을 생각해 보자. 양자이론에서는 움직이는 것과 멈춘 것의 이분법(그리고 동사와 명사라는 개념의 이분법이나 객체와 질이라는 개념의 이분법)이 유지될 수 없다. 다른 객체들로부터 최대한 멀리 떨어진 객체도 여전히 이들과 더불어 진동하기 때문이다. 이들에 의해 밀쳐지지 않더라도, 다시 말해서 기계적 인과의 영향을 받지 않더라도.[39]

내가 세계 외부에서 들여다보며 어떤 선택을 할지 생각한다는 관념은 방화벽과 살균제로 존재를 현상으로부터 분리하는 실체 존재론에 대응하는 윤리적 등가물이다. 그러나 이런 사상 계열의 전통주의적이고 "보수적인" 버전인 이른바 "환경주의" 역시 흔들림, 즉 조현의 진동으로 가득 찬 망설임을 억누르려고 한다. 이는 환경주의라고 불리지만〔선회veer를 포함하여〕환경적en-vir-onmental이기에는 역부족이다.

의외가 아니다. "전통적인" 농업 로지스틱스는 결국 지금의 버전으로 귀결되기 때문이다. 그래서 우리를 인도하는 전통의 무게라는

---

[39] 예를 들어 다음을 참조할 것. O'Connell et al., "Quantum Ground State and Single Phonon Control of a Mechanical Ground Resonator"; Safavi-Naeini et al., "Observation of Quantum Motion of a Nanomechanical Resonator."

개념에서부터 무한한 (인간의) 자유와 "선택"이라는 놀이까지는 죽 연결되는 선이 있다. 미학적 차원은 일반적으로 이 두 개의 극을 붙이는 특별한 접착제로 상상된다. 인간이 적절한 형식을 부여하도록 허용하고, 자기의 세계를 자기의 요구에 완전하게 조화시키도록 허용함으로써. 그러나 미학적 차원은 그렇게 작동하는 것이 아니다. 우리는 이 차원이 (인간의) 판형과 깊이 얽힌 것이 아니라 사물들 그 자체와 깊이 얽혀 있음을 보아 왔다. 우리가 잠들도록 허용하고 꿈이 찾아오도록 허용하는 데에는 어떤 용기가 필요한데, 이것은 예술이 우리에게 영향을 미치도록 허용하는 용기와 유사하다. 환각 상태에 보이는 환영이야말로 대체 어떤 것을 볼 수 있을 가능성의 조건이다. 듣는다는 것은 내 귀에 방사되는 소리와 외부로부터 귓속의 액체를 교란하는 압력파의 교차이다. 나 아닌 것이 손짓하면서 나를 망설이게 한다.

## 으스스한 골짜기로부터의 탈출

생명체들을 살펴보면 우리 생각보다 훨씬 기이하다. 그 이유는 어느 정도는 "생명" 개념 자체가 우리 생각보다 훨씬 기이하기 때문이다. 생물학biology이라는 분과학문의 명칭은 1800년 등장한 신조어이다. 생물학은 생명에 관한 과학이다. 그런데 생명을 과학적으로 다루게 된 결과 중 하나는 살아 있는 사물과 살아 있지 않은 사물의 경계를 천연스레 긋는 일이 점점 어려워진다는 것이다. 우리는 어차피 화학물질로 이루어진 것이다.

우리는 지금까지 생명체들의 인과적 연결에 관해 이야기해 왔다. 때로는 생명의 거미줄이라고 부르는 것 안에서 사물들이 어떻게 상호 연관되어 있는지 이야기해 왔다. 이제 미학과 윤리학이라는 영역을 좀 더 살펴보자. 연결은 어떻게 느껴지고 연결함은 어떻게 보이는가?

사물들이 서로 연결되어 있다고 해서 꼭 완전히 하나로 으깨져 있다는 것은 아니다. 사물들은 서로 의존한다. 한 사물은 어떤 사물에는 더 의존하고 다른 사물에는 덜 의존할 수도 있다. 이것은 느슨하고 불안정한 연결 시스템이다. 레고로 만든 큰 모형처럼. 또는 침대 위에 둥둥 떠 있는, 얇은 철사로 판지들을 연결한 불안정한 모빌처럼. 만물이 온통 하나로 으깨져 있다면, 인과적으로나 윤리적으로나 미학적으로나 연결은 별문제도 아닐 것이다. 하지만 연결은 큰 문제이다. 예를 들어 환경주의 구호단체들은 때로 "카리스마 있는 거대동물[40]"이라고 불리는 것, 즉 판다처럼 크고 귀여운 동물을 묘사하여 기부를 장려하는 것으로 유명하다. 그런 일에 점균류나 벌레나 박테리아는 어떨까? 지구온난화는 박테리아에게도 고되다. 그래서 토양에도 재난이고 인간에게도 재난이다.

---

[40] [역주] 거대동물charismatic megafauna은 모금운동이나 캠페인에 등장하는, 상징적 가치나 대중적인 호소력을 지닌 대형 동물을 말한다.

우리가 다루고 있는 이 체계들은 비틀거리고 유약하다. 생명체가 보이는 방식을 염두에 두든, 생명체에 대한 우리의 행동 방식을 염두에 두든, 인과 영역에서 생명체와 우리의 연결 방식에 대한 우리의 지식을 염두에 두든 말이다. 우리는 생명체를 지각하는 문제에서 심하게 한쪽으로 치우친 방식을 발전시켜 온 것 같다. 그것은 미학적 부분이다. 이 방면에서 우리와 생명체의 연결은 완만한 경사를 가진 평평한 평원 같지 않다. 다시 말해, 그 경사의 꼭대기에는 우리가 동일시하는 생명체들이 있고, 그 바닥에는 우리 관심을 끌지 못하는 생명체들이 있는 것이 아니다. 그것은 완만한 경사가 아니다. 오히려 로봇공학에서 말하는 으스스한 골짜기Uncanny Valley에 가깝다.

으스스한 골짜기란 무엇인가? 언덕 꼭대기에 있다고 상상해 보자. 골짜기 너머 건너편 언덕을 바라보고 있다. 건너편 언덕에는 귀엽고 작은 로봇이 있다. 〈스타워즈〉의 고전적 캐릭터 R2D2나 최근의 〈스타워즈〉의 귀여운 로봇 BB8 같은 로봇 말이다. 이런 로봇은 귀엽다. 으스스한 골짜기 이론에 따르면, 전혀 우리 자신을 떠올리게 하지 않기 때문이다. 그래서 이런 로봇과 소통할 때 이런 로봇은 우리 자신의 정체성에 위협이 되지 않는 매력적인 방식으로 경험된다. 우리는 이런 로봇이 우리의 구역을 침범한다고 느끼지 않는다. 우리는 인간이고 이런 로봇은 인간이 아님을 알려 주는 그런 구역 말이다.

건너편 언덕 정상에서 그 뒤로 저 멀리에는 산업용 로봇처럼 인간과는 전혀 다른 로봇들이 있다. 우리는 그들에 대해서는 마음조차 쓰지 않을 것이다. 그들이 우리에게 말을 걸지 않기 때문이다. 이에 비해 R2D2는 우리에게 말을 건다. 그는 솜을 채운 동물 장난감에 더 가깝다. 이제 골짜기 아래를 내려다볼수록 차츰 더 불쾌감을 주는 온갖 존재가 눈에 들어온다. 거기에는 인간적 질들을 지니고 우리와 비슷하기에 우리를 불안하게 만드는 로봇들이 있다. 그리고 저 아래 어딘가에는 주검이 있다. 또 골짜기 바닥에는 살아 있는 주검, 즉 좀비가 있다. 좀비는 죽어 있고 역겨울 뿐 아니라 역겹게 살아 있다. 우리 지척의 골짜기 경사에는 좀비 수준부터 위로 올라오면서 정말 살아 있는 듯한 꼭두각시들이 서식한다.

으스스한 골짜기 어딘가에는 휴머노이드, 호미니드, 호미닌[41] 유형의 존재들이 있다. 이들은 유전적으로 우리와 가깝거나 우리를 닮도록 설계된 존재들로 정의된다. 으스스한 골짜기 이론에서는 이런 존재는 우리와 너무 닮아서 우리를 불안하게 만든다고 한다. 최근에야 인정된 사실은 가령 (DNA 증거를 무시할 수는 없으므로) 우리 호모사피엔스가 유전적으로 네안데르탈인과 매우 가까울 뿐 아니라 네안데르탈인과 성적 교류도 있었다는 것이다. 따라서 현재 우리의 DNA 중 상당 부분은 네안데르탈인에게서 유래했다는 것이다.

---

[41] [역주] 호미니드hominid는 사람과科에 속하는 영장류로, 여기에는 현생인류, 침팬지, 고릴라, 오랑우탄, 그리고 이들의 직계 조상이 속한다. 호미니드의 하위 계열인 호미닌hominin은 사람족族에 속하는 영장류로서 현생인류와 그 직계 조상을 가리킨다.

우리가 스스로에게 거듭 말해 온 이야기는 네안데르탈인이 우리와 가깝기는 하지만 충분히 다르다는 것이었다. 우리와 그들의 "원시적" 본질이 안심할 만큼 멀기 때문이다. 그러나 실은 호모사피엔스가 생각보다 네안데르탈인에 더 가까우며, 나아가 우리가 어느 정도는 네안데르탈인일 수도 있음을 우리는 알고 있다. 그리고 이것은 우리를 겁먹게 한다. 우리는 네안데르탈인이 우리가 자신을 부르는 식으로 사피엔스(현명)하지는 않다고 말하기도 했다. 그래서 그들은 원래 우리 기획에 방해가 되었고, 그래서 그들을 말살"해야" 했다는 것이다. 우리의 기획은 그들이 감당할 수 있는 것보다 훨씬 미래지향적이기 때문이다. 또는 우리는 그들이 우리만큼 의식을 가지지는 못했을 것이라고 말한다. 강한 미래 감각이 없었다면 상상력도 거의 또는 전혀 없었을 것이기 때문이다. 그런 까닭에 우리가 매복했다가 그들을 말살했을 때 그들은 주의를 기울이지 않고 있었던 것이다. 이건 다소 순환적으로 들린다. 네안데르탈인이 대단하지 않은 이유는 우리가 그들을 제거했기 때문이라고 논증한다. 그러나 나아가 우리가 그들을 제거한 이유는 그들이 대단하지 않았기 때문이라고 논증한다. 이런 비합리적 순환은 바로 지금 우리가 우리를 비롯한 생명체에 대해 생각하고 느끼는 방식과 관련된다. 그것은 이 순간 우리의 행동 방식을 형성하는 무의식적이거나 반*의식적인 태도, 혹은 구조적인 태도이다.

우리 골짜기의 가파른 정도는 인종차별주의나 종차별주의 같은 증후군들의 좋은 지표일 것이다. 이 골짜기가 몹시 가파르다면 우리가 으스스한 존재들을 사고나 느낌이나 의식(또는 우리가 가지는 그 무엇)의 아래에 있는 어떤 영역으로 치워 버리는 일을 많이 한 것이다. 우리는 그 존재들에 너무도 겁을 먹었고 그 존재들이 너무도 역겨운 나머지 거의 잊었다. 그렇지 않고 그들에게 조금 더 관용적이라면, 우리의 골짜기는 상당히 얕을 수도 있다.

그러나 가파르든 그렇지 않든 이런 골짜기는 여전히 존재한다. 우리는 여전히 자신을 어떤 식으로든 그 골짜기 안에 있는 존재들과 구별하고 있다. 그들은 왜 그 안에 있는가? 나는 **모호성**ambiguity이야말로 그들을 규정하는 특징이라고 생각한다. 그들은 나와 연결되어 있는가, 그렇지 않은가? 그들을 보다 보면 알아볼 만한 특색이 있는 듯 보인다. 하지만 뭔가 무척 기이하다. 예컨대 어쩌면 안드로이드일 수도 있다. 그들이 안드로이드이고 내가 그들과 꽤 닮았다면 나 자신도 안드로이드일지 모른다. 이것이야말로 내가 정말 불안하게 느끼는 것이다. 나와 그들의 공통점은 내가 바라는 것보다 많을지도 모른다. 이런 식으로 생각하기 시작하면 골짜기는 인간중심주의, 인종차별주의, 종차별주의가 만들어 낸 인공물이 된다. 때로는 이런 〔낯선 자를 뜻하는 그리스어 제노스xénos와 두려움을 뜻하는 포보스phóbos의 합성어인〕 제노포비아xenophobia, 즉 "타자"에 대한 공포는 실은 우리와 그 "타자"의 공통점에 대한 공포이다. 우리가 흔히 말하는 것과는 달리 우리가 저 로봇이나 좀비(혹은 다른 문화나 다른 젠더의 사람)와 그다지 구별되지 않는다는 은밀한 감각. 이 근접성이야말로 저 불편하고 으스스한 느낌을 유발한다. 우리는 그것이 무엇인지 인식하는 대신에 대개는 밀어내 버린다. 이런 구분에서 우리가 서 있는 정상과 저 골짜기 아래의 거리를 유지하려는 것이다.

우리는 존재들 사이의 깔끔하고 엄밀한 구별을 바란다. 이것이 바로 차별discrimination이라는 적절한 말로 불리는 것이다. 하지만 어떤 것이 분별되고 차이가 있다고 해서, 그것을 우리로부터 윤리적이거나 존재론적으로 구별할 수 있는 것은 아니다. 이것이 우리 가엾은 네안데르탈인의 문제이다. 네안데르탈인은 우리와 대단히 많이 닮았다. 하지만 상당히 분별되기도 한다. 네안데르탈인은 여러 범주 사이에 있다.

내가 휴스턴의 자연사박물관을 방문할 때처럼, 여러분도 여러분 지역의 자연사박물관에 가면 요즘은 수많은 생명체를 묘사하는 벽 크기의 그림을 볼 수 있다. 여우원숭이로부터 우리까지 이르는 인간의 직계 진화사에서 우리와 연결된 생명체들 말이다. 그런 그림은 고르지 않게 제멋대로 뻗는 거미줄일 것이다. 그것은 마치 우리의 가족 같은 것이어서 가계도를 보는 것 같다. 이 생명체들은 우리를 닮았다. 우리가 인지적으로 편안하게 느끼거나 적어도 친숙하게 느낄 만큼 우리를 닮았고 우리와 연결되어 있다. 시종일관 편안하지는 않더라도, 우리가 말하자면 그들 집에서 저녁 먹는 정도는 용인할 수 있을 만큼 말이다.

그렇지만 바로 그래서 이들 생명체는 우리와 닮지 않았다. 가령 우리는 존 삼촌의 거북한 버릇 때문에 늘 몹시 넌더리가 난다. 또, 왜 이 여자가 나의 여동생인지 도무지 알 수 없다. 나와 여동생은 서로 다른 행성에서 왔을지도 모른다. 이런 존재들은 익숙하면서도 낯설다. 사실 우리가 그 존재들에 대해 많이 알게 될수록 그들은 더 낯설어진다. 어떤 사물에 대해 더 많이 안다고 해서 꼭 그 낯섦이 사라지지는 않는다. 과학이야말로 그것을 깨닫는 방법 아닌가? 우리의 우주는 더 많이 알수록 한결 낯설어진다.

익숙하면서도 낯설다는 것을 표현하는 말이 으스스하다는 것이다. 우리가 으스스한 골짜기로 밀어 넣은 존재들에 관한 한, 우리는 인종차별주의자이자 동성애혐오자이자 성차별주의자이다. 인간마저 저 아래로 밀어 넣기 때문이다. 여기서 우리가 다루는 것은 꼭 다름은 아니다. 윤리와 정치는 다름의 용인이나 인정이나 수용에 관한 것이 아니라 오히려 낯섦의 용인이나 인정이나 수용에 관한 것일 수 있다. 이런 낯섦은 모호성으로까지 좁아든다. 이를테면 사물은 익숙함과 낯섦 사이에서 진동하는 것처럼 보이는 것이다.

예술 감상은 사물의 모호함을 허용하는 것이 아닌가? 이 세상에는 온갖 종류의 그림, 조각, 책, 음악이 있다. 그뿐 아니라, 그런 사물이 창작되고 수용되고 해석되는 방식(그리고 여타 여러 방식)과 관련하여 온갖 종류의 문화가 있다. 아마 가장 근본적인 일이겠지만, 이 예술 작품이 이제 우리에게 무엇을 "말하고자" 하는지 모르겠다는 것이 문제이다. 이런 일이 특히 뚜렷하게 드러나는 것은 우리가 어떤 좋아하는 작품과 여러 해 동안이나 함께 지내 왔을 때이다.

더 깊이 들어가면, 예술 감상에서는 기이한 일이 일어난다. 많은 철학자가 이를 불안하게 여겨 왔다. 예를 들어, 예술과의 연결이라는 경험 탓에 골짜기를 유지하는 일이 어려워진다(때로는 불가능해진다)는 것은 불안하다. 우리가 그 건너편의 다른 개물entities을 "타자"로 보는 저 골짜기 말이다. 왜 그런지 살펴보자. 예술이 나에게 영향을 미친다는 것은 아주 분명하다. 이 영향은 대부분 내가 초대하지 않은 것이다. 내가 청한 적이 없다는 것이야말로 재미있는 부분이다. 나는 바로 이런 식으로 영향받을 수 있음을 전혀 몰랐다. "영향"의 의미에 관한 나의 감각은 이 예술 작품에 의해 송두리째 바뀌었다. 나는 어떤 예술 작품을 사랑하면 마치 텔레파시처럼 그것과 기이한 마음 융합에 드는 듯하다. 물론 내가 감상하는 이 사물이 의식도 없고 유정하지도 않으며 심지어 살아 있지도 않음을 "잘 알지만" 말이다(정말 잘 아는가?). 나를 엄습하는 어떤 것에서 나오면서 나에게 미치는 알 수 없는 영향을 경험한다. 그러나 누가 "그것을 시작했는지" 구별할 수 없다. 그저 어떤 오랜 사물에 내가 아름다움에 대한 내 개념을 부여하는 것인가, 아니면 이 사물이 나를 완전히 압도하는 것인가?

아름다움이라고 일컫는 것을 경험하는 진정한 느낌은 우리가 사물에 꼬리표를 붙이는 것도 아니고, 그렇다고 완전히 무력해지는 것도 아니다. 그것은 오히려 내 안에서 나 아닌 것을 발견하는 일과 같다. 나의 내면 공간에는 내가 지어내지 않은 느낌이 있으며, 이 느낌은 저기 미술관 벽에 걸린 이 "객체"로부터 내게 보내지는 듯하다. 그러나 이 느낌이 정확히 어디 있는지, 이 느낌이 사물에 대한 것인지 나에 대한 것인지, 내가 왜 이렇게 느끼는지 찾아내려 한다면, 그리고 그것을 분리해 낸다면, 바로 그것에서 아름다운 점을 망쳐 버리고 만다.

용인tolerate과 감상appreciate의 차이는 무엇인가? 그 차이는 모두 이 공존이라는 주제와 관련된다. 용인은 어떤 것이 내 개념적 준거틀 안에 존재하는 것이 실은 허용되지 않음에도 불구하고 내가 그런 일을 허용한다는 뜻이다. 감상은 내 준거틀이 무엇이든 그저 감탄한다는 뜻이다. 그래서 우리는 예술에 대해 말할 때 감상한다는 말을 쓴다. 그 누구도 "베토벤 현악4중주를 용인했다"라는 말을 긍정적으로 쓰지 않는다. 하지만 우리는 "그 디스코곡을 진심으로 감상했다"라고 예사롭게 말할 수 있다. 그러면 사람들은 우리가 긍정적인 의미로 말함을 알게 된다.

이런 식으로 생각하면, 왜 모호성을 감상하는 능력이 생태적 삶의 기초인지 알 수 있다.

무슨 뜻인지 이해가 되는가? 생태적 사물에 대한 무관심이야말로 올바른 생태적 느낌을 찾을 수 있는 장소이다. 이것은 무관심을 너무 공격적으로, 너무 빨리 소거하는 것이 전혀 도움이 되지 않는 중요한 이유이다. 우리는 왜 마음을 써야 하는지 모른다. 그런데 우리는 모두 아름다운 것을 경험할 때 이렇게 느끼지 않는가? 이 화음의 배열은 어째서 나의 뺨에 눈물이 흐르게 하는가?

다른 생명체들에게 친절할 이유는 꽤 많다. 하지만 그 생명체들 주변에는 유령 같은 반#그늘이 있다. 그것은 아무런 이유도 없이 그 생명체들을 감상하는 느낌이다. 무언가를 그냥 사랑하는 데에는 대단한 이유 따위는 없다. 하필 이 인격을 사랑"해야" 하는 이유를 빠짐없이 나열할 수 있다면, 사랑에 빠지지 않은 것이리라. 모르는 것이야말로 진실에 더 가까울 것이다. 윤리적 결정 주위를 둘러싸는 이 모호하고 유령 같은 미학적 후광은 어떻게 행동해야 하는지를 알려 주지 않는다. 아니, 대체 행동해야 하는지, 행동하지 않아야 하는지조차 알려 주지 않는다. 여기에는 어떤 "수동적" 질이 있다. 능동과 수동의 구분도 그렇게 가늘면서도 엄밀한 것이 아니다. 흔히 수동적이라는 말은 실은 우리가 이야기하고 있는 반그늘을 뜻한다. 우리가 아름다운 예술 작품에 연결되는 방식은 능동적인가 아니면 수동적인가? 분명히 우리는 이 작품을 먹고 싶지는 않을 것이다. 그러면 이 작품을 소멸시킬 테고, 우리가 이 작품을 좋아하기 때문이다. 하지만 그렇다고 이것이 우리를 때려눕히는 것도 아니다. 이것은 우리에게 영향을 미치기는 하지만, 비폭력적으로 그렇게 한다.

다른 생명체를 용인한다는 것은 그 생명체를 으스스한 골짜기 안에 내버려 두는 것과 같다. 물론 골짜기 아래로 내려가 그 생명체를 도울 필요가 있음은 인정하더라도 말이다. 그러고 나서는 다시 우리의 자리인 정상으로 돌아간다. 그럴 만한 이유 없이도 어떤 생명체를 감상한다는 것은 으스스한 골짜기를 조금 얕게 만드는 것과 같다. 계속 그렇게 하다 보면 으스스한 골짜기는 평평해지기 시작한다. 그러다가 내가 유령의 평원Spectral Plain이라고 부르는 것이 된다.

유령의 평원이란 무엇인가? 그것은 사방으로 뻗어 있는 완전히 평평해 보이는 지대이다. 이 평면 위에서는 살아 있는 것과 살아 있지 않은 것, 유정한 것과 유정하지 않은 것, 의식적인 것과 의식적이지 않은 것을 수월히 구별하지 못한다. 골짜기를 팠던 나의 범주들은 모조리 오작동하기 시작한다. 심각하게 오작동한다. 그 범주들이 사라져 버리면, 나는 답을 얻을 것이다. 그러니까 예컨대 나는 생명을 붕괴시켜 비생명으로 만들 수 있을 것이다. 그러면 실로 생명 있는 존재는 없고 화학물질 덩어리들만 있게 된다(이는 과도한 지식이라는 문제들을 제거하기 위해 속류 유물론이 사용하는 환원주의적 해법이다). 이에 따르면, 오작동은 수리할 수 있다. 나는 모호성을 제거할 수 있다. 이런 관점에서 본다면 으스스한 골짜기의 잘못은 바로 내가 모호하게 느끼도록 만든다는 것이다.

그렇지만 나는 으스스한 골짜기의 오류가 그것이라고 생각하지 않는다. 내 생각에 으스스한 골짜기의 오류는 그 골짜기 양쪽의 정상이다. 오류는 그 골짜기 안에는 우리도 있지 않고 우리가 사랑스러운 장난감이라 여기는 로봇들도 있지 않다는 것이다. 우리가 체감하는 이 골짜기에 있는 정상과 정상 사이에는 좀비와 같은 존재들이 살고 있음을 기억해야 한다. 우리 "건강한" 인간은 한쪽 정상 위에서 살고, 귀여운 로봇들은 다른 쪽 정상 위에서 산다. 으스스한 골짜기에는 좀비들이 산다. 그들은 (우리가 우리 자신에 대해 즐겨 생각하는 방식인) 정신과 육체라는 데카르트적 이원론을 구현하기는 하지만, 표준적이고 "말끔한" 방식으로 그렇게 하지는 않기 때문이다. 그들은 살아 있는 주검인 것이다. 그들은 마치 이 이원론을 조롱하는 것 같다(바로 그들 자신이 이 이원론에 대한 풍자이다). 우리가 그들을 보면서 가지는 상상적 관념은 정신-육체 이원론이 실은 심각한 오류임을 보여 준다.

으스스한 골짜기라는 개념은 인종차별주의를 설명할 뿐 아니라 그 자체가 인종차별적이다. 그 골짜기는 "건강한 인간적 존재"와 (히틀러가 무척이나 사랑한 개 블론디는 말할 것도 없이) 귀여운 R2D2 유형의 로봇을 단호하게 분리한다. 이런 분리를 통해 열리는 그 사이 금단의 영역은 으스스한 존재들로 가득하다. 이 존재들은 [어떤 명제와 그것의 부정 가운데 하나는 반드시 참이라는] 배중률의 지대에서 추악하게 거주하는 것이다. R2D2와 건강한 인간의 거리는 우리가 주체와 객체의 과학주의적 분리를 느끼고 체험하는 방식과 쉽게 연결되는 듯하다. 그리고 앞서 살펴본 바와 같이 이런 이원론은 항상 억압된 비체화abjection를 내포한다.

R2D2와 블론디가 귀여운 이유는 명백하게 다르고, 덜 강하기 때문이다. 이처럼 사물을 주체와 객체로 엄격하게 분리하는 것이야말로 바로 "나"와 비슷한 개물들entities이 사는 저 으스스한 금단의 배중률 구역을 만드는 것이다. 이것은 물론 반유대주의의 근원이고, 무엇을 인간으로 간주하는지를 둘러싼 끝없는 통제이며, 네안데르탈인으로부터 호모사피엔스를 방어하는 것이다.[42] 편견의 사례인 인종차별주의는 인간으로서의 우리와 (우리가 자연이라 부르는) "저 너머" 다른 정상 위의 다른 친근한 존재들 사이에 깔끔한 차이가 있는 척하는 것

---

42 조르조 아감벤Giorgio Agamben은 다음에서 이와 관련된 주장을 편다. *The Open: Man and Animal*, trans. Kevin Attell (Stanford: Stanford University Press, 2004), 33–38.

이다. 우리가 서로 연결된 온갖 존재들이 눈에 보이지 않게 갇혀 있는 저 가파르고 깊은 골짜기를 만들어 냈기 때문이다. 우리에게는 비체들(골짜기 속 존재들)이 있고 우리가 그들을 "사라지게" 했다. 그래서 원한다면 객체(히틀러의 개, R2D2, 얼굴 없는 산업용 로봇, 돌)와 대립하는 주체(우리)를 가질 수 있다. 골짜기 건너편의 R2D2를 보면서 그것과 우리가 사뭇 다르다는 것을 알 수 있는 것(종차별주의)은 우리가 이 작고 귀여운 로봇과 우리를 이어 주는 모든 으스스한 존재들을 이 로봇과 우리 사이의 얕은 골짜기에 감춰 두었기 때문이다.

골짜기가 평평해져서 평원이 되면, 만물은 우리가 골짜기라는 변기로 내려 버리려 했던 비체로부터 무언가를 어느 정도 되찾는다.

유령의 평원에는 기본 예절이 있다. 이것은 타자의 환대hospitality to strangers라는 개념과 관련 있다. 이런 환대는 무엇에 좌우되는가? 궁극적으로는 우리가 결코 환대하지 못할 어떤 존재를 환대한다는 기묘한 관념에 좌우된다. 손쉬운 환대에는 이처럼 환대할 수 없는 자에 대한 불가능한 환대, 유령 같은 환대가 출몰한다. 이런 환대가 없다면 손쉬운 환대도 쇠퇴할 것이다.

조현attunement은 필연적으로 선회하는 질을 지니고, 비스듬하고 미끌거리고 미끄러지는 양식을 지닌다. 그 심오한 이유는 이 조현이 향하는 존재 자체가 미끄럽고 으스스하기 때문이다. 진화는 연속체를 선사한다. 이를테면 인간과 물고기는 연결되어 있다. 그래서 아득한 과거로 돌아간다면, 아주 오래전의 할머니 중 한 명은 물고기였음을 알게 된다. 그러나 우리는 물고기가 아니다. 연속체의 어느 곳을 자르건 이와 같은 역설을 발견하게 된다. 생명체는 으스스하고 이 으스스함은 없앨 수 없다. 생명체에 대해 더 많이 알수록 더 낯설어지는 것이다. 과학도 사정을 낫게 하는 것이 아니라 오히려 악화시킨다. 그래서 나는 이런 생명체를 지칭하고자 낯선 타자strange stranger라는 용어를 만들었다. 우리는 주인의 위치에 있음을 발견한다. 영원히. 그리고 주인으로서 누군가를 대접하는 일은 환영한다는 불편한 감각에 좌우된다. 저 문으로 누가 등장할 것인가? 주인host이라는 단어는 친구와 적을 모두 의미하는 라틴어 단어에서 유래했다.[43] 우리는 말 그대로 한순간 친구에서 적으로 돌변할 수도 있는 온갖 존재를 대접한다. 알레르기 반응은 바로 여기에서 일어나는 것이다. 생명체가 서로 연결되는 방식인 공생은 온갖 불편한 관계로 이루어져 있다. 이런 관계에서 존재들은 서로에게 완전히 보조를 맞추지는 못한다.


## X-생태


윤리적이고 정치적인 으스스한 골짜기도 있다. 그런데 유령들을 골짜기 밖으로 나오게 한다면 어떤 일이 벌어질까? 인간으로 여겨지

---

[43] 이 주제에 관련된 자크 데리다의 상당히 심오한 에세이가 하나 있다. "Hostipitality," *Acts of Religion*, ed., trans., and intro. Gil Anidjar (London and New York: Routledge, 2002), 356–420.

는 데에서 일탈하는 형태들로 출몰하는 저 유령들을. 그 골짜기가 윤리적이고 정치적인 유령의 평원이 되면 어떤 일이 벌어질까?

마음 쓰는 에너지를 증강하기 위해 마음 씀을 혹사하고 갈취하고 단순화한다면 매우 귀중한 질을 몇 가지 잃게 된다. 이 책 첫머리 즈음에서 묘사한 '무-심CARE/LESS'이라는 서에 작품을 다시 생각해 보자. 이 작품은 이 문제를 멋지게 요약하고 있다. 겉보기에 "무심함"이 "태평함"과 뒤섞여 버릴 수도 있다는 것이고, 또한 어떤 "마음 씀"의 방식은 오히려 너무 가혹해질 수도 있다. 나는 지금 소파에서 비디오게임을 함으로써 지구를 구할 수 있다고 말하는 것이 아니다. 내 말은 이 책의 주제인 생태적 삶이 엄격한 종교적인 삶과 다르다는 것이다. 물론 엄격한 무신론적인 삶과도 다르다. 무신론은 단지 전도된 종교이기 때문이다. 조직화된 종교는 농경시대에 농경사회가 자신을 이해하던 방식이므로, 지구를 파괴하는 데 일조해 온 온갖 벌레로 가득 차 있다. (예수의 권고처럼) "너희의 보물을 하늘에 쌓아 두라"는 말은 여기 하늘 아래에서 일어나는 일에 대해서는 깊이 근심할 필요가 없다는 의미이다. 이런 일은 덜 실재적이고 덜 중요하다는 것이다. 하이데거는 기독교가 대중을 위한 플라톤주의라고 보았다. 그러나 나는 적어도 역사적으로 보자면, 플라톤주의가 교육받은 엘리트를 위한 신석기 유신론이라고 본다.

이것은 진실에 진실스러움이 출몰하는 방식과 똑같다. 이 무-심과 태-평이라는 모호한 질은 어떤 유령으로 상상할 수 있다. 유령의 평원 위를 떠도는 유령, 일종의 윤리적 유령 말이다. 이것은 기묘하게 어두워지고 이중화되고 약화되고 또 증강된다. 한 마디로 말해, 이것은 다소 문제이다. 이 반그늘을 깎아 내서 마음 씀의 형태를 좀 더 매끄럽게 보이게 한다면 문제가 더 커진다. 마음 씀에는 무관심이라는 무–심함이 출몰하지만, 그 유령을 구마驅魔〔내쫓음〕할 경우 우리는 생존을 위한 생존으로 돌아온다. 이러한 생존을 위한 생존이 이 행성에서의 생에게 지금까지 어떻게 진행되어 왔던가? 우리는 너무 바쁘다. 하지만 작금의 신자유주의적 책략은 〔새로운 것이 아니라〕 기원전 1만 년부터 우리를 장악해 온 바쁘디바쁜 심성이 업그레이드된 최신판일 뿐이다. 그리고 대중매체에서 우리가 가장 싫어하는 감정이 바로 냉담함이다.

X세대의 자랑스러운(?) 일원인 내가 기억하기로는, 1990년대 내내 우리 세대는 아무것에도 별로 마음 쓰지 않는다는 말을 들었다. 우스운 일이다. 당시 20대이던 나는 "문명화된" 세계에서의 수많은 마음 쓸 일을 주위에서 목도했기 때문이다. 근대적인 노동환경 탓에 우울해지는 사람들, 환경문제로 절망하는 사람들, "핵"가족의 "아원자"가족화, 서른 살까지도 끝나지 않는 10대 시절. 기꺼이 마음 씀을 무턱대고 강요하는 것에 반대하여 (리처드 링클레이터의 영화 〈슬래커〉에서 말하는 식으로) 다소 게을러slack 보이는 것은 놀랍도록 신선한 태도였다.[44] 우리는 마음 씀에서 폐소공포증적이고 인공적인

---

[44] Richard Linklater 감독의 영화 *Slacker* (Orion Classics, 1990).

형태와 이보다는 좀 더 공기가 통하고 유연한 형태를 구별할 수 있을 듯하다.

난 X에 속하는 것이 좋다. 이런 유의 꼬리표를 제안하는 광고계 사람들은 우리에게는 (X라는 미지수 표기 외에) 어떤 꼬리표를 붙여야 할지 몰랐던 것이다. 우리는 마땅히 그래야 하는 대로 행동하지 않았기 때문이다. 여러분이 나처럼 (하이데거, 데리다 등의) 해체철학 계통에 있다면 여기에 흥미를 느낄 것이다. 하이데거는 존재라는 말을 쓰면서 그 위에 **X**자를 쓰는데, 이것은 데리다가 삭제라고 부르는 표시이다. 태연한 표정을 지으면서 긍정적인 의미로 존재라는 말을 할 수는 없다는 것이다. 그렇게 하면 존재는 부풀어 오르고 단단해져서 저 별 볼 일 없는, 큼직하고 허연 비누처럼 될 것이기 때문이다.

무–심은 마음 씀의 후광이자 그 아우라이다. 생태적 대화가 지나친 죄책감에 빠지면 우리를 이 진창에 빠뜨린 책략을 꾸민 농경시대의 냄새를 진하게 풍긴다. 이것은 다시 저 별 볼 일 없는, 큼직하고 허연 비누이다. 나는 그런 종류의 책략이 만들어 낼 세계에서 살고 싶지는 않다. 그런 책략은 (X세대 용어를 쓰자면) 구린 현재 세계가 이제까지 일어난 일 중 최상인 것처럼 보이게 할 것이다. 더 효율적이고 더 강력하게 에너지를 통제하는 데에 바탕을 둔 이 세계 말이다. 어떤 사람들은 생태적 사회를 이렇게 생각한다. 그러나 나는 생태적 사회는 우리가 여태까지보다 훨씬 관대하고 창의적일 수 있는 세계라고 생각한다. 그리고 실제적 생명체들에 적대적인 방식의 "마음 씀", 즉 생존 방식의 "마음 씀"이 훨씬 덜한 세계라고 생각한다.

적나라하고 효율적인 인공적 마음 씀은 독성이 강하다. 특히 그것을 지구 규모로 확대해서 1만 2,500년 동안 그랬던 것처럼 운영한다면. 그보다는 장난스러운 마음 씀이 필요하다. 냉소적인 마음 씀을 말하는 것이 아니다. 사실 이런 것은 이미 꽤 많다. 가령 이제 대기업들은 가장 강압적으로 "재미"를 강요한다. 우리는 회사 로고송을 부르거나, 팀 융화를 위한 단체활동에 참여하거나, 비디오게임 같은 인터페이스를 활용해서 일해야 한다("게임화"). 우리는 그것과 반대되는 것, 장난스러운 진지함이 필요하다. 이런 방식을 쓰면 얼굴에 희미한 미소를 띠게 될 것이다. 모든 해법에는 어떤 식으로든 결함이 있음을 알기 때문이다. 확장된 마음 씀, 즉 무-심의 후광을 지닌 마음 씀은 더 많은 생명체를 품을 수 있다. 순전한 생존에 덜 집중하기 때문이다. 우리는 때때로 이기주의와 이타주의를 대비하지만, 이런 대비는 마음 씀이 매끈해 보이기 때문에 생긴 것이다. 우리는 자아라는 것이 있고, 이런 자아를 보호하고 북돋아야 한다고 생각한다. 그러므로 자아가 아닌 사물들에 마음을 쓰는 데에는 거의 상상하기도 힘든 자아 비우기가 필요하다고 생각한다. 어떤 농경시대 종교에서는 이런 자아 비우기를 그리스어로 "비움"을 뜻하는 케노시스kenosis라고 부른다. 재미도 없을뿐더러 불가능하게 들린다. 이것은 미리 짜 놓은 계략이다. 사람들이 불교에 대해 어떻게 욕망을 떨쳐 내기를 욕망할 수 있느냐고 조롱하는 것처럼.

만일 내가 이 확장된 마음 씀이라는 관념을 지지하지 않는다면, 실로 이 책은 몽땅 시간 낭비가 됐을 것이다. 나는 나 자신을 느긋하게 풀어놓았고 여러분에게 유사사실을 소리 지르지도 않지만, 그러면서도 은밀하게 여러분을 느긋하게 풀어놓지 않고 더욱 교활한 방법으로 여러분을 개심시키려고 설교하는 것이기 때문이다. 내가 꾸미는 책략은 눈에 띄지 않는다. 그렇다면 내가 이런 일에 대해 글을 쓰는 방식은 모조리 실은 장난스러운 진지함과 반대일 것이다. 즉, 그것은 목표지향적이면서 "재미있는" 진지한 장난일 것이다. 그렇다면 나는 여러분을 믿도록 설득하려고 애쓰는 것일 텐데, 내 생각에 이런 믿음이란 소중한 생에 매달리는 것이다. 그리고 이런 일은 그저 물건을 사라고 소리 지르는 것과 같다.

친애하는 독자들이여, 그러니까 사실 나는 처음부터 끝까지 진심이었다. 여러분이 무관심을 삭제할 필요가 없다고 말한 것은 진심이었다. 여러분이 옳다. 여러분이 그토록 열심히 일해도 보상은 적다. 여러분은 직장에서 끊임없이 미소를 지어야 한다. 자신을 향한 파파라치가 되어 5분마다 페이스북에 셀카 사진을 올려야 한다. 올바른 일에 "좋아요"(버튼)를 눌러야 한다. 프로이트 용어로 말하자면, 여러분의 가엾은 작은 자아는 양쪽으로부터, 즉 이드의 충동과 초자아의 요구로부터 공격받고 있다. 게다가 우리의 "억압적 탈승화"[45] 문화에서는 둘 다 비이성적일 뿐 아니라 종종 서로 겹친다. 그

---

[45] Herbert Marcuse, *One-Dimensional Man: Studies in the Ideology of Advanced Industrial Society*, intro. Douglas Kellner (London: Routledge, 2002), 75-78. [역주] 프로이트의 억압적 승화repressive sublimation를 변형한 마르쿠제의 억압적 탈승화repressive desublimation 개념은 사회적으로 순화된 리비도로부터의 이탈을 뜻한다. 마르쿠제는 이를 통해 후기 자본주의에서 성의 해방을 설명한다.

런데도 지금 나는 여러분에게 북극곰에 대해서도 미쳐 달라고 부탁하는 것인가? 저 온갖 일들에 더해서? 그토록 미친 듯 클릭하고 아주 올바른 말을 하면서 그토록 우쭐대는데, 이런 목표를 겨냥하는 게시물들은 마치 통계처럼 매일매일 바뀐다. 초자아라는 것의 요구를 충족시키는 것은 불가능하다. 그렇다면 이것은 우리 정신의 특징인가, 아니면 오류인가? 어떤 경우든 간에, 그것은 농경시대 종교 탓에 악화되었다. 현재 이 종교가 생태적으로 나타나는 모습은 아무리 선의라고 하더라도, 생태 공간에 완전히 그릇된 냄새를 풍긴다. 바쁘디바쁘고 열성적이고 부지런하며 "계속 헤엄치고 또 헤엄치는"[46] 긴장의 냄새이다.

어쩌면 우리 중 일부는 완전히 그릇되게 마음 쓰는지도 모른다. 너무 공격적이고 너무 우울하며 너무 폭력적인 방식으로. 하이데거는 무관심조차 일종의 마음 씀이라고 주장한다.[47] 어쩌면 무관심 그 자체는 인간과 비인간에게 덜 폭력적으로 마음 쓰는 것, 그러니까 그것들이 존재하도록 아무 이유도 없이 그저 허용하는 것이리라. 마치 여러분 손에 들린 종이나 여러분이 감상할 이야기처럼.[48]

친애하는 독자들이여, 나는 진심이었다. 여러분의 무관심은 생태

---

[46] Andrew Stanton 감독의 영화 〈니모를 찾아서*Finding Nemo*〉(Buena Vista Pictures, 2003) 중 도리의 대사에서 발췌.

[47] Heidegger, *Being and Time*, trans. Joan Stambaugh (Albany, NY: State University of New York Press, 1996), 40–41, 113–114, 115, 116, 127.

[48] 일부 주요 생태철학에서 이 점을 지적하고 있다. 예를 들어 다음을 참조할 것. Giorgio Agamben, *The Open: Man and Animal*, trans. Kevin Attell (Stanford: Stanford University Press, 2004).

적 화학물질을 담고 있다. 그러니 목욕물을 내버리면서 아기도 내버리지는 말라. 사실 여러분은 아기뿐 아니라 그 모호한 목욕물도 내버리지 않아야 할 것이다. 오히려 사물들을 내버려야 한다는 관념을 버려야 할 것이다. 다음의 마지막 장에서는 현재 생태적 삶이라는 명목하에 이루어지는 몇 가지 내버리기 양식을 살펴보고, 이 양식들을 생태적 삶과 대조해 볼 것이다. 모호성을 거부하지 않는 방식으로.

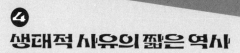

**④**

# 생태적 사유의 짧은 역사

학교에 가는 평범한 날이다. 〈심슨 가족〉의 호머 심슨은 아들 바트와 딸 리사, 그리고 둘의 친구들을 학교에 태워다 주는 중이다. 라디오방송이 흘러나온다. 호머는 어린 시절의 음악이 나오고 있다는 것을 깨달았다. 아이들은 호머가 채널을 바꿨으면 하지만, 호머는 채널을 바꾸기는커녕 70년대 록밴드들의 역사를 늘어놓기 시작한다. 아이들은 당황스럽다. 이야기는 꼬리에 꼬리를 물더니 "내 생각에 일종의 호버크라프트"[1]인 알란 파슨스 프로젝트로 절정에 달한다. 호머는 한 밴드가 어떻게 다른 밴드로 이어지는지에 관한 해박한 지식을 과시하는 데 빠져 있다. 그는 음악을 즐기는 방법을 가르치지만, 아이들은 전혀 이해할 수 없다. 그는 자기가 멋지다고 생각한다. 아이들은 그가 자기들을 고문한다고 생각한다.[2]

〔역사를 다루는〕이런 장章은 대부분 그렇게 진행된다. 유머는 별로 없고 외관상 권위가 넘친다. 참을 수 없을 만큼. 나는 이런 책을 써 달라는 요청을 받자마자 호머가 당혹스럽고 어리벙벙해 있는 아이들에게 록밴드 그랜드 펑크 레일로드를 설명하는 모습이 떠올랐다. 그런 일을 하는 책은 각 장 제목마다 알맞은 말풍선들과 "알아듣기 쉬운" 범주들로 가득할 것이다. 그러나 사실 이런 것들은 철저히 심사숙고되지 않았기에 결국 꽤나 짜증스러울 만큼 복잡해진다.

---

[1] [역주] hovercraft. 압축 공기를 분출시켜 수면이나 지면 바로 위를 나는 탈것.

[2] Brent Forrester, "Homerpalooza," dir. Wesley Archer, *The Simpsons*, Season 7, Episode 24 (Fox, 1996).

레코드 가게에 있다고 상상해 보자. 이런 가게가 아직도 있다면. 아니면 아이튠즈나 스포티파이 등의 온라인 음원 서비스를 이용 중이라고 상상하는 편이 낫겠다. 선택할 수 있는 음악 장르는 갈피를 잡기 힘들 정도로 많다. 아니, 장르라는 개념 자체가 갈피를 잡기 힘들다. 일반적 범위 중에서 비교적 좁은 것을 생각해 보자. 대체 어떻게 일렉트로니카와 일렉트로닉을 구별할 수 있고 테크노와 EDM을 구별할 수 있는가? 아이튠즈에 있는 "90년대 음악"이라는 범주는 실제로 무엇을 뜻하는가? "1990년대에 녹음된 음악"을 뜻한다면 그다지 큰 의미는 없다. 그렇다면 1989년 12월 혹은 2000년 1월에 발표된 음악은 어떤가? 2010년에 작곡한 음악이 1995년에 작곡한 음악에서 유래하거나 그런 음악을 인용한다면 어떤가? "90년대 음악"인가? 왜 아니란 말인가?

이런 장을 지루하고 부정확하게 만드는 것에는 여러 요소가 있다. 그중에서 가장 주요한 것은 내가 레코드 가게 접근법이라고 부르는 것이다. 레코드 가게 접근법의 문제는 검토하지도 않은 철학적 가정들을 품고 있다는 것이다. 이 접근법은 탐구되지 않은 암묵적 개념들의 영향을 받기 때문에 역사를 읽어 내기가 어렵다. 이 장에서 이런 접근법을 활용하지 않으려는 주된 이유이다. 익숙한 경계 긋기는 모두 지나치게 익숙하다. 때로는 사유를 통해 그런 경계들을 흔들 필요가 있다.

레코드 가게 접근법은 미리 짜인 꼬리표들로 이루어지는데, 우리는 이런 꼬리표를 검토하지 않은 채 그냥 쓴다. 이 경우, 생태적 사유에 대한 다른 사람(혹은 다른 한 무리의 사람들)의 사고방식을 다룰 뿐 그 사람에 대해서는 검토하지 않는다. 우리는 두말없이 그 사람의 범주들을 물려받을 따름이다. 그러면 범주들은 이리저리 유포되면서 더 정당한 것이 된다. 그러면 우리는 우리가 리트윗하는 범주들에서 벗어나 사고하기가 어려워진다. 사고의 영역에는 흔해 빠진 함정과 우물, 예를 들어 온갖 가짜 역설과 문제가 있다는 뜻이다. 대중매체에서 종종 일어나는 "본성 대 양육"에 관한 상투적인 논의를 생각해 보자. 도움이 되기보다는 커다란 장애물이다.

나는 이 장을 독특하게 구성할 것이다. 레코드 가게 접근법에 따라 구성하지 않겠다는 뜻이다. 그 대신에 장르는 곧 기대지평horizon of expectation이라는 관념 중에서 지평horizon이라는 부분으로 돌아가서 이를 진지하게 받아들여 보자. 지평에 제약받는다는 것은 우리가 어디엔가 위치한다는 의미이다. 우리는 우리의 몸과 위치를 통해 저 줄지어 선 나무들, 저 산등성이, 저 구름을 좌표화한다. 이러한 지평 안에 있다는 것은 우리가 특정한 입지를 지닌다는 뜻인데, 이것은 특정 태도를 지님의 은유이다. 이것이 논의를 진행할 때 훨씬 정확할 뿐만 아니라 훨씬 바람직한 방식처럼 보인다. 관념에는 태도가 딸려 온다는 점에 유념하자. 그래서 나는 어떤 이야기를 서술하기보다는, 차라리 생각을 전개하는 다양한 양식을 탐구하고 관념을 수용하는 다양한 방법을 탐구할 것이다. 이런 접근법의 묘미는 현실에서 실제로 일어나는 일을 감안할 수 있다는 것이다. 즉, 사람들이 서로 중첩되고 모순되는 다양한 태도를 취한다는 점을 감안할 수 있다.

그래서 이 장에서는 자신에게 붙이는 꼬리표는 무시할 것이다. 비판을 불허하는 성스러운 소들 따위는 무시할 것이다. 그들이 하는 말을 곧이곧대로 믿지 말라. 그렇지 않으면 똑같은 말을 되풀이하고 똑같은 사람을 호명하게 된다. 그 경우에 관념이나 세계관 등등 우리가 지닌 것들의 역사는 미리 짜인 소화계를 통과하더라도 소화되지는 않을 것이다. 아무리 많은 각주를 담더라도, 이것은 호머 심슨이 록그룹 제퍼슨 스타쉽에 대해 늘어놓는 설명과 같을 것이다. 그렇다면 정보 투기를 하지 않는 것과 마찬가지로, 어떤 면에서는 그와 똑같은 이유로, 그랜드투어 따위도 하지 않을 것이다. 이런 일들은 문제적이다. 우리에게 정말로 중요한 것을 말해 주는 매우 중요한 방식을 의식하지 못하기 때문이다.

우리는 미리 만들어진 상자 "속의" 구슬들을 보듯이 시대 "속의" 관념들을 주시하지 않는다. 그 대신에 우리는 다양한 정향定向 orientations을 주시한다. 우리는 사유의 방식에서 생태적인 삶의 양식을 연구할 것이다. 생태적 삶의 어떤 양식은 세상이 금방 끝나리라 사유한다. 또 다른 양식은 인간이 중요하지 않다고 사유한다. 이러한 정향들은 서로 겹칠 수 있다. 세계관과는 달리, 이런 정향은 수축 포장된 엄격한 체계가 아니기 때문이다. 이런 체계에서 모든 것은 외파적 전체론에서의 전체의 한 증상, 즉 부분들의 합보다 큰 전체의 한 증상이다.

생태적 삶의 방식들은 특정 단어나 특정 주장들을 소환한다. 어느 철학적 관점(라캉, 알튀세르)에서는 이런 것들을 주체의 위치subject positions라고 부른다. 이 경우에는 인상주의적이거나 "주관적"이기보다는 현상학적 접근이 더 정확하다. 가령 온갖 메탈들을 계속 진화해 온 용어(블랙, 데스, 스피드, 둠, 그라인드 등등)에 입각하여 상세히 설명하는 것보다, "헤비메탈 세계에 있다는 것은 어떤 것인가?"라는 〔현상학적〕질문을 탐구하는 것이 헤비메탈에 대해 곰곰이 생각할 거리를 더 많이 줄 것이다.

그래서 이 장은 생태적 관념들에 대한 상세한 정보는 담지 않는다. 생각해 보면, 사람들이 자기 자신을 서술하는 방식은 결코 정확하지 않다. 특히 자신이 만들어 낸 것을 어떤 레코드 가게에 끼워 맞추려 하는 경우에 그렇다. 그 이유는 현상학에서 "양식style"이라고 부르는 것이나 신경학에서 "적응 무의식adaptive unconscious"이라고 부르는 것 때문이다. 우리는 자신의 모든 것을 한 번에 다 볼 수는 없다. 코미디는 이런 식으로 작동한다. 코미디가 웃기는 이유는 우스운 등장인물이 당연히 자신의 모든 것을 볼 수 없기 때문이다. 등장인물은 자기 자신이지 않으려 하다가 엉겁결에 자신을 드러내고 만다. 그래서 우리에게는 어떤 "깊은 것"이나 "얕은 것"이나 "밝은 녹색"이나 "환경 테러리즘"이나 "탈식민주의" 따위는 없다. 이런 것은 레코드 가게의 꼬리표일 뿐이다.

하지만 이 장은 생태적 관념에 대한 관념들은 담고 있다. 무슨 소리냐고? 한번 살펴보자. 살펴보면서, 이러한 양식들이 어디에나 있음을 인식해 보자. 잡지, 온라인, 사람들이 하는 말, 미술과 음악과 건축, 행동 패턴과 공공정책 등등에. 여기에서 내가 해 온 것은 이런 것들이 어디에서 나타나든지 간에, 이런 각 양식의 유효성분들을 분리해 내는 것이었다. 이 접근법은 현상학적 환원이라고 부르는 것이다. (은유적으로 말하면) 양식의 색깔, 맛, 운동량을 제외하고 모든 것을 엄밀하게 괄호 치는 것이다.

## 잠김이라는 양식

예를 들어, 환경 안에 있음이라는 매우 근본적인 관념을 생각해 보자. 이 관념이 계보가 있을 뿐만 아니라, 생각과 느낌의 특정 방식들을 머릿속에 주입한다고 말하면, 여러분은 놀랄 것이다. 게다가 이런 방식들은 실제로 존재하는 생명체에 꼭 유리하지는 않다.

가령 이 관념의 기원을 추적하면 농경사회 초기까지 거슬러 올라간다. 이런 말이 놀라운가? 매우 그럴듯하지 않은가? 우리는 여기 어떤 도시 안에 정착했다. 우리의 먼 조상들은 수렵인, 채집인, 유목민이었지만, 계보상 우리와 좀 더 가까운 조상들은 얼마 전 다른 패거리에 합류하여 정착했다. 우리는 집 밖의 사물들을 내다보고 있다. 우리는 사물들에 둘러싸여 있다. 우리는 그런 둘레surroundings를 해마다 우리 집 주위를 소용돌이치는 것, 일종의 역동적인 원이라고 상상한다. 우리는 그것을 〔그리스어로 "감싸다"를 뜻하는 페리peri와 "가지다"를 뜻하는 에콘echon의 합성어인〕 페리에콘periechon이라고 부르는데,

문자 그대로 감싸고 있는 것이라는 뜻이다.[3]

환경이라는 것이 한 도시 안에 정착한 느낌과 맺는 관계를 규정하는 말은 많다. 하지만 사실 환경은 에워싸며 주위를 선회한다. 또 다른 역동적 소용돌이인 셈이다.

주위ambience라는 말도 생각해 보자. 암보ambo는 양쪽을 뜻하는 라틴어이며, 접미사 언스ence는 우리에게 어떤 역동적인 것, 특정한 양식을 지닌 어떤 것을 환기한다. 주위란 우리 양쪽에서 일어나는 사물인데, 우리가 집 안에 살고 있다고 하면 이해할 것이다. 생태ecology라는 단어 자체가 집을 뜻하는 그리스어 오이코스oikos에서 유래한 것이다. 그래서 어쩌면 사람들은 생태가 집의 규칙이나 집의 작동 방식이나 집에 관련된 진실 등을 뜻한다고 생각한다. 그러나 이 집은 재미있는 집이다. 두텁고 해면질인 벽은 우리가 원치 않는 온갖 사물을 여전히 지니고 있다. 지붕은 구멍이 뚫려 있고, 다른 집들은 우리 집과 겹치는 것 같다. 어떻게 보면 집이라는 이미지, 그리고 무언가가 우리 주위를 돌고 있다는 이미지는 (선회하지 않는 한) 바로 생태적 공존을 상상하는 그릇된 방식이다(이 책이 그 점을 입증했기를 바란다).

이러한 유형의 생태적 사유가 바라는 것은 무언가에의 잠김이라는 감각을 전달하거나 표현하거나 탐구하는 것이다. 세월이 지나면서 이 무언가는 바뀌었지만, 우리는 그 기본적 양식의 좌표들은 그

---

3  다음을 참조할 것. Leo Spitzer, "Milieu and Ambiance," in *Essays in Historical Semantics* (New York: Russell and Russell, 1968), 179–316.

릴 수 있다.

DNA 발현에 관해, 유전자가 이 세상에 끼치는 영향에 관해 생각해 보자. 그러면 DNA 발현이 생명체 몸의 말단에서 끝나는 것이 아니라 거기부터 몸 바깥으로 계속 이어진다는 것을 깨닫는다. 예를 들어서, 거미의 DNA 발현(거미의 **표현형**)은 거미의 다리 말단에서 끝나는 것이 아니라 (최소한) 거미줄의 말단에서 끝난다. 거미가 거미줄을 치는 이유는 거미의 유전자가 거미줄을 칠 수 있게 하기 때문이다. 그러므로 거미의 유전자는 거미 몸의 모양만 규정하는 것이 아니다. 비버의 표현형은 그것이 만든 댐의 가장자리까지 이어진다.[4] 인간의 표현형은 목하 지구 표면의 광대한 부분을 덮고 지각 안으로도 자못 깊숙이 들어가 있는 듯하다. 현재의 지질시대를 인류세Anthropocene라고 부르는 이유이다.

따라서 이제 환경에 대해 생각할 때 흥미로운 일이 일어난다. 생명체의 위쪽이나 그 너머에서 환경을 찾으면 찾을 수 없다. 바위나 우리가 숨 쉬는 공기조차도 어떤 생명체들의 표현형의 부분이다. 우리가 숨을 쉬는 것은 산소라고 부르는 환경적 파국 때문이다. 말하자면 산소가 세균의 배설물이기 때문에 산소화 파국이 일어난 것이다. 그러니까 그것은 세균들의 성공이 일으킨 의도치 않은 결과이다. 혐기성 세균들은 인간이 그와 똑같은 일을 하기 훨씬 전부터,

---

[4] 다음을 참조할 것. Richard Dawkins, *The Extended Phenotype: The Long Reach of the Gene* (Oxford and New York: Oxford University Press, 1999).

아주 훨씬 전부터 자신의 환경을 유독하게 만든 것이다(그렇다고 해서 인간도 성공적이기 때문에 환경을 파괴할 수밖에 없다거나 이런 파괴가 불가피하다는 것은 아니다). 그래서 그들은 결국 다른 단세포 유기체 속에 숨도록 진화했고, 이 유기체는 동물 에너지 세포인 미토콘드리아와 식물 에너지 세포인 엽록체가 되었다(그래서 식물은 녹색이다). 이 자체가 이미 흥미롭지 않은가? 어떻게 보면 우리가 숨을 쉬고 있다는 사실도 세균의 표현형이다. 그리고 에덴동산 같은 생태 유토피아의 목가적 그림에서 모든 것이 녹색으로 보이는 것도 세균의 표현형이다. 이것은 대단히 놀라운 일이기 때문에 골똘히 생각하다가 철제 난간에 머리를 박을 수도 있다. 그렇더라도 철 역시 세균의 표현형이므로, 우리는 우리의 친구이자 적이고 우리의 숙주이자 기생자인 세균에서 여전히 벗어나지 못할 것이다.

## 진정성이라는 양식

나아가 생태에 관한 글쓰기 방식은 무수히 많다. 생태에 관한 글쓰기는 느슨하게 보면 소리, 물감, 단어 등으로 재현하거나 탐구함을 뜻한다. 미국에서 가장 인기 있는 방식이 무엇인지 추측하기는 식은 죽 먹기다. 바로 일인칭 서사이다. 이 장르와 어울리는 생태적 사유 양식은 매우 다양하다. 이것은 탐구할 가치가 있는데, 주로 이것을 어떻게 피할지, 그리고 왜 피해야 하는지 알기 위함이다. 아마 이것은 전형적으로 미국적인 생태 양식인 이른바 "자연 글쓰기nature writing"에서 가장 생생할 것이다. (당연히) 미국인 외에도 이것을 활용한다. 그렇지만 타락하지 않고 신의 섭리를 따르는 "야생"에 대한 청교도적 공명은 명백히 미국에 정착한 최초의 백인들에게서 비롯하였다.

나는 이를 진정성의 양식이라고 칭할 것이다. 이 양식에서는 생태적 삶의 진실하고 진정성 있음이 가장 중요하기 때문이다. 그러므로 우리는 자신이 생태적임을 우선 우리 자신에게 말해야 한다. 다른 사람들에게 말하는 것은 그다음이다. 이 양식은 재현과 연관되어 있다. 이는 자신을 저술함authoring이고, 따라서 대개 (글의) 저자author가 되는 것이다.

일인칭 서사의 멋진 점은 (문학박사의 말이니 믿어도 좋다) 본질적으로 신뢰할 수 없다는 것이다. "본질적으로"는 구조적으로 그러하다는 의미이며, 이는 (다른 말로 바꾸어 표현하면) "그것을 어떻게 생각하든, 그리고 저자가 거기서 어떻게 빠져나오려 하든" 그러하다는 의미이다. 이야기하는 자아가 이야기되는 자아와 완벽히 겹친다는 것을 증명할 방법은 전혀 없다. 일인칭 서사의 이런 기본적인 특징은 언제나 매우 편리하다. 그렇지 않다면 우리는 자신이 어떠하다고 방금 말한 것에 갇히고, 우리가 자신에 대해 말한 것을 사람들이 보는 바로 그 방식에 갇힐 것이다. 그렇다면 우리와 우리의 셀카는 완벽히 같을 것인데, 별로 좋지 않다. 현실과 현실의 이미지가 일치한다면 아무 일도 일어날 수 없다. 다행히도 우리는 "지루하다"라고 말해 놓고 그다음에는 "흥미롭다"라고 말할 수도 있다. 심지어 "나는 거짓말을 하고 있다"고 말할 수도 있다. 말하는 자아와 말해지는 자아 사이의 불가피한 분리 덕분에 우리는 내파implode하지 않을 것이다.

이로 인해 재미있는 일도 벌어진다. 우리가 자신의 일인칭 서사가 진정성 있음을 입증하려 할 때 말이다. 흔히 상세한 정보를 추가하면 할수록 사람들이 더 믿을 거라고 생각한다. 그러나 상세한 정보를 추가할수록 그 묘사는 더 이상해지거나 당사자가 더 절박해 보인다. 그 전술은 실패하는 것이다. '자연 글쓰기'의 경우에도 실패로 돌아간다. 진정성 있는 자연을 묘사하려 할수록 점점 더 많은 단어를 사용하게 되기 때문이다(거기다가 진정성 있는 자신까지 묘사하려 한다면 이중고에 빠진다). 이목을 끌고자 어두운 방에서 노트북이나 들여다보며 빈둥거리는 것은 싫어한다고 주장한다. 그렇다. 나는 사막이든 어디든 밖으로 나가서 그에 관해 거칠게 초안을 쓰는 것을 좋아하는 인물이다. 그래서 날짜가 찍히는 일종의 일지 스타일에 의지한다. 그 시간적 순서가 아주 상세하고 명시적이든, 아니면 그저 암시적이든.

말하는 자아와 말해지는 자아는 구조적으로 다르다. 그중 하나를 무너뜨려 다른 것으로 만들 수 없다(아, 사실 그렇게 할 수도 있지만, 거기에는 낭만적 아이러니가 필요하다. 이에 대해서는 잠시 후에 설명할 것이다). 이러한 구조적 차이는 뛰어난 회고록이나 내레이션 영화를 향유할 때 멋지고도 필수적인 특징이지만, 환경주의 산문에서는 바로 이것을 편집해 내다 버리려 시도한다. 그러나 이런 특징은 일인칭 형식에 본질적이므로 이 시도는 실패를 거듭한다. 이런 시도는 흡사 자기가 앉은 나뭇가지를 톱으로 잘라 내려는 것과 같다. 문학적 풍요로움은 바로 그 나뭇가지에 있다. 이런 시도는 문학적으로 무의미할 뿐 아니라 생태적으로도 무의미하다. 인위적으로 납작하게 만들고 진실하려고 하는 (그럼으로써 의도치 않게 우스워지는) 일인칭 환경 서사(진지한 자연 글쓰기의 일지나 여행기)는 세계를 초코바나 토르티야 칩으로 만들어 버리기 때문이다. 그러면 글쓴이가 (야생인 척하는) 소파에 앉아 그런 것을 먹는 장면을 모든 사람이 지켜보게 된다.

　영국 낭만주의 시대의 시인들은 일인칭이 얼마나 수상한지 알고 있었고, 바로 그래서 일인칭을 활용했다. 비록 그들이 산을 마주치는 일이나 무서우면서도 활기를 북돋우는 파도 소리를 듣는 일에 관해 이야기하기는 했어도, 곧잘 그러듯 그들을 순진한 자연 작가로 평가하는 것은 옳지 않다. 실상 그들은 이런 예쁜 자연 같은 것은 다루지 않으려 애썼다. 그들이 이야기를 시작한 당시에 이미 그런 것은 케케묵은 일이었던 것이다. 낭만주의 이전 시대는 감수성의 시대라고 불리는데, 바로 그 시기에 유럽의 과학자들은 신경계를 발견했고 감각으로부터 어떻게 곧장 의미가 생겨나는지에 관한 온갖 이론을 펼쳤다. 자연은 우리가 자연스럽게 느끼는 어떤 것, 그것을 포착하는 데에 어떠한 망설임이나 성찰도 필요치 않은 어떤 것을 뜻했다. 필연적으로 그릇된 사회적 발명품, 즉 감수성의 시대에 흔히 "관습"이라고 부르던 것을 그 아래에서 떠받친 것이 바로 그것이다. 예컨대 루소를 생각해 보자. 그는 자연적으로 자유로운 인간을 사회가 속박한다고 주장했다.

이 시인과 산문가들은 바로 일인칭 서사의 이런 미끈거리는 특성을 작품에 온전히 집어넣었다. 화자가 때로는 자신이 거짓말한다는 사실을 독자에게 일깨우기도 하고, 때로는 독자를 꾀어낸 다음에 자신을 믿어서는 안 됨을 입증하기도 했다. 낭만주의는 뜬구름 잡는 것이 아니다. 이 접근법은 인간중심적인 태도의 완화를 시사하는데, 이것이야말로 실은 과학적 호기심에 더욱 부합되는 것이다. 자신이 있는 입지가 자신이 보고 있는 것을 변화시킨다는 점을 드러내기 때문이다.

절벽을 멀리에서 바라보면서 경외감을 유발하는 먼 객체로 여기는 일과 바위 표면에 가까이 다가가 돋보기로 자세히 들여다보며 그 강고한 덩어리를 해체하는 일의 차이를 생각해 보자. (사람들이 여행할 때 소지한다는 점에서) 18세기의 아이폰 카메라와 셀카봉은 클로드 거울Claude Glass이었다. 클로드 거울은 세피아 색조의 반구형 거울이다. 일정한 방식으로 풍경을 볼 수 있는 특별한 위치에 자리 잡고 거울을 들여다본다. 그러면 보고 있는 풍경이 뒤집힌 채 반사되어 보이는데, 마치 세피아 잉크로 그린 듯하다. 이런 클로드 거울과 달리, 돋보기는 바위 표면을 몹시 기이하게 보이게 한다. (우리의 셀카 사진과는 전혀 다르게) 멋진 배경이 되어 줄 인간중심적 조건들을 충족시키지 못하기 때문이다.

이와 비슷하게 낭만주의 시인은 어쩌면 마음의 바위 표면이라고 할 수 있는 자기 경험을 클로즈업하고 그것과 개인적 관계를 맺는다. 경험에는 영국 해변의 어느 바위에 있는 것처럼 "〔아무개〕의 경험"

이라는 문구가 마치 바코드나 저작권 표시처럼 적혀 있지 않다. 특히 경험이 정말 내밀할 때에는 이런 바코드가 없다. 자동차 사고를 당하고 있다고 상상해 보자. 너무도 생생하다. 그것은 트라우마이다. 바로 그런 까닭에 비현실 같은 느낌이 든다. 우리 자신의 척도에 맞춰지지 않고 자아를 뒤흔드는 사건에는 비현실의 느낌이 나타난다. 그것은 우리의 부분이 되고(어쩌면 평생 지워지지 않는 상처를 남기고), 가장 생생하고 심지어 (아마 나쁜 방식으로) 애장하는 기억이 된다.

그래서 자연 작가들의 전회는 이제까지 우리 모두 익혀야 했던 양식에서 벗어나는 거대한 회귀일 수 있다. 윌리엄 워즈워스William Wordsworth의 강력한 모호성, 샬럿 터너 스미스Charlotte Turner Smith의 출몰하는 다중적 목소리, 샤를 보들레르Charles Baudelaire의 기묘하게 생태적인 권태가 그런 것이다. 그리고 바로 그 때문에 이들은 흔히 기대하는 생태적 삶으로 귀결되지 않는다. 생태적 삶은 내가 경험하고 있는 것 안에 내가 기묘하게 포함된다는 감각을 포함하기 때문이다. 그것은 매개되지 않은 직접적인 경험이 전혀 아니다.


## 종교라는 양식


환경이라는 개념이 신석기시대의 산물이고 따라서 문제의 부분이지 해결책의 부분이 아니라면, 우리는 소위 문명의 공포를 한탄하느라 우리의 생태적 시간을 허비해야 할 것인가? 여기서 내가 종교적 양식이라고 칭하는 양식이 생겨난다. 이 방식은 날마다 인기가 많아지고, 그 작동 방식은 차츰 과격해진다. 예컨대 소셜미디어는 도덕적 판단에 의한 차별이 부단히 증가하는 공간이 되었다.

종교적 양식의 전통은 유구하다. 가령 대중적인 문학 장르인 목가문학을 생각해 보자. 이 장르에서는 양치기 유형에 속하는 몇 사람(이들에게는 어떤 유목의 질이 있는데, 아마 그래서 목가에 등장하는 것이다)이 언덕에 올라 저 아래 마을에서 벌어지는 끔찍하고 타락한 일들을 굽어보며 문명은 전반적으로 나쁘다고 한탄한다. 종교적 삶의 생태적 방식은 보통 일종의 인간혐오 형식을 띤다. 인간은 생태를 파괴했기에 악하다는 것이다. 그러나 이것도 여전히 인간중심주의이다. 이 관념은 유대-기독교 전통의 종교들에서 원죄에 의한 타락을 다루는 이야기에 내장되어 있을 뿐 아니라, 힌두교 같은 다른 농경시대 종교들에서 농경사회로의 변화를 다루는 이야기에도 내장되어 있다. 어떤 면에서는 모든 인간중심주의는 궁극적으로는 인간에게도 해를 끼치므로 인간혐오적일 것이다. 우리는 아마도 그것을 인간중심적 인간혐오주의misanthropocentrism라고 불러야 할 것이다.

헤겔은 이러한 종교적 양식을 생생하게 묘사했다. 이것을 아름다운 영혼이라고 명명한 것이다.[5] 헤겔에게 지식은 온갖 종류의 맛으로 나타나는데, 그래서 관념과 관념의 맛은 늘 다소 균형을 잃는다.

---

[5]  Georg Wilhelm Friedrich Hegel, *Hegel's Phenomenology of Spirit*, trans. A. V. Miller, analysis and foreword by J. N. Findlay (Oxford: Oxford University Press, 1977), 383-409.

흡사 계단에 얹힌 슬링키 스프링[6]처럼. 관념을 생각하는 방식과 그 관념 자체는 다를 수밖에 없다. 관념과 그것의 맛이 이루는 다양체는 이러한 불균형 때문에 슬링키 스프링처럼 훌쩍 뒤집힌다. 아름다운 영혼이라는 양식의 특징인 이 기본적 불균형은 "광신적"이라고도 불리는, 극단적으로 종교적인 인물에서 잘 나타난다. 이런 인물은 세계를 악으로 보거나, 그보다 좀 낫다면, 악을 자신이 없앨 수 있는 것으로 본다. 악은 나의 부분이라기보다는 내 안에 박혀 있지만 제거할 수 있는 어떤 것이다. 여기에서 무엇이 불균형한가? 이 양식이 균형을 잃는 이유는 악을 "저 너머"의 어떤 것으로 보는 그 시선이야말로 바로 악 자체이기 때문이다.

알카에다가 미국을 이 지상의 만악의 근원으로 본 것, 그리고 거꾸로 미국의 부시 행정부가 알카에다를 그렇게 본 것을 떠올려 보자. 악을 우리와 분리되어 "저편에" 있는 어떤 것으로 본다면, 그것 안으로 비행기를 띄울 수도 있고 강력한 폭탄으로 그것을 파괴해 버릴 수도 있다. 살인을 정당화할 수도 있다. 악을 나와 분리된 것으로 보는 시선이야말로 악이다.

이는 온갖 환경주의 관점의 전형적이고 해로운 부작용이다. 칼 세이건Carl Sagan이 "창백한 푸른 점"이라고 부른, 태양계 가장자리에서 본 지구의 모습을 떠올려 보자. 단 하나의 화소로 축소되어 찍힌

---

[6] [역주] 나선형으로 조밀하게 감긴 용수철 형태의 장난감을 말한다.

지구 사진. 그 사진은 1990년 보이저 우주 탐사선이 태양계를 떠나며 찍은 마지막 지구 사진이다.[7] 세이건은 몇몇 계몽주의 작가와 같은 일을 한다. 인간의 사건들을 이 광활하고 냉담한 배경 앞에서 일어나는 미미하고 사소한 것으로 만드는 것이다. 요점은 우리가 인간을 둘러싸고 일어나는 일들에 대해 그렇게 염려할 필요가 없다는 것, 우리가 더 평화로워야 하고 사랑해야 한다는 것 등등이다. 하지만 이런 이른바 히피 양식을 연출하는 태도야말로 저 악한 시선의 태도이다. 모든 해로운 것을 하나의 작은 점, 우주라는 거대한 사진 속의 하나의 화소, 무한한 경멸과 적대적 심판을 받는 하나의 위치 안에 격리하는 것이다.

진정으로 영적인 입장은 모든 악이 자신에 내재하는 한 면모임을 깨닫는 것이다. 제대로 조합되면 우리에게 엄청난 해악을 끼칠 온갖 존재가 바로 우리를 이루고 둘러싸고 꿰뚫음을 깨닫는 것이다. 달리 말해, 불편한 숙주 역할을 하는 것이 공생의 정수임을 깨닫는 것이다. 따라서 많은 환경주의는 실제로는 전혀 생태적이지 않다. 이들은 (가령 독성 제품을 만드는 대기업, 특정 소비자, 소비주의 자체와 같은) 하나의 특정 개물entity을 분리하여 책임을 뒤집어씌우려 하지만, 그것이 온갖 네트워크 및 시스템과 어떻게 얽혀 있는지는 고려하지 않는다. 지구온난화의 책임은 누구에게 있는가? 에어컨을 발

---

[7] Carl Sagan, *Pale Blue Dot: A Vision of the Human Future in Space* (New York: Random House, 1994).

명한 미국인인가, 에어컨을 열심히 쓰는 중국인과 인도인인가? 어떤 존재를 다른 존재보다 더 비난해서는 안 된다는 말이 아니다. 지구온난화를 일으킨 것은 당연히 인간이지 바다거북이 아니다. 핵심은 우리가 이런 비난을 어떻게 생각하는가이다.


## 효율이라는 양식

그렇지 않으면 우리는 선악에는 관심이 없을 수도 있다. 적어도 직접적으로는. 우리는 생태라는 부문은 잘 건사해야 하는 영역이라고 생각한다. 이때 우리의 윤리나 정치의 스펙트럼은 효율성에서 시작하여 비효율성에서 끝난다. 우리의 접근법은 종교적 양식처럼 규범적이지만, 노골적으로 그렇지는 않다. 우리는 원활하게 기능하는 생물권을 가치 있게 여기는데, 이런 생물권은 인간 존재에 최적화되어 있되 다른 생명체에 지나친 피해를 주지는 않아야 한다.

이 양식style에 관한 설명은 생태적 양식들에 관한 이 장의 설명 중 가장 길 것이다. 매우 인기 있는 양식인 데다 이것의 많은 부분이 변동하기 때문이다.

이 양식을 수행하기 위해 반드시 지구공학geoengineering에 열중할 필요는 없다. [기후변화에 공학 기술을 이용하는] 지구공학은 2000년경부터 거대한 생태적 문제들을 해결하는 인기 있는 상상 방식이 되었다. 생물권에 최대 규모로, 즉 행성 규모로 개입하는 것이다. 예컨대

기술 관료들은 지구온난화를 해결하는 최선책으로 거대 거울을 우주에 설치하여 태양열을 반사시키자고 결정할지도 모른다. 아니면, 바다를 쇳가루로 채워 광합성하는 조류 같은 식물성 플랑크톤의 성장을 촉진하자고 결정할지도 모른다. 이런 접근법이 매혹적인 이유는 제어한다는 느낌을 주기 때문이다. 문제는, 모든 지구공학적 행동은 생물권 전체에 영향을 미치므로 후진기어란 있을 수 없다는 점이다. 정확히 무슨 일이 일어날지 미리 확인할 도리도 없고, 일단 일어난 일을 원상태로 돌릴 도리도 없다. "원상태로 돌린다"라는 말이 "그 결과를 완전히 지운다"라는 뜻이라면.

지구공학은 효율이라는 생태적 양식을 수행할 수 있는 여러 방법 중 하나일 뿐이다. 이것이 교훈적인 이유는 서양철학이 지난 두 세기 동안 현실의 작동 방식을 상상해 온 주도적 방식을 알려 주기 때문이다. 그 방식은 우리가 이미 얼마간 살펴본 바 있는 상관주의라는 사유 형태이다. 상관주의는 (보통 어떤 식으로든 인간과 연계된) 어떤 상관자가 세계를 "실현"하기 전에는 세계가 실재하지 않는다는 관념이다. 이런 상관주의는 현실이란 그것을 채울 (인간의) 투사를 기다리는 빈 서판書板이라는 환상을 빚어낸다. 마치 곧 영화가 상영되기를 기다리는 스크린처럼. 그러나 세계가 그림을 그릴 상관자를 기다리는 빈 캔버스라는 관념은 명백히 생태적 폭력이다. 세계는 빈 스크린이 아니라 산호초이고 고산지대의 생태계이고 혹등고래이다.

이보다 덜 극단적인 형태는 세계에 (인간의) 욕망을 각인하는 일은 위험할 수 있다는 관념이다. 세계는 빈 서판이고, 이 세계에 좋은 것이 무엇인지 우리가 안다는 듯이. 이 형태는 상관자의 영향을 최소화하고 신중하고 효율적으로 행동하며 탄소발자국을 최소화하고자 한다. 이 양식은 감탄스러울 뿐 아니라 여러 측면에서 꽤 옳지만, 한계가 있다. 이 양식은 굉장히 인기 있는 생태적 삶의 방식이다. 그리고 매력적이다. 앞 장에서 살펴본 조현이라는 관념에 기초하기 때문이다. 효율이라는 양식 중 이런 형태는 바다의 움직임에 맞추어 떠다니는 배처럼, 현재 상황에 가깝게 항로를 설정함으로써 에너지 사용을 최소화하려 한다. 너무 많은 힘을 들이지 않고도 배를 조종하듯. 이런 효율 양식은 특정 순간마다 세계의 운동량이 어떤지에 주의를 기울이는 역동적인 춤이며, 본질적으로 현 상황의 편을 든다. 이런 양식은 사이버네틱스〔생물과 기계를 결합한 제어와 통신 문제를 연구하는 학문〕에 기반한 사회체계 이론들에서 지배적이다. "통치자governor"라는 단어의 어원이자 사이버네틱스cybernetics의 어원인 그리스어 단어 퀴베르네테스kubernētēs는 조타수 또는 키잡이를 뜻한다.

추적, 항로, 밀착 등의 방식으로 통치하거나 제어하는 것. 이런 관념들도 제어라는 환상을 불러일으킨다. 그것은 "바로잡을" 수 있다는 생각이다. 하지만 시스템이 역동적이고 일시적이라면, 이것을 바로잡는 일도 결코 정적이지 않다. 이런 관념은 다른 사람들과 더불어 음악을 연주할 때 일어나는 일과 같이, 더욱 열려 있는 조현 개념에 가깝다. 우리는 음악이 무엇보다도 일종의 듣기임을 알게 된다. 차이점은, 효율성 접근법은 언제나 무엇이 효율적인지와 관련하여 미리 확립된 요소들을 기반으로 해야 한다는 것이다. 이런 관념은 실수를 제거한다는 것이고, 그 핵심은 앞서 확립된 과거와 열려 있는 미래의 차이를 제거하는 것이다. 효율성은 창의성을 억압하는데, 창의성이야말로 조현에 관한 더 근본적인 사고방식이다. 따라서 특정 유형의 생태적 "생활양식"이 탄생할 수도 있다. 거의 완벽하게 원활한 기능이 이루어질 수 있다는 환상에 기초하여, 원활하게 기능하는 듯 보이는 특정 유형의 세계를 구성하는 방식이다.

그러나 이 원활함은 특정한 차원의 관점에서만 원활한 것이다. 좁은 공간에 자동차를 정확히 주차해 내는 나의 원활함은 자동차 바퀴에 껍데기가 부서지는 달팽이의 관점에서 보면 끔찍한 오작동이다. 생명체가 다양하므로 세계도 다양하다는 관념, 따라서 하나의 세계나 차원만 "옳은" 것은 아니라는 관념에 따르면, 효율성은 특정 견지에서만 효율적이다. 가령, 지속가능성이라는 관념은 우리가 현재 갖추고 있는 시스템이 지속할 가치가 있음을 함의한다. 나아가 "더 오랜 지속"이 성공의 징표임을 함의하며, 이것은 더 나아가 존재의 전형이 존속함, 계속됨, 끊임없이 현전함과 관련된다는 것을 함의한다. 그렇지만 우리는 사물들이 그렇지 않음을 확인했다. 따라서 효율성이라는 양식은 종국에 억압적이고 비창의적이어서, 오작동이나 사고accidents를 허용하지 않을 것이다. 그러나 역설적이게도, 사물들은 실제로는 오작동이나 사고와 훨씬 비슷하다. 사물들은 원활하게 기능하다가 마침내 원활하게 기능하지 않게 되는 것이 아니다. 원활한 기능은 언제나 신화일 뿐이다.

조르주 바타유는 이 원활하게 기능한다는 신화에 제한경제restricted economy라는 이름을 붙였다. 제한경제의 주요 관심사는 효율성, 즉 최소 에너지 처리이다. 지구는 유한하며, 지구의 유한한 크기와 수용력에 맞게 경제 흐름을 제한해야 한다. 그래서 상당수의 생태윤리, 생태정치, 생태미학이 제한경제에 기초한다.

자못 합리적으로 들리지만, 제한경제라는 양식에는 무언가가 과감히 누락되어 있다. 다시 말해, 제한경제는 결국 그것을 건사하려는 사람들에게 적어도 영적으로는 불만족스럽다는 것이다. 오작동은 (원활하게) 기능함보다 더 깊은 곳에 놓여 있기에, 과잉으로 강렬한 사물 에너지는 효율적으로 억누를 수 없다. 효율적으로 지속하고 있는 것이 무엇인지에 대해서는 주의를 기울이지 않는다. 또한, 효율성 모델은 (현 상황을 효율적으로 처리하려면 그 상황에 대한 데이터들을 수집해야 하기에 근본적으로 선제적일 수 없으므로, 단 몇 순간이라도) 늘 시간적으로 뒤늦기 마련이다. 따라서 사물들의 존재 방식을 정확하게 추적할 수 있다고 약속하지만, 결코 그러질 못한다.

온갖 예술가와 비교秘教의 영적 전통을 실천하는 이들은 이 문제를 직감한다. 이런 전통에서 목표는 부정적 감정을 제거하거나 변화시키는 것이 아니라, 그런 감정을 수용해서 그 속에 있는 자아를 초월하는 에너지를 발견하는 것이다. 유일하게 중대한 문제는 분노와 같이 지금 생겨나는 지각이나 현상의 유형이 아니라, 자아이다. 다시 말하지만, 고통을 유발하는 것은 우리가 사고하고 있는 그 대상이 아니라 사고하고 있는 방식이다. 분노는 일어날 수 있지만 거기에 집착하지 않으면 그건 단지 에너지의 또 다른 빛깔이나 맛에 불과하다. 감정을 옆으로 밀쳐 버리거나 부정한다는 것이 아니다. 그보다는 거기 너무 집착하지 않으면서 그것을 탐구한다는 것이다. "이건 '내' 분노야. 어떻게 제거해야 하나"라면서 분노에 매달린다면 끔찍하게 느껴질 따름이다. 그러므로 이러한 통찰이 생태적 삶의 부분이 되어야 한다. 그렇지 않으면 인간은 (들뢰즈의 전문용어를 사용하자면) 너무도 삼엄한 '통제사회'를 만들 위험이 있다. 앞서 언급한 바 있듯이, 현재의 사회가 아무리 견디기 힘들더라도 여기에 비하면 느슨해 보일 지경이다.

더욱이 효율성의 궁극적 지평은 **석유문화**이다. 귀중한 유독성 자원인 석유가 우리의 행동 방식을 좌우한다는 것이다. 석유가 없는 세계라면 생태적 행동도 석유의 조調로 상상할 필요가 없을 것이다. 그것은 더는 존재하지 않는 에너지경제에 입각하여 행동하는 것일 테니. 그리고 재미도 전혀 없을 것이다. 내 생각에, 생태정치는 새로운 형태의 **쾌락**을 확장하고 수정하고 개발하는 것이지, 우리가 이미 경험하는 (행동 방식이 허용하는 방식으로만 사고하기 때문에) 빈약하기 짝이 없는 쾌락을 억누르는 것이 아니다. 석유경제 너머의 쾌락은 어떤 모습일까?

작년에 나는 우리 집의 에너지를 화석연료에서 풍력으로 바꾸기로 했다(텍사스에는 풍력발전소가 의외로 많다). 이렇게 새로운 계획을 세우고 나서 3일 동안 제법 의기양양했고 우쭐했다. 순수하고 효율적이라는 느낌도 들었다. 마침내 **지속가능성**이 무엇을 의미하는지 이해한 것 같았다. 게다가⋯.

나는 우리 집 방마다 디스코텍을 설치하더라도 피해를 입을 생명체가 훨씬, 훨씬 적을 것임을 깨달았다. 우리 집의 기본적인 것들을 작동시키기 위해 화석연료를 태우는 것에 비하면. 태양에너지와 풍력에너지를 쓴다면 탄소가 배출되지 않을 것이고, (얼마나 많은 사람이 태양에너지를 사용하느냐에 따라 다르지만) 지구온난화가 덜 진행되거나 아예 진행되지 않을 것이며, 생명체가 덜 멸종되거나 아예 멸종되지 않을 것이다. 우리의 목표가 쾌락이라면, 죽는 것은 지독한 불편함이다. 생명체를 살게 하는 것만 해도 어떤 쾌락을 허여하는 것이다(그 생명체의 존재를 향유하는 쾌락과 해를 덜 끼치는 쾌락도 잊어서는 안 될 것이다). 그러고 나서 나는 이런 감정이 생태적으로 조현된 사회에서 사는 느낌일 것임을 깨달았다. 우리는 쾌락을 통제하기보다는 새로운 쾌락을 발명해 낼 것이다.

이는 거의 믿을 수 없는 일이다(왜 믿을 수 없는가라는 물음 자체가 흥미롭다. 그 대답은 곧 알게 될 것이다). 충격에 대비하라.

수많은 생태적 말하기는 사실 석유경제적인 말하기이다. 사실 거의 모든 생태적 말하기는 결단코 생태적 말하기가 아니다. 생태적 말하기는 우리가 영위하는 석유경제로 인해 심각하게 왜곡되어 있다. 효율성과 지속가능성에 관한 모든 언어는 저 희소한 맹독성 자원을 얻으려는 경쟁에 관한 것이다.

하지만 근대적 삶이 빡빡하고 제한적이며 온갖 통제자와 통제 행위로 가득 차 있다고 생각한다면, 마음을 단단히 먹어야 한다. 그리고 제한과 효율이라는 원리에 기반한 생태사회는 대체 어떤 느낌일지 상상해 보자. 그것이 우리가 나아가는 방향이라면, 나는 결코 지구에서 살고 싶지 않다.


## 편집증 작업하기

생태적 의식은 충격적인 사실을 보여 준다. 생태적 의식에서 "멀리"는 사라져 버렸다. 왜냐하면, 우리는 이를테면 화장실의 오물이 "멀리"라고 불리는 어떤 특별한 다른 장소로 가는 것이 아니라 그저 다른 어딘가로 가는 것임을 알고 있기 때문이다. 멀리가 없다면, 여기도 없다. 우리는 현실성reality을 잃었다. 이 말에서 성ity이라는 부분이 가장 중요하다. 그 이유는 생태적 의식의 관점에서 정확히 알 수 있다. 아무것도 없는 것이 아니다. 실재the real는 있다. 하지만 그것은 더 이상 이해할 수 없다. 이것이야말로 데이터 투기라는 방식의 문제이다.

　이것이 문제인 이유는 이렇게 설명할 수 있다. 데이터 투기라는 방식은 사물이 우리에게 어떤 의미를 지닐 능력을 더욱 감소시킬 뿐이다. 이제 우리의 의식은 인간적 척도가 아니며 인간중심주의에 조율된 것이 아니다. 우리가 그것을 "인정"하고 탐구할 수 있다면 잠재적으로 대단한 것이다. 하지만 그러려면 온갖 트라우마 작업을 거쳐야 한다. 우리가 극도로 편집증에 빠진 지금에는 이런 작업은 어떻게 살아야 하는지 알고자 하는 것과 같을 것이다. 몹시 까다롭지만 불가능하지는 않다. 사람들은 곧잘 트라우마에서 회복되기 때문이다. 뚜렷하고 견실한 의미의 기초가 없으므로, 즉 보고 행동할 뚜렷한 척도가 없으므로, 우리는 유희하는 법을 배울 필요가 있다. 다시 말하지만, 어렵다. 그러나 불가능하지는 않다. 전쟁 중에도 사람들은 상황에 대처하는 법을 배운다. 어렵기는 하지만. 악몽 속에서 길을 찾는 법을 배울 수 있다. 이는 우리의 안락한 구역 밖으로 나간다는 뜻이다. 그러나 다른 한편으로, 우리 인간의 안락한 구역 중 일부는 다른 생명체에게는 극단적으로 불편한 구역이었다. 장기적으로는 우리에게도 그렇다.

## 세계의 종말

자, 엎친 데 덮친 격이다. 물론 우리는 이 행성을 수리할 수 있다. 하지만 왜 그래야 하는가? 심리적으로 우리는 부서지고 있는 듯하다. 그리고 새롭게 시작하기 위해 우리가 활용할 방식들이야말로 문제의 부분이다. 현실을 새롭게 시작하는 우리의 방법은 현재 모든 면에서 비인간 존재와의 연결을 단절하는 데에 기초해 왔다. 사회적으로나 심리적으로나 철학적으로 그렇다. 그래서 우리가 지닌 정치적·기술적·심리적 도구는 사물들을 수리하는 데에 부적절하다. 하지만 절망에 빠진 채 태아의 자세로 웅크리는 것도 효과가 없을 것이다. 만사가 소용없다고 상상하거나 세계의 종말이 왔다고 (그래서 어차피 소용없다고) 상상하기보다는, 또한 (절대로 그런 태도를 취하지는 않겠지만) 행동 방식을 완전히 다시 상상해야 한다고 생각하기보다는, 우리가 있는 곳에서 시작하고 우리가 가지고 있는 부적절하고 망가진 도구 중 일부를 활용하면서 이런 도구들이 어떻게 수정되는지 지켜보는 편이 나을 것이다. 이런 도구들은 우리에게 익숙하지 않은 이런 척도나 생명을 위해 설계된 것은 아니지만, 그래도 이런 척도들로, 그리고 이런 생명들과 더불어 작업해야 한다. 이 과정에서 도구들은 얼마간 변화를 겪을 수도 있다.

나는 이런 것을 세계의 종말이라고 하거나 이제 세계의 종말이 임박했다고 말하는 숙명론에 분연히 반대한다. 재미있게도, 세계의 종말은 이미 일어난 일 같기도 하다. 세계라는 말이 행동을 인도하는 일련의 안정적 참조점들을 뜻한다면. 니체가 신은 죽었다고 선언했듯, 우리도 세계가 죽었다고 과감하게 선언해야 할지도 모른다. 생각하고 행동하는 척도는 (생태계 척도, 행성 척도, 생물권 척도, 인간 척도, 대왕고래 척도 등) 갈피를 잡기 힘들 정도로 다양하다. "세계"의 종말이 이미 온 것이다. 사실 다행스러운 일이다. 부정확하고 폭력적인 환상, 즉 소중한 생명이라는 환상, 인간중심주의라는 환상에 매달리지 않아도 되기 때문이다. 마치 공포영화에서 주인공이 자신이 이미 죽었음을 알게 되는 것과 같다. 우리가 이미 죽었다면, 두려워할 것은 하나도 없다. 그렇지 않은가?

## 결론 아닌 결론

생태적 삶은 선생의 삶과 같다. 처음으로 가르치는 것을 시작하면 너무 열의를 다해 가르치기 때문에 몹시 고통스럽다. 학생들이 나를 좋아하기를 바라고, 내가 그들을 좋아하기를 바란다. 그러나 자신이 그렇게 열과 성을 다함으로써 생겨나는 이 고통스러운 감정을 느끼고 싶지 않다. 그래서 공격성을 갖고 일하기 시작한다(혹은 그만둔다). 내가 자신과 학생들의 부정적이거나 긍정적인 감정의 통로임을 깨닫고, 그러한 감정들을 학생들에게 이로운 방향으로 담아내야 함을 깨닫는다. 그러고는 자신이 왜 그렇게 열과 성을 다하는지 궁금할 테고, 아마도 놓아 버리기 시작할 것이다. 나는 신뢰하기 시작한다. 한 사람이라도 나를 자신의 선생이라고 생각한다면, 누가 뭐라고 해도 나 자신이 선생임을 깨닫는다. 이제 느긋해질 수 있다.

부모도 마찬가지다. 우리는 한동안 부모이기 위해 필사적으로 노력한다. 그리고 나서 내가 바로 부모임을 깨닫는 순간, 느긋해질 수 있다. 적어도 누군가는 내가 부모임을 알기 때문이다.

우리는 완전히 체화된 존재이다. 몸의 내부와 외부의 다른 생물학적 존재들과 한순간도 분리된 적이 없다. 우리는 우리의 세계에서 일어나는 모든 것에 민감하게 조현되어 있다. 그런 까닭에 그 자극이 너무 강렬할까 봐 두려워 결국 일부를 차단하는 것이다. 우리는 자신에게 내면과 외면이 있다고 생각한다. 이것이야말로 생태적 삶을 위해서는 어떤 어마어마한 변화가 필요하다고 생각하는 가장 뿌리 깊은 방식일 것이다.

이 요점은 놓칠 수가 없다. 생태적 의식의 긴박함에 빠져 있고 멸종 및 지구온난화의 공포에 빠져 있기 때문이다. 내가 참석하는 무수한 환경주의 학술대회에서 느껴지는 그 종말의 분위기는 사뭇 다른 무언가가 되거나 무언가를 해야 한다는 절박함으로 주먹을 꽉 쥐고 이를 악무는 것으로 나타난다. 대단한 함정이 아닌가! 우리는 사뭇 다른 이 공간을 만들어 내자마자 거대한 틈을 사이에 두고 이미 그로부터 분리된다. 이런 세계에서 옳거나 똑똑하다는 것은 우리 자신과 모두에게 이 틈이 얼마나 깊고 넓은지를 보여 준다는 뜻이다. 우리는 절대로 생태적으로 살지 않을 것임을 방금 확인했다. 도움이 될 유일한 것이 두려움에 쓸려 나가 버린다. (바다가 산성화되고 있다! 기후가 온난화되고 있다! 종들이 멸종되고 있다!' 같은) 데이터 입력에 강렬하게 반응하는 두려움 말이다.

하지만 우리는 이미 다른 공생적 존재들과 얽혀 있는 공생적 존재이다. 생태적 의식과 행동의 문제점은 그것이 지독히 어렵다는 것이 아니다. 오히려 너무 쉽다는 것이다. 우리는 공기를 마시고 있고, 세균들로 이루어진 우리의 미생물체는 웅웅거리고 있으며, 진화는 배경에서 조용히 전개되고 있다. 어디선가 새가 지저귀고, 구름이 머리 위로 흘러간다. 책을 덮고 주위를 둘러보라.

우리는 생태적으로 살 필요가 없다. 이미 생태적으로 살고 있기 때문이다.

# 생태적 삶

2023년  1월  31일 초판 1쇄 발행
2023년 12월  15일        2쇄 발행


지은이 | 티머시 모튼
옮긴이 | 김태한
펴낸이 | 노경인 · 김주영


펴낸곳 | 도서출판 앨피
출판등록 | 2004년 11월 23일 제2011-000087호
전화 | 02-336-2776  팩스 | 0505-115-0525
블로그 | bolg.naver.com/lpbook12
전자우편 | lpbook12@naver.com


ISBN 979-11-92647-06-7   94300